KB189096

제2판

현대공기업

이덕로 · 김대진 · 윤태섭 · 이희재

Modern
Public Enterprise

法文社

제2판 머리말

공기업은 정부의 구체적인 개별정책의 집행자 역할을 하면서도 우리의 삶에 가장 필수적인 공공서비스를 국가를 대리하여 제공하고 있다. 이와 같이 우리의 삶과 직결된 필수 공공서비스를 공급하는 공기업은 여러 국면에서 급변하는 환경에 대응하면서도, 발전을 선도해 나가야 하는 중차대한 사명을 지고 있다. 이 과정에서 「현대공기업」은 우리 공기업의 현상을 설명하고, 동시에 발전방향과 방안을 제공하는 동시에 이와 같은 생각을 동료학자와 실무가 그리고 후학들과 공유하고자 한다.

이번 개정판에서는 초판이 나온 이후 확인된 공기업의 변화를 담는데 주력하였고, 이로 인하여 모든 장, 절에서 2024년을 중심으로 자료와 사례를 반영하려고 노력하였다. 특히 4장에서는 2024년 OECD가 공기업의 지배구조의 유형을 재정리하였기에 이를 소개하여 다른 나라들의 공기업에 대한 정책을 비교분석하는데 의미있는 조언을 전하게 되었다. 공기업의 투자를 다루는 7장에서는 수정된 내부수익율법 등 상대적으로 중요성이 낮거나 쟁점이 될 수 있는 방법을 대폭 정리하였고, 8장 공기업의 요금결정구조의 설명에 있어서도 네트워크 가격결정 등 우리의 요금결정구조와 다소 거리가 있는 설명을 배제하여 전반적으로 학부 학생들의 이해에 더욱 부합하도록 노력하였다. 10장의 경우 2022년 이후 가장 큰 변화를 보인 우리나라 공기업 경영평가제도를 상세히 설명하였고, 11장에서는 공기업 민영화정책의 추세를 정권별로 재정리하고, 최신화하였다.

주지하는 바와 같이 이 책은 공기업을 주된 연구대상으로 하는 선후배 학자들의 노력의 산물이기에 더욱 의미가 있다. 다양한 시각을 한 방향으로 종합하여 후학들이 지표를 삼을 수 있도록 노력하였으나 많은 분들의 비판이 있다면 겸허히 받아 더욱 분발하고자 한다.

마지막으로 이 책의 개정을 위해 수고해 주신 법문사의 김성주 과장님, 노윤정 차장님, 그리고 배효선 사장님 이하 관계자분들께 감사드린다.

2025. 3. 1.

필진을 대표하여 이덕로

머 리 말

현대국가에서 정부는 국민에게 많은 의무를 지고 있으며, 그중의 일부가 공공 서비스의 원만한 제공이다. 물론 기본적인 재화와 용역은 민간이 주도하는 시장을 통하여 제공되지만 시장의 불완전성으로 정부는 자연독점이 수반되거나 소수의 공급자가 지배함으로써 국민의 생활에 필수적이지만 불안정한 수급이 수반되는 재화와 용역은 공기업을 통하여 제공한다. 전기, 상하수도, 도로 등 공기업이 제공하는 국민의 삶에 필수적인 재화와 용역은 수없이 많다. 이를 모든 국민이 원만하게 소비할 수 있도록 하기 위해서는 정교한 정책적인 고려와 행동이 요구된다. 이 책은 이와 같은 공기업의 동학을 논의한다.

국가의 운영을 담당하는 다양한 행위자는 이 책에서 다루는 공기업의 문제들을 이해하고 현실에 뛰어 들어야 한다. 공기업에 관한 적정한 정보를 확보하여 이해하고 활용하지 못한다면 결국 이는 국민의 삶을 피폐하게 만들 수 있기 때문이다. 정부의 운영을 담당하기를 소망하는 행정학도, 실제로 이 분야의 업무를 담당하는 공무원, 공기업 구성원 등의 공직자는 물론 이와 같은 현상을 연구하는 전문가들에게 이 책은 일정한 정보를 제공할 수 있도록 구성되었다.

우선 공기업이 탄생하게 된 배경으로서의 시장과 정부관계, 공기업의 특성, 인사·예산·투자·재화의 가격결정·투자·성과관리·경영평가와 같은 공기업의 운영관리방법, 그리고 민영화를 포함한 공기업의 혁신방안이 차례대로 논의되었다.

이 책은 공기업을 전공으로 하는 선후배 학자들의 공동의 노력을 통하여 얻어진 산물이지만 이를 기획하고, 협력을 이끌어 낸 대표집필자로서 본인의 책임이 가장 크다고 할 수 있다. 필자들은 앞으로 이 책이 더욱 좋은 내용을 담을 수 있도록 계속적인 학계의 건설적인 비판을 수용하며 지속적으로 절차탁마하고자 한다.

마지막으로 이 책을 기획하고 준비하는 과정에서 많은 지혜를 제공하신 김용우 교수님, 출판을 허락한 법문사 사장님 이하 관계자분들께 감사드린다.

2022. 8. 31.

필진을 대표하여 이덕로

차 례

제 1 장
시장과 정부

제 2 장
공기업의 의의

제 3 장

공기업의 본질

제 4 장

공기업의 지배구조

제 5 장

공기업의 인사관리

제 6 장

공기업의 예산회계

제 7 장

공기업의 투자와 자금조달

제 8 장

공기업의 요금 결정

제 9 장

공기업의 경영성과 관리

제10장

공기업 경영평가제도

제11장

공기업의 혁신과 민영화

제12장

지방공기업

Modern Public Enterprise

제 1 장

시장과 정부

제 1 장

시장과 정부

　현대국가의 존립에 있어서 가장 중요한 두 가지 기능은 정치와 경제라고 할 수 있다. 물론 사회, 문화 등 다양한 기능도 이들과 공존하며 국가와 사회의 유지와 발전에 일정 정도의 역할을 하고 있다는 점을 부인하는 것은 아니다. 다만 정치와 경제는 동전의 양면과 같이 상호작용을 넘어선 관계를 유지하고 있다는 점을 강조하는 것일 뿐이다. 이와 같이 현대국가와 사회에서 가장 중요하고 필수적인 역할을 하는 정치와 경제라는 두 기능은 정부와 시장이라는 좀 더 구체화된 제도로 치환할 수 있다. 그리고 정부와 시장이라는 제도는 공공부문과 민간부문이라는 두 영역으로도 이해될 수 있음은 물론이다(유종해·이덕로, 2015).

　연원적으로 어떤 제도가 먼저 출발되었는가의 논의와는 별개로 정부와 시장이 서로에게 영향을 미치고 있을 뿐 아니라 현대국가는 한쪽의 기능이 위태로울 때는 다른 한쪽의 기능이 이를 보정하는 방식으로 운영되고 있다는 사실에 대한 일반적인 합의에는 논란이 있을 수 없다. 이때 양자 간의 역학과 이 과정에서 탄생한 공기업의 존재이유는 본격적인 공기업에 대한 논의에 앞서 꼭 이해되어야 할 주제이다.

그림 1-1 국가 정치·경제의 구성요소

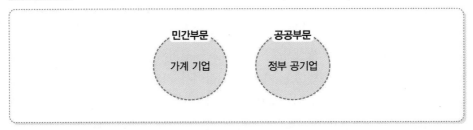

민간과 정부간의 관계는 기본적으로 민간의 영역이 정부에 조세를 제공하고, 정부가 민간 각 부문간의 거래를 보증하는 등의 다양한 공공서비스를 제공함으로써 성립한다. 민간을 구성하는 기업과 가계는, 기업이 가계가 제공하는 노동과 자본을 기반으로 재화와 용역을 생산하여 가계에 제공하고, 가계는 이들을 구매함으로써 유지된다. 정부도 기업과 가계로부터 조세를 공급받는 동시에 노동과 자본은 물론 재화와 용역도 구매하기 때문에 이들 삼자간의 관계는 어느 하나도 일방향적인 것이 아닌 쌍방향적인 것이라 할 수 있다.

그림 1-2 국가경제의 운영

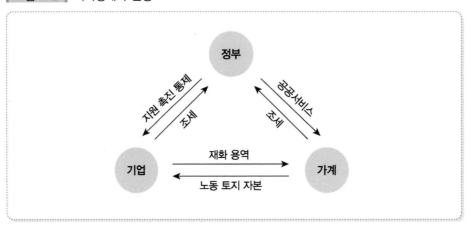

■ 제1절 시장의 이해

시장이란 우리의 삶을 영위하기 위하여 필수적으로 요구되는 재화와 용역을 거래하는 제도를 말한다. 생산자로서의 기업은 재화와 용역을 생산하여 시장에 공급하고, 소비자로서의 개인(또는 가계)은 시장에서 기업이 제공하는 재화와 용역을 구매한다. 이때 개인이 기업으로부터 재화와 용역을 구매할 수 있는 능력, 즉 구매력(Purching power)은 자신의 노동력, 토지, 자본을 기업에 제공하여 얻은 임금, 지대, 이자를 통하여 얻어진다. 기업은 개인이 제공하는 노동, 토지, 자본을 기반으로 개인이 필요로 하는 생산요소를 구매하여 재화와 용역을 생산하고, 이의 판매를 통하여 얻어지는 이윤을 포함한 소득으로 생존을 영위하게 된다. 이와 같은 끊임없는 순화과정에서 정부는 민간의 거래를 보증하는 역할을 한다.

이 절에서는 시장의 구성요소와 운영방식에 대하여 이해하고, 시장의 유형과 함께 시장이 보다 효율적으로 운영될 수 있는 조건과 이들이 충족되지 않아 발생하는 시장의 실패에 관하여 알아보고자 한다.

1. 시장의 구성과 운영

거래가 이루어지는 공간인 시장의 주요 행위자는 가계와 기업이라고 할 수 있다. 재화와 용역의 생산자로서의 기업과 이를 사용하는 소비자로서의 가계가 바로 그것이다. 가계는 기업이 재화와 용역을 생산에 필요한 생산요소인 노동과 토지, 자본을 제공하는 생산요소의 공급자이기도 하다. 그리고 이들 간의 끊임없는 거래로 시장이 운영된다.

1) 가 계

가계(Households)란 우리가 일반적으로 가족을 구성원으로 하는 가정을 의미한다. 최근에는 1인 가구도 확산되고 있지만 가계는 우리의 모든 생활의 기초단위이며, 정치·경제·사회·문화 등 모든 국가의 기능은 가계를 기반으로 한다.

가계의 구성원들은 기본적인 생존을 유지하기 위하여 또는 생물학적 견지의 생존을 넘어서 차원이 높은 삶을 향유하기 위하여 다양한 재화와 용역을 필요로 한다. 이미 주지하는 바와 같이, 이들은 생존에 필요한 다양한 재화를 직접 채집, 생산하는 단계에서 화폐를 매개로 다양한 재화를 교환, 거래하는 단계에 이르렀다. 소비자로서의 가계는 소비를 위한 소득을 필요로 하며, 이 소득은 자신들이 가진 노동력을 제공하거나, 토지를 임대하거나, 축적된 자본을 대여하여 얻는 임금, 지대, 이자를 통하여 얻어진다. 이에 따라 가계는 생산요소의 공급자의 역할과 기업이 생산하는 재화와 용역의 소비자로서의 역할을 수행하게 된다. 물론 정부가 개입하는 국가경제 전체로 본다면 가계는 납세자의 역할도 수행한다고 할 수 있다.

2) 기 업

기업(Firms)의 존재 이유는 이윤추구에 있다. 이들은 가계로부터 자본을 유치하거나 토지를 임대하며, 노동력을 구매하고 이를 기반으로 재화와 용역을 생산한다. 기업이 생산하는 재화와 용역의 구매자는 기본적으로 가계이나, 정부도 이를 구매하는 소비자가 된다. 이미 언급한 바와 같이 기업은 가계로 부터는 생산요소의 일부를 공급받고, 이의 반대급부로 가계에 임금, 지대, 이자 등을 지불하여 가계가 다시 기업으로부터 생의 유지에 필요한 재화와 용역을 구매할 수 있도록 한다. 따라서 기업은 생산요소의 구매자인 동시에 재화와 용역의 생산자이고, 정부에 대해서는 납세자의 역할을 수행한다.

3) 시 장

시장(Markets)은 생산물시장과 생산요소시장으로 대별되는데, 생산물시장은 재화와 용역의 생산자인 기업과 이의 소비자인 가계가 화폐를 매개로 거래하는 제도를 말한다. 한편 생산요소시장은 노동력과 토지 그리고 자본 등 생산요소를 판매자인 가계와 이들의 구매자인 기업들의 거래제도를 일컫는다. 이때 이러한 거래의 장(場)은 물리적 공간일 수도 있고, 가상적 공간일 수도 있으며, 이들을 모두 통칭하여 시장이라고 부른다.

그림 1-3 시장의 운영

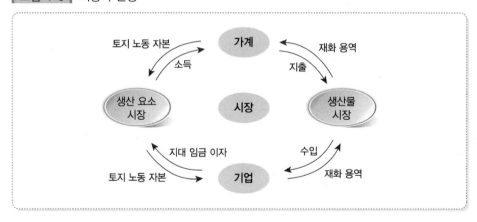

2. 시장의 유형

이미 논의한 바와 같이 시장은 무엇을 사고파는가에 따라 생산요소시장과 생산물시장으로 나눌 수 있다. 이 시장을 다른 기준으로 본다면 크게 완전경쟁시장과 불완전경쟁시장으로 나누어 볼 수도 있다. 이 중 우리에 더 중요한 시장의 분류기준은 완전경쟁에 근거한 시장의 구분이라고 할 수 있다.

여기에서는 시장구분의 기준을 설명한 후 이에 따라서 시장을 완전경쟁시장과 불완전경쟁시장으로 나누고, 불완전경쟁시장은 다시 독점, 과점, 독점적 경쟁시장 등으로 세분하여 고찰하고자 한다.

1) 시장구분의 기준

우리는 시장에서의 행위자를 기본적으로 가계와 기업으로 대별하였다. 가계는 개인을 포함하는 단위이고, 정부를 포함한 공공부문의 모든 행위자도 시장의 행동주체일 수 있다. 누구도 시장에서 생존에 필요한 재화와 용역을 구매하지 않고서는 정상적인 삶을 유지하기 어렵다. 따라서 지구상의 모든 인류는 원칙적으로 우리가 상정하는 시장의 행위자라고 할 수 있다.

이와 같은 불특정하고 수많은 공급자와 수요자가 존재하는가의 여부는 시장의 건전성을 가름하는 기준이 된다. 소수의 구매자와 판매자가 가격에 영향을 줄 수 없는 시장이 건전한 시장, 즉 완전경쟁시장의 첫 번째 필수조건이다.

두 번째 시장구분의 기준은 상품의 동질성을 들 수 있다. 물론 많은 경우 동일한 유형의 상품에 있어 매우 특별한 차이가 존재하지 않을 가능성은 높지만, 개인의 선호도가 다양해지면서 이의 충족을 위한 차별화가 발생하기도 하고, 생산자가 차별화된 상품을 공급하여 소비자의 선호에 차별성을 유도하기도 한다. 이는 소위 말하는 비가격경쟁의 존재와도 연결되는 문제인데, 비가격경쟁은 차별화된 서비스나 상품에 차별적 특성을 부가하는 것을 말한다.

셋째, 진입장벽의 존재여부는 시장을 구분하는 또 다른 기준이 될 수 있다. 자유경쟁시장에 있어서 대부분의 경우 진입장벽이 존재하지 않으나, 특허와 같은 인간의 창의성을 고양시키기 위한 제도적 장치로 인하여 진입장벽이 인위적으로 제공되기도 한다(이준구·이창용, 2000: 130-133).

2) 완전경쟁시장

경제학적 견지에서 가장 이상적으로 생각하는 시장의 모범사례는 완전경쟁시장을 의미한다. 이는 앞에서 논의하였던 시장의 기준에 부합하는 형태로, 이 시장에서는 모두가 동질적인 상품을 동일한 가격으로 공급, 구매하게 된다. 가격이라는 측면에서 본다면 누구도 지나치게 높은 가격으로 공급하지도 않고, 구매하지도 않기 때문에 경제 전체로 본다면 참여자 모두의 만족이 최고조에 이른다고 할 수 있다. 그러나 현실은 이와 같지 않다. 사람들은 모두가 자신만의 독특한 선호가 있고, 인간의 창의성을 고양시키기 위하여 정부는 독특한 독창성을 가진 제품을 생산하는 공급자에게는 특허와 같은 진입장벽을 만들어서 이들을 일정 기간 보호하며, 이들은 이 기간 동안 유사한 범용제품에 비하여 높은 가격을 받을 수 있기 때문이다. 이와 같이 완전경쟁시장은 현실적으로 존재하기 어려우나, 다른 유형의 시장을 이해하는 준거가 되기 때문에 중요한 시장의 준범이라 할 수 있다.

3) 불완전경쟁시장

아담 스미스(Adam Smith)는 완전경쟁시장에서는 '보이지 않는 손(Invisible hands)'으로 표현되는 수없이 많은 참여자의 자유의지에 따른 상품의 공급과 수요가 자연스럽게 균형을 이루어 모든 사람의 효용이 극대화된다고 주장하였다. 이러한 주장은 이론적으로 가능하지만 현실적으로 불가능한 명제라고 할 수 있다. 물론 지금 논의하는 불완전경쟁시장에서는 전체 참여자의 효용의 합이 완전경쟁시장에 비하여 적다. 즉 상품의 가격이 여러 가지 이유로 높게 결정되어 특정한 상품을 원하는 구매자가 그 상품을 구매하지 못하는 경우가 많아져, 전체 구성원의 효용이 완전경쟁시장보다 적어지게 된다(이준구, 2010: 184-219).

(1) 독점시장

가장 대표적인 불완전경쟁시장은 독점시장이라 할 수 있다. 시장을 구분하는 기준에서 논의한 것 중 진입장벽의 존재는 독점시장의 성립을 가능케 한다. 독점시장이 비효율적인 이유는 소비자가 요구하는 상품이 단독의 생산자에 의하여 공급되기 때문이다. 이로 인하여 완전경쟁시장에 비하여 월등히 높은 가격이 책정될 수밖에 없고, 구매력이 약한 소비자는 이를 구매할 수 없으며, 이로 인하여 이들이 상품소비로부터 얻을 수 있는 만족이 전체 사회의 만족도에서 배제되기 때문에 사회 전체로 본다면 손해라는 것이다. 이를 소위 경제적 순손실이라고 하고, 이러한 손실이 발생한 경제는 비효율적 자원배분 상태에 놓여 있다고 평가된다. 다만 장기적으로 인간의 창의력 고양을 위하여 주어지는 진입장벽은 시장이 감수해야 할 비용일 수 있다.

(2) 과점시장

과점시장 역시 제한된 공급자로 인하여 나타나는 불완전 경쟁시장이다. 독점시장의 공급자가 한명이라면 과점시장의 공급자는 서로의 의사결정에 직접적인 영향을 줄 수 있는 정도의 소수라고 할 수 있다. 이에 따라 소수의 공급자들은 담합의 유혹에 빠질 수 있고, 이로 인하여 완전경쟁시장보다 높은 가격이 형성되고 결국 시장의 비효율성이 초래되는 것이다(조성환 외, 1998: 373-375).

(3) 독점적 경쟁시장

독점적 경쟁시장은 완전경쟁적 속성을 가지면서도 독점적 요소를 내포하고 있는 독특한 특성이 있는 시장이다. 독점시장과 과점시장이 전적으로 공급자에 의하여 가격이 형성되는 구조라면 독점적 경쟁시장의 소비자의 선호가 개입되어 독점적 성격이 유지된다.[1] 만일 소비자가 자신의 선호를 고수하지 않는다면 이런 시장은 성립되기 어렵다. 그러나 소비자들은 특정한 상품에 대한 충성도나 선호를 가지고 있고, 이를 통하여 자신을 타인과 차별화하려는 욕구의 발현으로 독점적 경쟁시장이 유지된다. 공급자는 이를 기초로 다른 유사한 상품과 차별화된 가격을 소비자에게 요구할 수 있으며, 소비자들은 기꺼이 그 가격을 수용하게 된다. 물론 이로 인하여 완전경쟁시장보다 시장의 규모가 적어지고 사회적 총효용은 감소하게 된다.

3. 시장의 실패

소망스러운 시장이란, 보이지 않는 손에 의하여 자연스럽게 적정한 가격에서 수요와 공급이 일치되고 사회적 효용이 극대화되는 시장이라 할 수 있다. 이러한 시장이 성립될 수 있는 전제조건은 지극히 이상적이다. 이미 시장의 유형을 가르는 기준에서 논의한 것과 같이 수많은 수요자와 공급자가 활동하여 누구도 상품의 가격을 자의적으로 결정할 수 없어야 한다. 둘째, 자연독점을[2] 포함한 불완전

---

[1] 음반, 신발, 가구, 주유소 등 이와 같은 유형의 상품을 생산하는 기업은 시장에 다수 존재한다.
[2] 자연독점이란 상품을 만들수록 비용이 줄어들어 의도하지 않아도 독점적 지위를 갖게 되는 것을 말한다.

경쟁이 있어서는 안된다. 이는 독점, 과점, 독점적 경쟁이 불가능하여야 한다는 의미이다. 셋째, 외부성(Externality)이 존재하면 안 된다. 외부성이란 어떤 행위가 의도하지 않게 제3자에게 이득을 주거나, 손해를 주는 현상을 말한다. 양봉으로 인하여 인근의 과수업이 잘된다거나, 염색공장의 폐수로 하천이 오염되어 시민의 세금으로 이를 정화하는 폐를 끼치는 현상으로 외부성의 한 예로 들 수 있다. 외부성으로 제3자에게 불로소득이 생기거나 경제적 손실이 발생하기 때문에 외부성은 이상적인 시장에서 존재해서는 안된다. 넷째, 공공재(Public goods)가 존재하지 않아야 한다. 공공재는 비용을 지불하지 않아도 불특정 다수에게 혜택을 주게 되는 재화를 말한다. 대표적으로 정부가 제공하는 국가방위는 납세를 하지 않는 모든 국민에게도 그 혜택이 주어져 무임승차자(Free riders)를 양산할 수 있어 가격을 매개로 한 시장의 원만한 운영을 방해한다. 다섯째, 상품의 완전한 이동성도 이상적인 시장의 전제조건이다. 상품의 이동에 따른 제약이 생기면 해당 상품의 이동이 불가능한 지역에서의 가격은 비정상적으로 상승하기 때문이다. 여섯째, 시장 참여자들은 모든 상품과 시장조건에 대한 완전한 정보를 공유하여야 한다. 그러나 현실적으로 모든 행위자자 동일한 양과 질의 정부를 공유한다는 것은 불가능하다. 현대사회에서 정보의 보유자가 권력자라는 것은 의미 없는 수사가 아니다.

시장의 실패는 이상적인 시장의 운영이 불가능한 상황을 말한다. 불완전한 시장의 존재, 이를 가능하게 하는 다양한 조건의 보편화로 인하여 모든 사람들이 적정한 가격으로 효용을 극대화할 수 있는 시장의 성립은 불가능에 가깝다. 이로 인하여 시장의 실패는 필연적으로 발생하기 마련이고, 이를 해결하기 위한 정부의 개입이 요구된다.

정부는 실패한 시장을 정상적으로 환원시키는 중요한 기제이고, 이것이 시장과 정부의 상호작용을 용인하는 이유이다. 이미 주지하는 바와 같이 현실사회에서 완전한 시장과 완전한 정부는 존재하기 어렵고 이로 인하여 양자는 상호의존적일 수밖에 없다.

■ 제2절 정부의 이해

국가의 성립과 더불어 이미 논의한 시장이 민간부문을 대표하는 중요한 역할을 하고 있다면, 공공부문의 경우는 정부가 그와 같은 역할을 담당한다고 할 수 있다. 합법적인 물리적 강제력을 보유한 국가기구로서의 정부는 대외적으로는 국방·외교와 같은 국가 간의 갈등과 협상을 담당하고 있지만, 대내적으로는 치안과 질서유지를 기본적인 임무로 한다. 그리고 앞에서 언급한 것처럼 현대 정부는 시장의 발전과 원활한 운영에 기여하는 동시에 시장이 불완전한 상황에 직면하면, 이에 개입하여 시장의 정상화에 기여하는 임무도 수행한다.

이 절에서는 시장과의 역학관계 속에서의 정부의 기능과 시장개입수단 등을 이해하고, 시장의 실패에 대응하는 정부의 실패에 관하여 논의하고자 한다. 이 양자 간의 관계 속에서 공기업의 존재이유를 확인할 수 있기 때문이다.

1. 정부의 기능

정부의 역할은 시간과 공간에 따라 다소 차별화되기도 하지만, 국가와 시장의 원만하고 안정적인 운영을 위하여 정부가 담당하여야 할 기능은 항상 존재한다. 이는 시장의 자유를 극대화한 자유방임 시대에도 마찬가지이다.

1) 시장경제운영의 토대 구축

정부는 재산권의 보호, 계약의 보증, 통화의 제공, 법과 질서의 유지 등과 같이 시장의 경제활동에 필요불가결한 제도와 규칙을 제정·운영한다. 정부는 국가운영의 근간이 되는 법규를 제정하고 이를 민간에 강제할 수 있는 공권력을 국민으로부터 위임받아 실행한다. 국가가 이에 근거하여 민간에서 맺어지는 계약을 보증하고, 필요시 계약 당사자에게 강제하지 않는다면 시장은 제대로 운영될 수 없다.

2) 사회적 갈등의 조정과 관리

정부는 사회의 안정과 질서를 유지하며, 빈번하게 발생하는 개인 및 집단의 갈등을 조정하는 역할을 수행한다. 시장의 행위자간의 갈등은 최저임금제를 둘러싼 고용자와 노동자와의 갈등은 물론, 고용과 관련된 성적 차별로 인하여 벌어지는 성별 간의 갈등, 정년 연장과 관련된 세대 간의 갈등, 환경보호론자와 개발론자 간의 갈등 등과 같이 다양한 분야에서 발생한다.

3) 자원의 배분

정부는 국가가 이용가능한 재화와 용역을 포함한 다양한 자원을 사회 전체에 효율적으로 배분한다. 우선 정부는 국방, 치안, 교육, 도로 등과 같은 사회기반시설과 용역, 그리고 재화를 재정활동을 통하여 공급하고 있다. 이러한 자원의 배분은 효율적으로 이루어져야 한다. 또한 시장을 통하여 수행되는 자원배분의 경우도 비효율성이 노정되면 정부가 이를 조정함으로써 국가 전체 자원의 효율적 배분에 기여하거나 주도한다.

4) 소득의 재분배

국가가 지향하는 중요한 가치 중의 하나는 정의(Justice)라고 할 수 있다. 정의는 한마디로 규정할 수 있을 정도로 간단한 개념이 아니다. 자유주의적 정의를 가능케 하는 원리 중의 하나는 시장의 활동을 통하여 초래된 소득의 배분이 지나치게 불평등할 때 이를 바로 잡기 위하여 국가가 이를 재분배하는 것이다. 만일 소득의 지나친 불평등이 용인된다면 부의 양극화가 초래될 것이며, 이는 궁극적으로 국가의 존립을 어렵게 만든다. 이로 인하여 소득의 지나친 불평등을 적정한 시기에 적정한 방법으로 시정하는 조치가 소득의 재분배라 할 수 있다. 누진세, 누진요금, 사회보장제도의 운영, 취업기회의 제공 등이 정부가 할 수 있는 다양한 소득재분배 정책의 일부라고 할 수 있다.

5) 경제성장과 안정화

우리나라는 제2차 세계대전 이후 일제강점으로부터 해방되어 독립을 이룬 세계의 많은 국가들 중에서 최초로 원조를 주는 국가로 탈바꿈하였고, 2021년 7월에는 UNCTAD로부터 선진국으로 인정받게 되었다. 이 과정에서 발전행정은 큰 역할을 하였는데, 이 발전행정 체제에서 정부는 국가의 경제성장을 견인하는 주체임과 동시에 국가 내의 불균형을 바로 잡아 안정적인 성장을 유도하는 핵심 세력이었다.

우리나라의 경제개발과정에서 발휘된 경제기획원을 중심으로 한 정부의 역할은 누구도 부정할 수 없고, 계획적인 중화학공업의 육성과 이후 전자산업 성공의 지원 등은 현재의 우리를 만든 원동력이다. 물론 이 과정에서 노정된 산업간 불균형, 소득의 불균형, 물가앙등 등 다양한 경제적 부작용을 안정시키는 역할도 정부의 몫이었다 할 것이다.

2. 정부개입의 수단

끊임없이 시장과 상호작용하는 정부는 시장의 실패에 개입하여 시장의 정상적이고 효율적인 작동을 지원할 책임이 있다. 대부분의 정부가 시장의 개입에 활용하는 수단은 대체로 사회간접자본의 제공, 공공재의 생산, 보조금의 투여, 그리고 규제 등으로 대별된다. 물론 이들의 활용과 조합은 시대상황이나 국가 환경에 따라 달라질 수 있다(Hughes, 2012).

1) 사회간접자본의 제공

정부는 사용자의 요금이 아닌 조세가 기반이 되는 예산을 활용하여 비시장적 재화와 용역(Non-market goods and services) ‒ 도로, 교육, 보건복지서비스 ‒ 등을 직접 제공한다. 다양한 공공재를 직접 제공하는 것은 대표적인 정부의 시장개입수단이라고 할 수 있다. 한편, 정부는 예산을 활용하여 사회간접자본을 제공하는 것과 동시에 예산을 활용하지 않으면서도 조세정책을 통해 계층 간의 소득재분배에도 기여하고 있다.

2) 정부보조

정부의 시장에 대한 보조(Subsidies)는 특정한 재화와 용역의 제공은 물론 금전적 지원을 포함한다. 농업을 포함한 산업부문, 학교, 운송회사 등 정부보조의 대상과 영역은 매우 다양하다. 정부는 이 보조(금)가 적절한지 지속적으로 점검하여 활용 여부를 결정함으로써 시장의 왜곡이 발생하지 않도록 주의를 기울이고 있다.

3) 행정규제

규제란 정부가 법규에 기초하여 정부 이외의 경제주체들의 행위를 허용하거나 금지하는 일체의 조치를 말한다. 이와 같은 규제에는 면허의 제공을 통하여 일정 영역의 직업군에의 자유로운 진입을 억제하거나, 일정한 재화의 가격을 고정한다거나, 일정한 지역에서의 토지거래를 억제하는 등 다양한 경제적 규제가 포함된다. 현대 국가에서는 환경이나 소비자보호를 위한 사회적 규제의 확대가 대부분의 정부가 지향하는 규제정책의 방향이기도 하다.

4) 재화와 용역의 생산과 제공

정부의 직접적인 재화와 용역의 제공이나 정부보조와는 달리 정부의 다양한 직·간접적인 재화와 용역의 생산은 예산영역 밖에서 수행된다. 즉 이는 민간부문에서와 같이 재화와 용역의 사용자들이 그 대금 또는 요금을 지불하는 방식으로 제공된다. 정부는 많은 경우 이와 같은 재화와 용역을 공기업을 통하여 생산·제공하고, 공기업은 그 대금이나 요금을 기초로 운영된다. 예컨대 한국전력은 전기를 생산하여 민간에 제공하고, 그 요금을 수취하여 조직을 운영한다. 우리를 포함한 많은 국가의 정부는 대규모의 공기업을 활용하여 시장에 개입하고 시장의 실패를 보정하고 있다.

3. 정부의 실패

시장의 실패를 조정하기 위한 정부의 개입은 일면 바람직한 결과를 가져오기도 하지만 정부의 개입이 언제나 소망스런 결과를 초래하는 것은 아니다. 소망스럽지 못한 정부개입의 결과를 정부의 실패(Government failure)라고 규정하고, 이로 인하여 시장은 다시 정부의 실패를 보정하는 역할을 수행한다. 정부가 실패하게 되는 원인은 다음과 같은 몇 가지로 요약될 수 있다(이준구, 2010, 2004; Munger, 2000).

1) 정보의 제약

현대사회를 특징짓는 요소 중의 하나는 정보의 홍수시대라는 것이다. 합리적인 의사결정의 근거는 정확한 지식과 정보의 확보에 있으므로, 시장의 실패를 보정하기 위한 정부 정책수단의 선택과 집행도 충분하고 적정한 정보와 지식을 기반으로 하여야 한다. 그러나 정보의 제약으로 정부는 시장실패 원인의 파악과 처방 대안의 선택에 많은 어려움을 겪게 된다.

2) 시장의 반작용

정부와 시장은 끊임없는 상호작용을 지속한다. 특히 시장의 실패를 보정하려는 정부의 정책대안은 시장반응에 대한 정확한 예측을 통하여 성공이 보장된다. 그러나 실제에 있어 정부의 정책적 접근에 대한 시장의 반응은 예측과 다른 경우가 많다. 물가의 상승을 막기 위한 조치가 오히려 물가의 상승을 부추기게 된다든가, 주택가격의 안정을 위한 조치가 주택가격의 앙등을 가져오는 등과 같은 시장의 반작용을 목격하는 것은 그리 어려운 일이 아니다.

3) 정치과정의 부작용

정부의 정책은, 특히 법률과 정부 재정의 지원이 수반되어야 하는 정책의 경우는 국회를 포함한 다양한 정치행위자들이 참여하는 정치과정을 거쳐야 한다. 사회 곳곳에 포진하고 있는 다양한 정책행위자는 이념과 정책적 지향이 다른 경우가 많아서 정부의 정책은 정치과정을 거치면서 왜곡되거나 변질되는 경우가 많다.

4) 관료제의 역기능

정부의 정책은 공직에 종사하고 있는 관료들에 의하여 결정되고 집행된다. 관료들의 존재의의는 국민에 대한 봉사와 공익의 추구에 있다고 할 수 있다. 그러나 정책결정과 집행과정에서 관료들은 공익을 추구하기보다는 공익의 달성을 명목적으로 내세우면서도, 실제적으로는 자신들의 집단 이익을 추구하는 행태를 보이고는 한다. 공공선택이론(public choice theory) 등은 이와 같은 관료제의 모순을 지적하는 대표적인 이론이고, 이와 같은 현상과 이론은 궁극적으로 정부개입의 축소를 주장하는 논리의 근거가 된다.

요 약

- 현대국가의 운영에 있어 가장 중요한 기능은 정치와 경제라 할 수 있고, 특히 경제는 민간과 공공부문으로 대별할 수 있고, 민간부문은 가계와 기업으로, 공공부문은 정부와 공기업으로 세분화된다.

- 국가경제는 행위자를 중심으로 본다면 크게 정부, 기업, 그리고 가계로 나누어 볼 수 있고, 정부와 기업 그리고 가계는 조세와 공공서비스의 교환을 통하여, 기업과 가계는 생산요소와 생산물의 교환을 통하여 상호작용을 하게 된다.

- 정부와 기업, 그리고 가계는 시장에서 서로 상호작용을 하게 되는데, 이 시장은 완전경쟁시장, 독점, 과정, 독점적 경쟁으로 구분되는 불완전경쟁시장으로 대별된다.

- 정부는 자원의 배분, 사회적 갈등의 조정, 소득재분배, 경제성장과 안정화를 도모하고, 이는 사회간접자본의 제공, 규제, 공공서비스의 제공, 정부보조 등의 수단을 통하여 실행된다.

- 시장과 정부는 각각의 장점으로 서로의 단점을 보완하는 관계에 있고, 시장의 보완을 하는 수단 중의 하나가 공기업의 운영이며, 이 강의는 정부의 시장의 실패에 대한 보완도구로서의 공기업에 대한 다양한 모습을 공부한다.

1. 가계와 기업은 시장에서 생산요소시장과 생산물시장에서 생산요소와 이에 대한 반대급부를 주고받게 된다. 이때 기업이 생산요소 시장을 통하여 가계에 전달하는 것과 이것이 가계에는 어떤 가치로 전환되는가를 답하시오.

2. 시장은 크게 완전경쟁시장과 불완전 경쟁시장으로 구분될 수 있다. 이때 시장을 구분하는 기준을 설명하시오.

3. 정부는 시장과의 관계 속에서 중요한 역할과 기능을 수행한다. 이때 정부의 기능을 설명하시오.

4. 정부와 시장은 상호작용을 통하여 각자의 부족한 면을 보완하게 된다. 각각의 부족한 문제는 시장의 실패와 정부의 실패로 규정된다. 정부의 실패를 초래하는 원인을 설명하시오.

Modern Public Enterprise

제 2 장

공기업의 의의

제 2 장

공기업의 의의

■ 제1절 공기업의 정의

1. 공기업의 의미

공기업이란 사기업에 대비되는 개념이다. 사기업은 기업의 기본속성, 즉 기업성을 가지며 이는 "생산"과 "이윤" 두 개념과 연계된다.

고전적 의미에서 기업이란 "이윤 추구를 목적으로 하는 생산경제의 단위"이며, 현대적 의미에서의 기업은 "자본과 노동 등 생산요소를 투입하여 이를 부가가치가 투여된 중간재와 최종재로 바꾸는 전환 단위"이다. 즉, 시대의 흐름에 따라 다소 달라지긴 하였으나 "생산"과 "이윤"이 기업성의 두 요소임은 변하지 않고 있다. 공기업도 기업이기 때문에 사기업과 마찬가지로 기업의 개념 정의에서 벗어날 수 없으며 기업성의 특징을 갖는다(이상철, 2021: 26).

그러나 공기업은 사기업과 달리 공공부문에 의해 설립된다는 특징을 갖고 있다. 즉, 공기업은 국가, 지방자치단체 또는 공공기관에 의해 설립·운영된다는 점에서 사기업과 다르다.

이런 측면에서 볼 때 공기업은 기업성과 공공성이라는 두 가지 특성을 갖는 조직이라 할 수 있으며 이에 기업성과 공공성을 활용한 정의가 가능하다.

공기업에 대한 정의에 있어 공공성은 소유의 관점에서 이해할 수 있는데, 공기업은 정부 또는 공공기관이 소유한다는 점에서 통제의 객체라고 할 수 있다. 반면에 기업성은 자율적으로 재화와 서비스를 생산하여 시장에 공급하는 사업의 주체 측면에서 이해할 수 있다. 따라서 공기업은 소유의 관점에서 공공성을, 재화의 자율적인 공급자적 관점에서 기업성을 갖는 조직이라 할 수 있다.

1) 공공부문에 의한 설립·운영

공기업은 국가 및 지방자치단체와 같은 정부 또는 공공기관이 소유한다는 점에서 통제의 객체로서 공공성을 갖는 조직이다. 이에 L. Jones(1975)는 공기업을 "공공부문이 소유하거나 지배하며, 자신과 관련된 생산물을 판매하는 생산적인 주체"라고 정의하였다. 여기에서 공공부문이 소유하거나 지배하는 생산적인 주체라는 의미는 공공부문이 공기업을 직·간접적으로 소유 또는 지배하여야 하며, 생산물의 판매수익으로 경상비의 대부분을 충당할 수 있는 조직이어야 한다는 것이다.

유훈(2007)은 공공부문에 의한 공기업의 소유 및 지배는 우리나라 실정에 맞지 않는다고 주장하면서 규제의 관점에서 이해해야 한다고 주장하였다. 유훈은 공기업을 "국가 또는 지방자치단체가 수행하는 사업 중 기업적인 성격을 지닌 것"이라고 정의하였다.

2) 자율적인 시장 생산 주체

공기업은 재화와 서비스를 생산하여 시장에 공급하는 자율적인 생산의 주체라는 측면에서 기업성을 갖는 조직이다. 이에 안용식(1998)은 공기업을 "국가 또는 지방자치단체가 직접 공공복리를 위해 수익적으로 경영하는 기업"이라고 정의하고 있다.

A. H. Hanson(1959)은 공기업이란 "국가 또는 지방자치단체에 의해 소유·통제되는 산업적·농업적 및 상업적 기업"이라고 정의하면서 "재화와 서비스의 생산 및 판매에 참여하며, 그 경영실적이 대차대조표 및 손익계정에 제시되어야 하고, 주식의 대다수 또는 일부분이 공공기관에 의해 소유된 기업으로서 법령에 의해 설립되는 공사형의 공기업, 정부부처형 공기업, 또는 다양한 법인형태를 지니고 있는 것"이라고 주장하였다.

2. 유사 개념과의 비교

1) 공공사업(Public utilities)

공공사업(public utilities)은 전기·수도·가스·전화·철도 등과 같이 그 서비스가 국민생활에 필수적일 뿐 아니라 독점적 성격이 강한 사업을 말한다(박영희 외, 2010: 8; 이상철, 2021: 38).

공공사업은 일반적으로 다음과 같은 특성을 갖는다. 첫 번째는 국민에게 필요한 생활필수품을 생산한다는 점이며, 두 번째는 자연적 독점성(natural monopoly)을 갖고 있어 한 기업이 생산을 독점할 경우 생산단가가 낮아진다는 점이다.

공공사업은 사기업이 운영하는 경우도 있고, 공기업의 형태로 운영되는 경우도 있다(박영희 외, 2010: 8). 우리나라처럼 많은 나라에서 공공사업은 공기업의 형태로 운영되고 있지만, 모든 공공사업이 공기업에 의하여 운영되는 것은 아니다. 우리나라의 경우에도 전화사업을 포함해서 버스, 이동통신사업의 경우 공공사업임에도 사기업이 운영한다.

공공사업을 공기업이 운영하는 이유는 앞서 살펴본 것처럼 공공사업이 갖는 자연적 독점성 때문이다. 어떤 사업을 하나의 기업이 독점할 경우 소비자는 공급자를 선택할 기회가 없어져 독점가격이 형성된다. 이에 독점가격이 형성되지 못하도록 정부가 공기업을 통해 공공사업을 운영한다. 사기업이 공공사업을 운영할 경우에도 가격은 정부가 통제하는 경우가 대부분이다.

2) 사회적 기업(Social enterprise)

사회적 기업은 취약계층에 대한 사회적 서비스나 일자리 제공을 목적으로 하면서 동시에 재화와 서비스의 생산 및 공급을 통해 기업활동을 수행하는 조직을 말한다. 우리나라에서는 사회적 기업을 "주주나 소유주를 위해 이윤을 추구하기보다 우선적으로 사회적 목적을 추구하면서 이를 위해 이윤을 사업 또는 지역공동체에 다시 투자하는 기업"을 말한다(기획재정부, 2011).

사회적 기업은 본래 공기업의 공공성 또는 사회성을 강조하기 위한 표현에서 시작된 개념이지만(이상철, 2021: 39), 실질적으로는 공·사기업 모두의 공적 책임을 강조하는 의미로 사용되고 있다. 공적 책임은 기업에 대한 정부의 공적통제에 기반을 두는 개념으로 기업 내·외적 의사결정시 정부가 경영자, 소유자, 시장 등에 반하는 의사결정을 할 수 있는 권한과 책임을 말한다.

3) 국영기업(Nationalized enterprise)

국영기업은 사기업을 정부가 매입하여 공기업화한 기업을 말한다(박영희 외,

2010: 8). 정부가 사기업을 매입하여 국유화하는 이유는 다음과 같다.

첫째, 사기업이 도산하는 경우이다. 사기업이 도산하면 정부가 필요한 경우 이를 사들여 국유화한다. 1930년대 경제대공황 당시 여러 나라에서 도산한 주요 기업들이 국유화된 것이 그 예이다.

둘째, 좌파 성향의 사회주의 정권이 집권할 경우 정치적 이념에 따라 국가의 주요 생산수단을 국유화하는 경우이다. 서유럽 국가 중 영국의 노동당, 프랑스의 사회당이 집권하였을 때 주요 기업들이 공기업으로 전환된 것이 그 예이다.

셋째, 제2차 세계대전 이후에 독립한 국가에서 과거 제국주의 시절 설립되었던 기업들을 국유화한 경우이다.

■ 제2절 공기업 설립의 필요성

공기업을 이해하기 위해서는 공기업의 생성 원리에 대해 살펴볼 필요가 있다. 공기업 생성의 원리는 공기업이 설립되는 이유에 대한 것으로 구체적으로는 공기업 설립의 필요성을 통해 나타난다.

공기업의 특성에 대한 이해를 위해서는 공기업 생성의 원리와 공기업 설립 이유를 이해해야 한다. 왜냐하면 국가에 따라 공기업이 설립되는 과정에서의 환경적 요인이 매우 다양하게 작용하고, 이로 인해 경제적, 제도적, 규범적 측면에서의 공기업 설립 필요성이 다양하게 나타나기 때문이다.

1. 경제적 측면의 필요성

1) 자원의 배분

경제적 측면에서 공기업이 설립되는 이유는 시장실패에서 찾을 수 있다. 자본주의 경제체제에서 자원을 가장 효율적으로 배분하는 장치는 시장이다. 그러나 시장이 항상 모든 자원을 효율적으로 배분할 수 있는 것은 아니다. 시장이 자원을 효율적으로 배분하기 위해서는 완전경쟁시장의 존재, 규모경제의 부존재, 공공재의 부존재, 완전한 정보 등의 조건이 갖추어져야 한다.

그러나 시장은 자연독점의 발생으로 인해 완전경쟁일 수 없으며, 규모의 경제 및 공공재가 존재하며 완전한 정보 역시 존재하지 않는다. 이로 인해 더 이상 시장은 자원을 효율적으로 공급하지 못하게 된다. 이처럼 시장이 자원을 효율적으로 배분하지 못하는 현상을 시장실패라 한다.

시장실패가 나타나게 되면 시장이 수행하던 자원 배분 기능에 정부부문이 개입하게 된다. 이때 정부부문은 시장을 대신하여 자원 배분 기능의 수행을 하기 위해 공기업을 설립하여 활용하게 된다.

2) 소득의 재분배

소득의 재분배는 정부부문이 수행하는 경제적 기능 중 하나이다. 시장은 경제적 능력이 없거나 부족한 저소득층에게 필요한 소득 수준을 보장해 주지 못한다. 그러면 그들은 사회로부터 소외될 수밖에 없고 사회의 불안요소로 사회결속력을 다지는데 장애요인으로 작용할 수 있다. 이에 정부는 시장이 수행하지 못하는 소득의 불균형 시정을 소득재분배 기능을 통해 수행한다.

정부는 저소득층을 위해 소득의 재분배를 목적으로 사회복지정책을 시행하며, 공기업이 이러한 정책 수단의 하나로 활용된다.

3) 경제적 안정

경제를 안정화하기 위한 정부의 경제정책을 거시경제정책이라고 한다. 거시경제정책의 수행을 통해 정부가 추구하는 것은 지속적인 경제성장과 안정된 고용을 유지하면서 동시에 물가를 안정시키는 것이다.

공기업은 정부의 거시경제 정책 수행 과정에서 경제성장을 위해 기업의 생산 및 경제활동을 도울 수 있는 사회간접자본에 투자하고 경제성장에 견인차 역할을 할 수 있는 기간산업을 운영하는 역할을 수행한다.

2. 제도적 측면의 필요성

제도적 측면에서의 공기업 설립의 필요성은 정부부문이 어떠한 필요성에 의해 생산기업이라는 형태의 실제적 차원의 공기업을 설립하는가와 관련이 있다. 일반적으로 정부부문은 다음과 같은 필요에 의해 실제 생산주체로서의 공기업을 설립한다.

1) 새로운 생산기업의 필요

국가, 지방자치단체 및 다양한 공공부문의 정책목적에 따른 새로운 생산물의 필요로 인해 국가가 직접 자본을 투자하여 새로운 생산기업을 설립하는 경우가 있다. 이를 공기업의 신규설립이라 하는데 공기업 설립이유의 많은 부분을 차지한다. 신규설립의 방식으로 공기업을 설립하는 경우에는 모든 것을 새로 시작할 수 있어 새로운 경영기법, 인사제도 등을 도입하기 용이하다는 장점이 있다.

2) 사기업의 공기업으로의 전환 필요

(1) 국유화

국유화는 기업의 민간 소유를 인정하는 시장을 중심으로 운영하는 경제체제를 채택했던 국가가 이를 포기하고, 사회주의 경제체제를 채택하는 과정에서 민간 소유의 기업을 국가가 몰수하여 국유화함으로써 공기업으로 설립하는 경우를 말한다. 이 경우에는 국가의 정책목적 수행이라는 전체적 구도에서 공기업이 추구해야할 목적을 구체화할 수 있으므로 정책수단으로써 공기업을 잘 활용할 수 있다.

(2) 사기업의 인수

사기업의 인수란 강제적인 방법을 통해 사기업을 국유화하는 것과는 달리, 사기업과의 협상과정을 거쳐 사기업의 소유권을 국가, 지방자치단체 및 공공기관으로 이전하여 공기업으로 전환하는 경우를 말한다. 이러한 경우에는 생산시설과 더불어 인수 전 사기업의 조직과 인력 및 사업을 그대로 인계 받아 운영하게 된다.

사기업과의 협상을 통한 인수 외에, 국가, 지방자치단체 및 공공기관이 도산한 사기업을 인수하는 경우도 있을 수 있다. 이러한 도산 기업의 인수는 해당 사기업이 국가경제에 필수적인 재화와 서비스의 생산 및 공급을 담당하고 있어 해당 생산 분야를 보호할 목적이 있을 경우에 이루어진다. 이 외에 실업을 구제하기 위해서 도산 기업의 인수가 이루어지는 경우도 있다. 도산 기업 인수의 경우 부실채권 등 사업의 실패로 인한 사기업의 책임까지 공공부문이 인수해야 하는 것이므로 도산 기업의 정상화라는 의무도 공공부문이 함께 지게 된다.

3) 민간과의 협업 필요

민간과의 협업을 위해 민간부문과 공동으로 투자하는 조건으로 공기업을 설립하여 운영하는 경우가 있다. 이를 혼합기업이라고도 하는데, 지방자치단체가 사기업과 함께 투자하여 공기업을 설립하는 경우가 주를 이룬다(김용우, 2006: 104). 이러한 혼합기업의 경우 민간과 공공이라는 각기 다른 두 개의 목적을 갖게 되며 이를 위한 경영기법 또한 달라 효과적 운영을 위해서는 내부의 갈등 요소에 대한 적절한 관리가 매우 중요하다.

4) 기존 공기업 사업 확장의 필요

공기업이 성장하는 과정에서 수요의 증가에 따라 공급을 늘리기 위해 시설을 확장하거나 생산물을 다양화할 필요가 생긴다. 이때 기존 공기업은 사업의 영역을 확장하게 된다.

3. 규범적 측면의 필요성

규범적 측면에서 공기업 설립의 필요성을 살펴보면 이는 공기업의 설립 동기와 연결된다. 공기업의 설립 동기는 다양하지만, 일반적으로 프리드먼(W. Friedman)이 제안한 공기업 설립 동기가 많이 인용되고 있다. 프리드먼은 1950년대 각국의 공기업을 비교연구하여 공기업 설립 동기를 제안하였다. 그는 공기업의 설립 동기를 민간자본의 부족, 국가 전략상의 필요, 독점적 사업의 통제 등 정치적 이유에서 찾았으며(Friedman, 2020), 1970년대 이후에는 공기업 설립 동기로 경제발전 촉진이 강조되었다(Fernandes, 1981).

1) 민간자본의 부족으로 인한 국가의 개입

자원이 부족한 개발도상국 등에서 민간자본이 축적되지 못한 분야에 국가의 주도로 공기업이 설립된다. 철도, 전기, 통신 등이 대표적인 예로 이러한 분야는 자원이 부족한 개발도상국에서 민간자본이 축적되기 매우 어려운 분야이다(이상철, 2021: 68).

2) 국가 전략상의 필요

공공재의 경우 생산과 공급에 막대한 자원을 필요로 하는 경우가 많다. 특히, 공공재의 특성상 무임승차가 가능한 경우가 많아 생산 및 공급에 필요한 자원을 효율적 동원하고 배분하는 것이 매우 어렵다. 이에 국가는 민간부문이 재화의 생산과 공급을 담당할 경우 자원의 동원과 배분에 실패할 확률이 높은 분야에 공기업을 설립하여 운영함으로써 공공재의 생산과 공급에 적극적으로 개입한다. 이러한 현상은 공공성이 가장 강한 국방 분야에서 많이 나타난다(김수영 외, 1995: 191).

3) 자연독점사업의 통제

자연독점은 규모의 경제(economy of scale)로 시장을 불완전하게 하고 독과점기업을 생기게 하는 것으로 대표적인 시장실패의 원인이다(이상철, 2021: 68). 자연독점이 발생하는 분야의 경우 재화와 서비스의 생산 및 공급에 막대한 비용이 소요된다. 이에 자연독점이 발생하게 되면 재화와 서비스의 생산과 공급에 민간의 참여가 어려워지게 되고, 독과점 기업의 횡포가 나타나게 된다. 그런데 자연독점이 전기, 상·하수도, 전화, 가스 등 국민생활에 필수불가결한 분야에서 발생하였을 경우, 독과점 기업이 시장을 지배함으로써 국민 생활에 불편함을 끼치지 않도록 하기 위해 국가가 공기업 설립을 통해 자연독점사업을 통제한다.

4. 우리나라에서 공기업 설립의 필요성

우리나라는 경제발전 추진과정에서 공기업을 국내자본의 축적수단으로 활용한 대표적인 국가이다(이상철, 2021: 71). 다시 말해, 우리나라는 경제발전 추진과정에서 민간부문의 취약한 자본조달 능력과 경영능력의 보완을 위해 정부 주도로 설립된 공기업을 적극적으로 활용하여 왔다. 우리나라에서 공기업이 설립된 필요성에 대해 정리해 보면 다음과 같다.

1) 경제발전촉진

우리나라 공기업의 주된 설립 동기는 경제발전 추진과정에서 필요하였던 대규모 설비산업의 육성이었다. 경제발전 추진과정에서 필수 역할을 하는 대규모 설비산업의 경우 투자자본의 장기 고정화로 인한 낮은 자본 회전율로 인해 민간자본이 참여하기 매우 어려운 분야이다. 이에 우리나라는 경제발전 추진과정의 초기 단계부터 대규모 설비산업에 대해 공기업의 설립을 통한 공급 독점을 추진하였다. 대표적인 분야가 대규모 장치사업에 해당하는 전력, 통신, 가스, 철도 등이었으며 이러한 분야에 대해 공기업을 설립하여 공공서비스를 제공하였다.

2) 공공재의 안정적 공급

공공재는 국민 생활에 필수적인 재화이다. 이에 공공재는 모든 국민에게 차별 없이 안정적으로 공급되어져야 한다. 이를 공공재의 강제 서비스 공급 의무(mandatory universal service)라고 한다(이상철, 2021: 71). 우리나라의 경우 공공재의 안정적 공급을 위해 공기업을 설립하여 운영하였다. 대표적인 분야가 주택(토지주택공사), 전력(한국전력), 통신(현재 민영화된 KT) 등이다.

3) 재정적 수요의 충족

우리나라는 경제발전의 추진과 공공재의 안정적 공급 이 외에도 재정적 수요의 충족을 위해 공기업을 설립하였다. 대표적인 예가 연초사업이다. 우리나라의 경우 연초의 전매를 위해 담배인삼공사(현재 민영화된 KT&G)를 설립하였고, 전매사업을 통한 수익은 초기 우리나라 재정에 큰 기여를 하였다.

■ 제3절 공기업의 유형

1. 공기업의 분류

공기업을 분류하는 방식에는 여러 가지가 있으나 조직 형태별 분류, 투자 형태별 분류 및 출자 주체별 분류로 구분하는 것이 일반적이다.

공기업을 분류하는 방법 중에서 가장 오래되고 널리 사용되는 것이 조직 형태별 분류이다. 이 분류 방법에서는 공기업을 정부기업(정부부처형 공기업 또는 행정기업)과 주식회사형 공기업, 공사형(공사・공단) 공기업으로 구분한다(Hanson, 1958: 336-359; Friedmann and Gamer, 1970: 307-321; 박영희 외, 2010: 21).

투자 형태별 분류에서는 정부가 직접 투자한 기업과 직접투자기관이 재투자하여 만든 간접투자기관으로 분류한다. 출자 주체별 분류에서는 국가가 만든 공기업인가 아니면 지방자치단체가 만든 공기업인가에 따라 국가공기업과 지방공기업으로 분류한다(박영희 외, 2010: 22).

표 2-1 공기업의 분류

분 류	공기업 종류	특 징
조직 형태	정부기업(정부부처형 공기업)	행정기관 형태
	주식회사형 공기업	상법상 사기업 형태
	공사형 공기업(공단·공사형 공기업)	행정기관+법인 혼합 형태
투자 형태	직접투자기관	정부가 직접 투자
	간접투자기관	직접투자기관이 재투자
출자 주체	국가공기업	국가가 설립
	지방공기업	지방자치단체가 설립

출처: 이상철, 2021: 55 재구성

1) 조직 형태별 분류

공기업을 조직 형태에 따라 분류하면 정부기업(정부 부처형 공기업 또는 행정기업)과 주식회사형 공기업, 공사형(공사·공단) 공기업으로 구분할 수 있다.

(1) 정부기업

정부기업(government enterprise)은 행정기업(administrative enterprise)이라고도 불리는데 정부가 공기업을 완전한 소유나 책임하에 설립하거나 혹은 민간으로부터 흡수하여 직접 운영하는 정부 부처형 공기업을 말한다.

정부기업은 소속기관이 적용 받는 정부조직법에 의해 설립되므로 소속기관으로부터 경영에 대한 직접적인 통제를 받으며, 예산운영에 있어서도 독립채산제의 원칙이 적용되지 아니한다. 다시 말하면, 정부기업은 기업처럼 재화나 서비스를 생산하는 하나의 생산 단위이긴 하지만 독립된 법인이 아닌 정부조직의 일부이다. 우리나라의 경우 2010년 개정된 정부기업예산법이 정부부처형 공기업에 적용되면서 일반행정기관에 적용되는 예산회계법의 일부 규정이 적용되고 있지 않다.

우리나라의 대표적인 정부기업의 형태는 우정사업이며, 양곡관리사업, 조달사업 등에도 적용되고 있다. 이들은 모두 공익을 도모하기 위하여 정부가 직접 관리·경영하는 기업이다. 앞서 설명한 바와 같이 이러한 사업은 「정부조직법」에 의해 행정기관의 형태로 조직되며 그 자본은 전액 국가의 소유로 되어 있고, 회계제도는 특별회계로 설정되어 기업회계원리가 적용되며 그 수입으로 지출을 충당하도록 하고 있다. 또한 「지방공기업법」의 규정에 의해 지방자치단체가 운영하고 있는 상수도사업·하수도사업 등의 지방직영기업도 정부기업에 속한다.

(2) 주식회사형 공기업

주식회사형 공기업은 사기업의 특성인 창의력과 신축성을 유지하면서 정부가 출자를 통해 특별히 관리하는 공기업의 형태를 말한다. 주식회사형 공기업은 과거 대륙법계 국가에서 많이 활용되었으며, 우리나라에도 많이 적용되었던 공기업 유형이다. 현재 우리나라의 경우 한국가스공사와 한국전력공사가 대표적인 주식회사형 공기업 형태를 유지하고 있으나, 대부분의 주식회사형 공기업은 공사화 또는 민영화되었다(예: 포항종합제철주식회사, 국민은행 등).

주식회사형 공기업의 특징은 민간과 정부가 같이 출자하는 형태인데, 그 설립이유는 다음과 같다. 첫째, 사기업 가운데 도산한 기업을 구제하기 위하여 정부가 그 기업의 주식을 매입하는 경우가 있다. 우리나라의 경우 IMF 외환위기 당시 많은 금융기관들과 대기업들에게 공적자금을 투입하여 인수한 것이 그 예이다. 둘째, 개발도상국의 경우 자본과 기술이 부족한 국내 기업을 대신하여 주요산업을 주식회사형 공기업으로 우선 설립하는 경우가 있다. 셋째, 개발도상국에서 선진국의 대기업들과 제휴하여 공·사 혼합형으로 주식회사형 공기업을 설립하는 경우가 있다. 넷째, 공기업을 민영화하는 경우, 주식회사형 공기업은 주식을 분할하여 매각이 가능하므로 민영화가 용이하다는 특성이 있다.

주식회사형 공기업은 일반적으로 다음과 같은 특징을 갖는다(이상철, 2021: 60).

ⅰ) 특별법 또는 상법에 의해 설립된다.

ⅱ) 국가 또는 지방자치단체와 사기업 또는 사인과의 공동출자를 원칙으로 한다.

ⅲ) 정부는 정부출자분에 대해서만 책임을 진다.

ⅳ) 임원은 주주총회에서 선출함을 원칙으로 한다. 특별법이 있는 경우에는 그

법의 규정에 의해 임원을 선출하는 경우가 있다.

ⅴ) 주식회사 형태를 지닌 공기업은 법인이므로 당사자 능력을 갖는다.

ⅵ) 일반적으로 행정기관에 적용되는 예산·회계 및 감사 관계 법령의 적용을 받지 않는 것이 원칙이나, 우리나라의 경우 주식회사의 형태를 지닌 공기업은 감사원법의 적용을 받는다.

ⅶ) 주식회사의 형태를 지닌 공기업의 직원은 공무원이 아니며, 직원의 인사규정을 자체적으로 제정하여 운영한다.

(3) 공사형 공기업

공사형 공기업(public corporation or government corporation)은 공공성(공익성·민주성)과 기업성(능률성)을 가장 잘 조화시킨 독립적 특수법인의 형태를 띤 공기업이다. 공기업의 설립 및 운영에 있어 정부기업은 "정부조직법", 주식회사형 공기업은 "상법"의 적용을 받는 반면, 공사형 공기업은 일반적으로 설립과 관련된 "특별법"의 적용을 받는다. 우리나라에서 설립법에 따라 정부 출연에 의해 기본재산을 기초로 설립된 공단의 경우 공사형 공기업에 해당한다. 이에 우리나라의 현실을 감안할 때 공사형 공기업은 "전액 정부 출자에 의한 공단·공사형 공기업"이라 해야 한다는 의견이 있다(이상철, 2021: 60).

공사형 공기업의 경우 20세기에 생겨난 새로운 기업의 형태인데 공기업에게 요구되는 민주성과 능률성이라는 두 가지 원칙을 조화롭게 달성하기 위해 생겨난 제도이다. 공사형 공기업의 경우 영·미법계 국가에서 처음 시작되었으나 제2차 세계대전 이후 프랑스·일본과 같은 대륙법계 국가를 비롯하여 개발도상국에서도 많이 활용되고 있는 제도이다.

공사형 공기업은 일반적으로 국가의 경제발전을 위한 기초산업 육성을 위해 설립되는 경우가 많은데, 우리나라의 경우 전액 정부출자기관인 한국토지주택공사, 한국도로공사 등이 대표적인 공사형 공기업이다.

공사형 공기업의 특징은 다음과 같다(이상철, 2021: 61).

ⅰ) 공사형 공기업은 특별법에 의해 설립된다.

ⅱ) 공사형 공기업은 전액 정부가 투자하는 것을 원칙으로 한다.

ⅲ) 공사형 공기업은 정부가 운영에 대한 최종 책임을 진다.

iv) 공사형 공기업의 임원은 정부가 임명한다.

v) 공사형 공기업은 법인으로 당사자 능력을 갖는다.

vi) 공사형 공기업은 원칙적으로 일반행정기관에 적용되는 예산·회계 및 감사 관계 법령의 적용을 받지 않는다.

vii) 공사형 공기업의 직원은 공무원이 아니며, 그 직원의 임용과 보수에 관한 규정은 자체적으로 제정할 수 있다.

2) 투자 형태별 분류

공기업은 정부가 직접 투자해서 설립·운영하는 공기업인지 또는 정부가 투자해 설립한 공기업을 다시 출자해 설립한 공기업인지에 따라 직접투자기관과 간접투자기관으로, 지분의 소유상황에 따라 지주회사와 자회사로 나뉘어진다.

(1) 직접투자기관

국가 또는 지방자치단체가 직접 투자하여 설립한 공기업을 직접투자기관이라 한다. 이에 우정사업본부와 같은 정부부처형 공기업 또는 정부기업, 한국전력공사와 같이 규모가 큰 공사 등이 여기에 포함된다.

직접투자기관 가운데는 여러 개의 자회사를 거느리는 지주회사가 있다. 예를 들어 한국전력공사의 경우 한국수력원자력, 한국남동발전, 한국서부발전 등 다수의 자회사를 거느린 대표적인 국가지주회사이다(박영희 외, 2010: 33).

(2) 간접투자기관

간접투자기관이란 직접투자기관이 다시 투자한 기관으로 정부입장에서 보면 간접적으로 출자한 공기업을 말한다. 우리나라의 경우 정부의 직접투자기관인 한국전력공사가 출자한 한국전력기술, 한전KDN, 한전원자력연료주식회사, 그리고 한국남동발전과 같은 발전회사 등을 그 예로 들 수 있다.

간접투자기관은 정부의 경영실적 평가를 직접 받지 않는 반면, 모회사의 지휘·감독을 받게 되며, 회계감사의 경우 감사원법 규정에 의한 선택적 감사사항이다(감사원법 제23조; 박영희 외, 2010: 33).

(3) 지주회사

지주회사는 다른 기업을 지배할 목적으로 과반수의 투표권과 권리의 행사를 위해 충분한 주식을 보유함으로써 경영에 개입할 수 있게 한 기업의 형태로 생산에 참여하지 않고 자본을 활용하여 여러 개의 자회사를 거느리고 이를 통제하는 기업을 말한다.

이외 하나 또는 여러 개 회사의 주식을 일부 보유하는 방식을 통해 그 회사를 실질적으로 지배·통제하는 회사를 지주회사라 한다.

(4) 자회사

자회사는 지주회사가 투자하여 설립한 것으로 지주회사에 종속된 회사를 말한다. 모회사인 지주회사는 하나이지만 그 휘하에 많은 수의 자회사를 거느릴 수 있다.

3) 출자 주체별 분류

출자 주체에 따른 공기업의 분류는 국가가 투자하여 설립한 공기업인지 또는 지방자치단체가 투자해 설립한 공기업인지에 따른 분류를 말한다. 국가가 투자하여 공기업을 설립한 것인지 지방자치단체가 투자하여 설립할 것인지는 공기업 설립의 효과가 전국을 대상으로 나타나는지 또는 일정한 지역을 대상으로 나타나는지에 따라 결정된다.

즉, 국가공기업으로 설립할 경우에는 공기업의 설립 효과가 전국에 미치는 것이고, 지방공기업으로 설립하는 경우는 그 효과가 특정지역에 한정적으로 미치게 된다.

(1) 국가공기업

국가공기업이란 국가가 투자하여 만든 공기업을 말한다. 국가공기업은 지방공기업에 비하여 그 규모가 크고 국민경제에 많은 영향을 미친다(박영희 외., 2007: 38). 전력, 철도, 수자원 등 서비스의 생산·공급은 전국의 모든 국민들을 대상으로 편익을 제공하고 있기 때문에 국가공기업으로 설립·운영하는 것이다. 또한 이들 서비스는 최종재를 생산하기 위한 생산과정에 중간재로 투입되는 경우가 많다. 따라서 이들 서비스의 요금을 인상하면, 재화와 서비스를 생산하는데 드는 비용이 증가해 일반물가수준이 높아지는 인플레이션을 초래함으로써 국민경제 전체에 부정적 영향을 미칠 수 있다. 또한 국방산업이 국가공기업으로 설립되는 이유는 국방이라는 서비스가 갖고 있는 서비스의 성질 때문인데, 국방서비스는 일부 지역이나 국민에게 한정해 제공되는 것이 아니라 전국의 모든 국민들을 대상으로 제공되어야 하기 때문이다.

(2) 지방공기업

지방자치단체가 설립한 공기업을 지방공기업이라 하며 사업으로부터 파생되는 효과가 일정한 지역에 한정된다는 특징을 갖고 있다. 지방공기업의 설립 및 운영은 지방공기업법의 규정에 따른다. 우리나라 지방공기업은 1969년에 제정되고, 2022년에 일부 개정된 「지방공기업법」에 의하여 운영되고 있다. 이 「지방공기업법」에는 지방공사제도가 도입되어 기업성과 독립성이 보다 강한 공기업이 설립·운영될 수 있게 되었다.

「지방공기업법」이 정한 지방공기업의 사업 분야는 9종으로 상수도사업, 공업용 수도사업, 궤도사업, 자동차운송사업, 지방도로사업, 하수도사업, 주택사업, 토지개발사업, 의료사업 등이다(지방공기업법 제2조).

2. 우리나라의 공기업

우리나라는 2007년 「공공기관의 운영에 관한 법률」을 제정·시행하면서 기존에 정부투자기관, 정부출자기관 등 몇 가지 유형으로 구분하여 운영하던 공기업을 재분류하여 운영하고 있다. 이에 국가가 관리하는 모든 공기업은 공공기관에 속한다(공공기관운영법 제2조).

국가가 관리하는 공공기관에는 공기업, 준정부기관, 기타공공기관이 있으며, 여기에 정부부처형 공기업인 정부기업까지 포함하여 넓은 의미의 공기업을 구성한다. 이 외 우리나라의 공기업에는 「책임운영기관의 설치·운영에 관한 법률」에서 규정하는 책임운영기관과 「지방공기업법」에 의해 설립·운영되는 지방공기업이 포함되는 것이 일반적이다.[1]

---

1) 제2장에서는 공공기관, 정부기업 및 책임운영기관에 대해 설명하고, 지방공기업은 제12장에서 설명한다.

1) 공공기관

(1) 공기업

① 시장형 공기업

「공공기관의 운영에 관한 법률」은 기존에 운영되어 왔던 공기업을 재분류하면서 시장형 공기업과 준시장형 공기업으로 구분하고 있는데, 이중 시장형 공기업은 법률 제4조[2] 내지 제6조에 따라 직원 정원 300인 이상, 총수입액 200억원 이상, 자산규모 30억원 이상인 공공기관 중 자산규모가 2조원 이상이고, 총수입액 중 자체수입액이 85% 이상인 기관을 말한다. 시장형 공기업에는 한국가스공사, 한국전력공사, 인천국제공항공사 등이 포함되어 있다.

② 준시장형 공기업

준시장형 공기업은 법률 제4조 내지 제6조에 따라 직원 정원 300인 이상, 총수입액 200억원 이상, 자산규모 30억원 이상인 공공기관 중 자체수입비율이 총수입의 50% 이상 85% 미만인 시장형 공기업이 아닌 공기업을 말한다. 준시장형 공기업에는 한국토지주택공사, 한국마사회, 한국조폐공사 등이 포함되어 있다.

(2) 준정부 기관

① 기금관리형 준정부 기관

「공공기관의 운영에 관한 법률」은 공기업에 포함되지 않지만 공공의 목적을 위하여 운영되는 기관으로 준정부기관을 지정하여 운영하고 있는데, 이는 직원의

---

2) 1. 다른 법률에 따라 직접 설립되고 정부가 출연한 기관
2. 정부지원액(법령에 따라 직접 정부의 업무를 위탁받거나 독점적 사업권을 부여받은 기관의 경우에는 그 위탁업무나 독점적 사업으로 인한 수입액을 포함한다. 이하 같다)이 총수입액의 2분의 1을 초과하는 기관
3. 정부가 100분의 50 이상의 지분을 가지고 있거나 100분의 30 이상의 지분을 가지고 임원 임명권한 행사 등을 통하여 해당 기관의 정책 결정에 사실상 지배력을 확보하고 있는 기관
4. 정부와 제1호부터 제3호까지의 어느 하나에 해당하는 기관이 합하여 100분의 50 이상의 지분을 가지고 있거나 100분의 30 이상의 지분을 가지고 임원 임명권한 행사 등을 통하여 해당 기관의 정책 결정에 사실상 지배력을 확보하고 있는 기관
5. 제1호부터 제4호까지의 어느 하나에 해당하는 기관이 단독으로 또는 두개 이상의 기관이 합하여 100분의 50 이상의 지분을 가지고 있거나 100분의 30 이상의 지분을 가지고 임원 임명권한 행사 등을 통하여 해당 기관의 정책 결정에 사실상 지배력을 확보하고 있는 기관
6. 제1호부터 제4호까지의 어느 하나에 해당하는 기관이 설립하고, 정부 또는 설립 기관이 출연한 기관

정원이 300인 이상이며 총수입액 200억원 이상, 자산규모 30억원 이상이면서 공기업에 포함되지 않는 공공기관 중에서 기획재정부 장관이 지정한 기관을 말한다. 이때 기금관리형 준정부기관은 국가재정법에 따라 기금을 관리하거나 기금의 관리를 위탁받은 준정부 기관으로 근로복지공단, 사립학교 교직원연금공단 등으로 구성되어 있다.

② 위탁집행형 준정부 기관

위탁집행형 준정부기관은 기금을 관리하는 것이 아니라 정부의 업무를 위탁받아 집행하는 기관으로 기금관리형 준정부기관과 같이 직원이 300인 이상이며 총수입액 200억원 이상, 자산규모 30억원 이상이며 공기업에 포함되지 않는 공공기관 중에서 기획재정부 장관이 지정한 기관을 말한다. 위탁집행형 준정부기관에는 도로교통공단, 한국산업인력공단, 한국장학재단 등이 포함되어 있다.

표 2-2 우리나라 공기업의 유형 및 분류

유형		분류기준			기관예시
공기업 (32개)	시장형 (14개)	• 직원 정원 300명 이상 • 총수입액 200억원 이상 • 자산규모 30억원 이상	• 자체수입이 총수입의 50%이상 (기금관리 또는 기금관리를 위탁받은 경우 85% 이상)	• 자산규모 2조원 이상 • 자체수입이 총수입의 85% 이상	• 한국가스공사 • 한국전력공사 • 인천국제공항공사
	준시장형 (18개)			• 시장형 공기업이 아닌 공기업	• 한국토지주택공사 • 한국마사회 • 한국조폐공사
준정부 기관 (55개)	기금관리형 (12개)		• 자체수입이 총수입의 50% 미만 (기금관리 또는 기금관리를 위탁받은 경우 85% 미만)	• 국가재정법에 따라 기금관리 또는 위탁관리	• 신용보증기금 • 국민연금공단 • 중소벤처기업진흥 공단
	위탁집행형 (43개)			• 정부업무의 위탁집행	• 한국농어촌공사 • 대한무역투자진흥 공사 • 한국장학재단
기타공공기관 (240개)		• 공기업과 준정부기관을 제외한 공공기관			• 한국산업은행 • 출연연구기관 • 국립대학교 병원

자료: 공공기관 경영정보 공개시스템(ALIO), 2024.

(3) 기타 공공기관

공기업 또는 준정부기관으로 분류되지는 않지만 「공공기관의 운영에 관한 법률」에 규정되는 공공기관으로 기타공공기관이 있는데, 이는 한국기술교육대학교와 같은 교육기관, 서울대학교병원과 같은 의료기관, 한국개발연구원과 같은 연구기관, 한국산업은행과 같은 금융기관 등이 포함되어 있다.

2) 정부기업

정부기업은 정부부처의 형태를 띤 공기업을 말한다. 우리나라의 경우 우편 및 우체국예금사업은 우정사업본부에 속하고, 조달사업은 조달청에서 담당하고 있다. 그리고 양곡관리사업은 농림수산식품부의 양곡관리부서, 시·도 양곡관리관, 시분임 양곡관리관으로 구성하며 농협협동조합중앙회와 농수산물검사소와 협업하는 구조를 갖추고 있다(송대희, 1992: 49; 윤성식, 2005: 51).

우리나라의 경우 정부기업의 형태로 책임운영기관이 있다. 책임운영기관은 정부가 수행하는 사무 중 공공성을 유지하면서도 경쟁원리에 따라 운영하는 것이 바람직한 사무에 대해 책임운영기관의 장에게 행정 및 재정상 자율성을 부여하고, 그 운영성과에 대해 책임을 지도록 하는 행정기관을 말한다(이상철, 2021: 58).

(1) 우정사업

우정사업은 우편사업과 우체국예금사업을 포함한다. 과거 우정사업은 통신사업과 함께 통신사업특별회계를 구성하는 정부기업이었으나 현재는 우정사업만 특별회계로 남아있으며, 산업통산자원부가 주무부처로 되어 있다(우정사업운영에 관한 특례법 제2조).

(2) 양곡관리사업

양곡관리사업은 쌀 생산과 공급의 안정을 위해 정부가 양곡을 매입·관리·보관·판매하는 것을 의미한다. 구체적으로 농가로부터 양곡수매, 부족한 양곡의 수입, 그리고 양곡의 가공·수송·보관 등의 기능과 소비자시장으로의 양곡 방출기능 등을 포함한다.

양곡관리사업은 현재 농림축산식품부에서 담당하고 있으며 농산물 안정기금, 양곡관리기금 등을 운영하여 주곡에 대한 안정 기능을 담당하고 있다(이상철, 2021: 57).

(3) 조달사업

조달사업은 정부가 필요로 하는 물자의 구매·관리, 내외자조달사업, 시설공사 계약, 비축사업 등을 의미한다. 공공기관에서 필요로 하는 물자를 효율적으로 관리하는 것을 목적으로 하는 조달사업은 조달청에서 담당한다(이상철, 2021: 57).

3) 책임운영기관

책임운영기관은 프랑스에서 1967년 이후 시행해 온 제도와 유사한 것으로서 공기업에 효율적 경영에 대한 책임을 부여하기 위하여 설치된다. 이는 프랑스 정부가 공기업의 통제를 위해 고안한 기법으로, 공기업의 자율성과 경영효율성을 증대하고, 프로그램의 계약(contrats de programme)이라는 타협을 통해 정부목적에 부합하는 공기업의 경영이 이루어지도록 하기 위한 시도에서 마련된 것이다. 계획된 계약은 정부와 개별 기업 간에 이루어진 동의를 바탕으로 한 것이다. 계약제도는 경영진에게 산출물과 투입물의 가격결정, 투입과 산출의 혼합, 이윤의 분배, 장기 투자사업의 자금조달 등과 관련한 최소한의 자율성을 보장하기 위해 고안된 것이다. 협약은 정부에게는 주요 정부목적을 추구하게 할 수 있고, 경영실적을 평가할 수 있는 수단으로 사용해 보다 자율성을 많이 부여할 것인지의 여부를 판단할 수 있게 한다(Floyd, 1984: 12-13).

우리나라의 책임운영기관은 정부가 수행하는 사무 중 공공성을 유지하면서도 경쟁원리에 따라 운영하는 것이 바람직한 사무에 대하여 기관장에게 행정 및 재정상의 자율성을 부여하고, 그 운영성과에 대하여 책임을 지도록 하는 행정기관을 말한다(책임운영기관법 제2조). 이 제도는 정부조직에 민간기업의 경영기법인 성과원리를 위하여 도입되었다. 책임운영기관은 일반행정기관보다 조직·인사·예산의 측면에서 자율성을 보장받지만, 그 성과에 대해 책임지는 새로운 형태의 정부기관이다. 기관장에게는 공개채용, 조직 및 인사관리상의 자율성 확대, 정부기업회계법의 적용, 초과수입금의 직접 사용 등 독립성 및 자율성을 보장하면서 그 성과에 따른 보상과 책임도 함께 부여하고 있다.

책임운영기관은 관련 법률에서는 행정기관이라 하고 있고, 그 직원의 신분도 공무원이라는 점에서 일반행정기관과 같지만, 운영측면에서 상당한 자율성이 보장되고, 정부기업회계법의 적용을 받으므로, 현재 정부에서는 정부부처형 공기업으로 분류하고 있다. 책임운영기관의 기관장은 주무부처 장관의 공개모집 절차에 따라 계약에 의하여 3년의 범위 내에서 채용되며, 보수는 운영성과의 평가결과에 의하여 성과급으로 지급된다.

우리나라에서는 1999년 7월에 「책임운영기관의 설치·운영에 관한 법률」이 시행되었고, 2024년 현재 국립과학수사연구원, 국립정신건강센터 등 48개 기관이 지정되어 운영되고 있다.

이들 책임기관의 운영을 위해 마련된 예산이 "책임운영기관 특별회계"인데, 이들 기관들의 사업이 통합되어 재정관리를 받는 셈이다. 그동안 전통적으로 정부기업으로 꼽히던 전매·조달, 양곡관리 외에 다양한 사업들이 책임운영기관이란 이름으로 기업화됨으로써 우리나라 정부기업의 수도 증가하게 된 것으로 볼 수 있다(이상철, 2021: 51).

요 약

- 공기업은 기업성과 공공성이라는 두 가지 특성을 갖는 조직이다.

- 공기업에 대한 개념 정의에 있어 기업성은 자율적으로 재화와 서비스를 생산하여 시장에 공급하는 사업의 주체 측면에서 이해할 수 있다.

- 공기업에 대한 개념 정의에 있어 공공성은 소유의 관점에서 이해할 수 있으며 공기업은 정부 또는 공공기관이 소유한다는 점에서 통제의 객체라고 할 수 있다.

- 공기업을 이해하기 위해서는 공기업의 생성 원리를 이해할 필요가 있으며, 구체적으로는 공기업 설립의 필요성을 통해 나타난다.

- 공기업 설립에 있어 경제적 측면의 필요성은 공기업 설립을 통한 자원의 배분, 공기업 설립을 통한 소득의 재분배, 공기업 설립을 통한 경제적 안정이다.

- 공기업 설립에 있어 제도적 측면의 필요성은 생산기업이라는 형태의 실제적 차원의 공기업 설립의 필요성과 연계된다.

- 공기업 설립에 있어 규범적 측면의 필요성은 민간자본의 부족, 국가 전략상 부족, 독점적 사업의 통제, 정치적 이유에서 찾을 수 있다.

- 우리나라의 경우 공기업을 경제발전 추진과정에서 국내자본의 축적수단으로 주로 활용하였으며, 민간부문의 취약한 자본조달 능력과 경영능력의 보완을 위해 설립되었다.

- 공기업의 분류는 여러 기준에 의해 가능하나, 조직 형태별 분류, 투자 형태별 분류 및 출자 주체별 분류로 구분하는 것이 일반적이다.

- 조직 형태별 분류는 공기업의 분류방식 중 가장 오래되고 널리 사용되는 것으로 공기업을 정부기업과 주식회사형 공기업, 공사형(공사·공단) 공기업으로 구분한다.

- 투자 형태별 분류는 정부가 처음 직접 투자한 기업과 직접투자기관이 투자하여 만든 간접투자기관으로 분류된다.

- 출자 주체별 분류에서는 국가가 설립하였는지 아니면 지방자치단체가 설립하였는지에 따라 국가공기업과 지방공기업으로 분류한다.

- 우리나라는 「공공기관의 운영에 관한 법률」의 제정을 통해 공기업을 재분류하여 적용하고 있다. 이에 국가가 관리하는 모든 공기업은 공공기관에 속한다.

■ 우리나라의 경우 국가가 관리하는 공공기관에는 공기업, 준정부기관, 기타공공기관
   이 있으며 여기에 정부부처형 공기업인 정부기업까지 포함하여 넓은 의미의 공기업
   을 구성한다.

■ 또한 우리나라의 공기업에는 「책임운영기관의 설치 · 운영에 관한 법률」에서 규정하
   는 책임운영기관과 「지방공기업법」에 의해 설립 · 운영되는 지방공기업이 포함된다.

1. 공기업의 개념 정의에 있어 기업성과 공공성은 어떠한 의미를 갖는지 설명해보고, 이를 통해 공기업의 기본 이념에 대해 설명하시오.

2. 공기업의 설립 필요성은 경제적 측면, 제도적 측면, 규범적 측면에서 설명이 가능합니다. 이러한 공기업의 설립 필요성에 대해 설명하고 이를 바탕으로 공기업의 생성원리에 대해 설명하시오.

3. 공기업을 조직 형태별, 투자 형태별, 출자 주체별로 구분해 보고, 이러한 공기업의 분류상 특징이 공기업의 법률 및 조직체계와 어떻게 연결되는지 설명하시오.

4. 우리나라의 공기업 설립·운영은 법률에 의해 규정됩니다. 우리나라의 공기업 설립·운영과 관련된 법률에는 어떠한 것들이 있는지 설명해 보고, 이를 통해 우리나라 공기업의 종류에 대해 설명하시오.

Modern Public Enterprise

제3장

공기업의 본질

공기업의 본질

■ 제1절 공기업의 기본 이념

공기업은 기업성과 공공성의 이중적 성격을 특징으로 하는 생산조직이다. 따라서 사회경제적 목적의 추구라는 공공성 측면의 특성을 갖지 못하는 공기업이나, 영업적·기업적 성격을 무시하거나 이러한 특성이 공적 속성에 완전히 매몰된 공기업은 진정한 의미의 공기업이라 할 수 없다. 따라서 공기업은 이들 두 가지 측면을 효과적으로 조화시키는 노력을 해야 한다.

바로 이와 같은 공공성과 기업성의 두 가지 특성이 공기업을 다른 조직과 구분 짓는 기준이라 할 수 있다. 다시 말하면, 공기업이 가지고 있는 공공성 측면에서 나타나는 특성을 기준으로 공기업과 사기업을 구분할 수 있으며, 공기업의 기업성을 바탕으로 공기업과 공공기관을 구별할 수 있다. 요컨대 공기업은 공공성과 기업성의 특성을 모두 가지고 있다는 점에서 사기업 및 공공기관과 다르다고 할 수 있다.

1. 공기업의 기업성

공기업도 사기업처럼 시장에서 재화와 서비스를 판매한 수입으로 그 재화와 서비스를 생산하는데 투입된 비용을 충당하는 것을 원칙으로 하고 있다. 그러나 공기업은 기업적 목적 외에 공적 목적을 달성하는데 기여할 수 있는 활동을 수행해야 하므로, 이러한 점을 고려하여 경상비용의 50% 이상을 재화와 서비스의 판매수입으로 충당할 수 있을 때 공기업으로 분류한다.

한편 공기업의 경우에는 기업적 목적과 동시에 공적 목적을 도모하고 있기 때문에 판매수입으로 충당되지 않는 나머지 비용은 공적 목적을 수행하는 과정에서 초래된 것으로 간주하여 국고로부터 충당한다. 그러나 공적 목적을 달성하는데 소요된 비용은 정확하게 산출할 수 없고, 그 중에서 비효율적으로 초래되는 비용을 가려내는 일이 쉬운 것이 아니다. 따라서 비효율적 경영으로 인한 손실이 발생하더라도 이를 국고로 충당하고 있어 자원 이용의 비효율성이 나타날 수밖에 없다.

이러한 이유로 공기업을 효율적으로 운영할 수 있는 장치를 마련하거나 민영화해야 한다는 주장이 지속적으로 제기되고 있다. 공기업 경영의 효율성을 제고하기 위해서는 수익적으로 운영되어야 할 부분과 그렇지 않은 부분을 정확히 분류하여, 이들을 따로 평가할 수 있는 지표를 개발하는 노력이 필요하다. 수익적인 활동에 대해서는 사기업처럼 효율성을 기준으로 운영하고, 공적 목적을 달성하는 활동은 효과성을 기준으로 운영하되 가능한 적은 비용으로 목표의 성취도를 높이도록 노력함으로써 공기업 전체의 경영성과를 제고할 수 있을 것이다.

이러한 점으로 미루어 볼 때, 공기업의 비용 중 시장에서 판매한 생산물의 수입으로 충당되는 부분이 크면 클수록 기업성이 높은 공기업이라고 할 수 있다. 이에 따라 공기업도 사기업처럼 손익계산서, 대차대조표 등 경영의 실태 및 재산 상태를 보다 쉽게 파악할 수 있는 기업회계제도를 택하고 있다. 즉 손익측면에서 거래를 분석하고 이들을 요약해 정리·보고하도록 함으로써 기업의 경영성과 및 효율성을 평가할 수 있는 회계정보를 제공하는 것이다. 공기업이 갖는 기업적 특성을 정리해 보면 다음과 같다.

1) 생산자

공기업도 사기업처럼 농업, 광업, 제조업, 교통, 건설, 금융, 도·소매업 등 산업분야에 투자하여 생산·영업활동을 할 수 있다. 그러나 보통 이들 분야에는 사기업이 참여하여 영업적 수익성을 목적으로 활동하고 있다. 따라서 공기업은 모든 산업분야에 참여하여 이윤의 추구를 목적으로 기업 경영을 하는 것이 아니라, 자연독점산업처럼 사기업이 생산자로서 참여하는 것이 바람직하지 않은 경우, 또는 사기업이 낮은 수익성이나 파산 위험성 등의 이유로 참여하는 것을 꺼리는 등의 불가피한 경우에 한해 제한적으로 참여하는 것이 일반적이다.

예컨대 자연독점산업에 사기업이 참여하게 되면, 이윤을 극대화하기 위해 노력하게 될 것이며, 이는 결국 소비자 부담으로 이어질 수 있다. 반대로 이윤을 기대할 수 없는 분야의 경우에는 사기업이 참여하려고 하지 않기 때문에 산업의 공백이 생기고, 이로 인해 사회적으로 꼭 필요한 재화 또는 서비스임에도 불구하고 공급이 불가능해져서 국민의 일상생활에 심각한 불편을 초래할 수 있다. 더 나아가 발전·도로 등 국가 인프라 서비스 공급에 지장이 발생할 경우 기업의 생산적·경제적 활동 자체를 어렵게 만들어 국민경제 전체의 원활한 운영을 저해할 수도 있다.

2) 투자자

정부부처의 경우 국민들에게 무상으로 재화나 서비스를 공급하지만 공기업은 일반적으로 최소한의 비용만을 받고 생산물을 제공한다. 그러나 공기업도 기업인 만큼 투자와 생산은 이로부터의 수익을 기대하여 결정하고 진행한다. 특히 기업적 성격을 가지고 있는 조직이라면, 재화와 서비스를 생산해 이를 시장에 판매하여 벌어들인 판매수입인 소득으로 기업을 운영하는데 드는 비용을 충당해야 한다. 다만, 그 기대의 정도는 공적 목적과 기업적 목적의 상대적 비중에 따라 달라질 것이다. 즉, 기업적 목적의 비중이 공적 목적의 비중보다 더 크면 더 높은 수익을 기대하고 그 반대의 경우에는 더 낮은 수익을 기대할 것이다.

이와는 달리 기업적 성격을 갖고 있지 않은 조직은 그 운영에 소요되는 비용을 공공기금, 정부의 조세수입, 또는 기부금 등의 소득으로 충당할 것이다.

결론적으로 공기업이 기업적이기 위해서는 시장에서 거래할 수 있는 생산물을 팔아 기업의 운영에 필요한 소득을 거두고, 이를 통하여 투자비용의 회수를 도모하여야 한다.

3) 판매자

공기업 생산물도 사기업의 생산물처럼 시장에서 공급 및 판매가 가능하다. 즉, 시장에서 가격이 결정되고 그 가격에 거래되어야 한다는 의미로 거래가격은 구매자의 구매의사를 나타내는 수요곡선과 판매자의 판매의사를 반영하는 공급곡선이 만나는 점에서 결정되고, 그 가격에서 거래량이 결정된다.

공기업도 사기업과 마찬가지로 일반 국민들의 소비를 위해 재화 또는 서비스를 생산하여 공급한다. 물론 공기업의 생산물이 민간에 의해 독점적으로 소비되는 것이 아니라 공공부문도 같이 소비에 참여하지만, 공기업의 생산물은 민간을 대상으로 생산하고 시장에서 판매하는 것을 원칙으로 하고 있다.

시장에서 공기업의 생산물이 거래된다는 것은 시장에서 생산물을 구입하여 이를 소비함으로써 편익을 받는 사람을 가려낼 수 있어야 하고, 이들로부터 편익을 주는 생산물을 생산하는데 드는 비용을 충당할 수 있다는 의미이다. 만약 특정한 재화나 서비스가 시장에서 판매가 가능하지 않다면, 이윤을 목적으로 하는 사기업은 그 생산물의 생산을 꺼려하거나 생산하지 않으려 하므로 결국 국민 전체의 이익을 도모해야 할 책임을 지고 있는 정부가 생산할 수밖에 없고, 그 비용은 국민들이 부담한 일반조세 수입으로 충당하게 된다. 이것이 공기업이 공공재의 공급을 담당하는 이유이다.

4) 독립적 의사결정

공기업은 일반적으로 공공부문에 의하여 설립되지만, 실천적인 기업의 경영을 위해서는 전문가에 의한 독립적인 기업경영이 가능하여야 하며, 이를 위한 독립적 의사결정체제를 갖추어야 한다. 물론 일상적인 기업활동은 이 독립적인 의사결정체제에 의하여 결정되고 집행되어야 한다.

이와 아울러 공기업도 사기업과 마찬가지로 기업가 정신을 발휘해서 역동적이고 창조적으로 기업을 운영해야 한다. 공기업도 꾸준한 기술개발과 경영혁신을 통해 비용을 줄이는 노력을 해야 하고, 투자할 새로운 분야를 적극적으로 개척하며, 위험부담이 있더라도 수익가능성이 있으면 과감히 투자해야 한다. 결국 기업이 추구하는 이윤은 꾸준한 혁신노력, 새로운 투자분야의 개척, 위험부담 등에 대한 대가라고 할 수 있으며, 이러한 기업가 정신이야 말로 기업을 발전시키는 원동력이라고 할 수 있다.

5) 기업회계의 적용

공기업이 기업적이기 위해서는 사기업에서 도입하여 운영하고 있는 기업회계제도를 갖추어야 한다. 그래야 재화와 서비스를 생산하는데 든 비용을 정확하게 계산할 수 있고, 이에 따라 시장에서 거래할 가격에 대한 결정을 할 수 있다. 민간기업은 비용의 계산을 가능하게 하는 비용발생주의 회계를 도입하여 자산, 부채 및 순자산 또는 자본의 변화, 수익과 비용의 출처, 원가계산 등에 대한 정보를 입수·해석하여 효율적인 운영을 도모할 뿐만 아니라 경영에 대한 투명성을 제고하려고 한다. 특히 지출에 대한 소득, 자본투자에 대한 산출 수준, 자본투자에 대한 회수율을 파악함으로써 기업운영의 합리화를 꾀할 수 있다.

2. 공기업의 공공성

일반적으로 공기업과 관련해 나타나는 공공성은 기본적으로 다음과 같은 세 가지 의미를 포함하고 있다(Fernandes, 1981).

첫째, 국민들의 접근성으로써, 국민들이 항상 특정 공기업 또는 공기업의 생산물에 용이하게 접근하여 편익을 제공받을 수 있어야 한다. 이의 예로서 국립·시립 등의 공공공원, 철도와 같은 공공교통, 우편과 같은 공공서비스를 들 수 있다.

둘째, 전체 국민에 대한 개방성으로써, 편익을 제공받기를 원하는 모든 국민에게 공기업의 생산물인 재화와 서비스는 개방되어야 한다는 것이다.

셋째, 소유·경영 측면에서 공익성의 추구로, 공기업은 국민 모두의 공익을 위하여 공공부문(국가, 지방자치단체 및 공공기관)에 의해 소유·운영되어야 한다.

이처럼 공공성의 세 가지 요소를 기초로 공공성 이념을 재구성하면, 공기업은 국민 모두가 쉽게 접근해서 그로부터 편익을 받을 수 있도록 개방되어야 하며, 이를 위해 공공부문 의해 소유·운영되어야 한다.

이를 바탕으로 공기업이 가지는 공공성의 특성은 제도적 측면과 운영적 측면에서 다음과 같이 정리할 수 있다.

1) 제도적 측면

공기업은 국민 모두의 이익 즉 공공목적의 달성을 위하여 설립되어야 한다. 공기업의 설립 목적은 시대 및 사회의 특성, 경제 발전수준, 정치체제의 지향성 등에 따라 변화한다고 할 수 있다. 특정 국가가 처해 있는 정치적, 사회적, 경제적 상황에 따라 추구하는 공기업의 설립 목적도 달라진다는 것이다.

설립 목적과 관련해 강조해야 할 것은 공기업은 주로 국가의 경제개발계획을 위하여 활용되는 등 국가의 경제적 목적을 도모하거나, 사회발전계획의 추진 등의 사회적 목적과 같은 다양한 목적을 동시에 추구하기 위해 설립된다는 점이다. 따라서 공기업을 통해 국가가 추구하는 소기의 목적을 효과적으로 달성하기 위해서는 첫째, 공기업이 달성해야 할 목적들을 우선순위에 따라 정하고, 둘째, 이들 중 공기업이 일차적으로 달성해야 할 목적을 명확히 설정하고, 셋째, 이러한 목적

달성에 적합한 공기업의 조직 및 경영체제를 확립해야 한다.

또한 조직 및 경영체제의 구성에 있어 공공성을 우선으로 하는 공기업은 정부부처형, 기업성이 우선일 경우는 주식회사형, 그리고 이들의 중간에 속하는 경우는 공사형 공기업의 형태로 설립된다. 정부부처형의 경우에는 공기업의 경영이 공공성의 목적에 부합해 이루어지도록 공기업의 경영을 통제할 수 있고, 주식회사형의 경우에는 공기업 경영에 자율성을 부여하여 효율성을 제고할 수 있다. 그리고 공사형의 경우에는 정부의 통제와 자율성을 조화시켜 공기업이 추구하는 목적의 성격에 따라 적합한 경영체제를 갖출 수 있다.

2) 운영적 측면

(1) 공기업에 대한 통제

공기업은 공공부문에 의해 운영된다. 여기서 공공부문이란 국가, 지방자치단체 및 공공기관을 모두 포함하는 개념이다. 공공부문이 자본 지분율의 50% 이상을 가지고 있는 경우에 순수한 의미의 공기업이라고 할 수 있다. 왜냐하면 자본지분율이 50% 이상인 공기업의 경우 공공부문에 의한 완전한 관리·통제가 가능하기 때문이다. 그러나 모든 공기업에 대한 공공부문의 자본지분율이 50% 이상은 아니다. 다만 대부분의 국가에서는 공기업의 자본지분율의 50% 이상을 소유하고 있지 못하더라도 공기업의 경영에 대한 공공부문의 통제가 가능할 때 공기업으로 분류하고 있다.

공기업은 공공부문에 의한 통제를 받는다. 공공부문에 의한 공기업의 통제는 공공부문에 속한 하나의 경제주체가 민간부문에 속한 다른 경제주체의 자유로운 의사결정을 제한하기 위한 것으로, 정부가 개인 또는 기업을 대상으로 하는 통제인 행정규제, 입법규제 등과 같은 정부규제를 의미한다.

공기업에 대한 통제란 공공부문에 의한 공기업 경영에 대한 통제를 말하는 것이다. 일반적으로 사기업의 경영에 대한 관리 및 통제는 이사회에 의해 수행된다. 그러나 공기업의 경영에 대한 관리와 통제는 공기업을 소유하고 그 관리에 책임을 지고 있는 공공부문에 의해 수행되는 것이 일반적이다. 따라서 공기업은 자신의 경영과 관련된 투자, 가격, 임금, 자금조달, 임직원의 임면, 시장전략 등 주요 정책을 결정하는 과정에서 공공부문으로부터 영향을 받는다.

(2) 공기업에 대한 관리

공기업에 대한 공공부문의 관리는 공기업을 소유하고 그 감독에 책임을 지고 있는 공공부문의 공기업에 대한 직접적인 관리를 의미하는 것이 아니라 공공부문에 의해 임명된 최고경영진에 의한 공기업의 경영관리를 의미한다.

최고경영진은 공공기관이 추구하는 목적에 부합하는 공기업 경영이 이루어지도록 위임받은 대리인으로서 그 책무를 다하여야 한다. 만약 대리인으로서의 책무를 이행하지 못한 경우에는 이에 대한 책임을 져야 한다. 따라서 최고경영진이 공기업 경영과 관련된 정책을 결정한다면, 수행해야 할 기능별로 분류된 부서는 책임을 맡아 그 관련 업무를 성실하게 수행해야 한다. 이러한 형태의 공기업에 대한 관리를 통해 공공부문은 공기업 경영에 대해 직접적인 개입을 하지 않는다 하더라도 공기업을 통해 추구하는 소기의 목적을 달성할 수 있다.

(3) 공기업에 대한 공적 책임의 부과

공기업에 대한 공적 책임의 부과는 공공부문에 의해 공기업의 경영을 위임받은 최고경영자가 공기업 경영의 성과에 대해 공적으로 책임지는 것을 말한다.

공기업은 공공부문 의해 소유·통제·관리되고 있으므로 경영에 대한 직접적인 책임은 우선 공공부문에 대해 지고 있으며, 그 책임은 공기업의 목표 달성을 위한 경영실적에 따라 평가할 수 있다. 이러한 경영실적은 공기업의 운영이 적절하게 이루어졌는지에 초점을 두는 경영관리의 적절성, 공기업이 수익적 목적과 비수익적 목적을 얼마만큼 달성했는지를 측정하는 효과성, 공기업의 경영이 효율적으로 이루어졌는지를 측정하는 효율성 등을 기준으로 평가할 수 있다. 그리고 이들 세 가지 기준에 따라 일차적으로는 소유 공공기관에, 다음으로는 국민들의 대의기관인 국회에, 최종적으로는 일반국민에게 기업운영에 대한 책임을 져야 한다.

반면, 사기업의 경우에는 영업적 수익성을 나타내는 이윤이라는 명확한 기준에 근거하여 경영실적을 평가하기 때문에 그 과정이 단순하고 결과에 대한 신뢰성의 정도가 높다고 할 수 있다. 그리고 경영에 대한 책임은 기업주 또는 주주에게 지며, 이들에게 배분되는 배당금 액수의 지급으로 책임을 물을 수 있다.

그러나 공기업의 경우 설립 목적상 공공성을 근거로 평가가 이루어져야 하는데, 공공성의 경우 계량화가 어려워 그 과정에 자의성이 개입될 소지가 크고, 결과에 대한 신뢰성의 정도도 낮을 수밖에 없다.

■ 제2절 공기업의 지위와 제도적 기반

1. 공공부문에서의 공기업

공공부문의 분류는 UN에서 발간하는 SNA 지침을 따르는 것이 일반적이다. UN은 1993년 SNA 지침을 처음 발간한 이후 2008년 개정하였다. 2008년 SNA 지침은 일반정부와 공공부문 분류의 중요성을 감안하여 '일반정부와 공공부문'이라는 별도의 장을 추가하였다(UN, 2008).

2008년 개정된 SNA 지침에 따르면 국가의 구성부문을 제도단위(institutional unit)로 설정하고, 제도 단위를 정부 지배 유무에 따라 공공부문과 민간부문으로 나눈다. 다시 공공부문을 경제적으로 의미 있는 가격(economically significant price)의 여부에 따라 일반정부 부문과 공기업으로 분류하고 있다(원구환, 2018: 83). UN SNA 지침에 의거하여 공기업의 위치를 찾아보면 다음과 같다.

첫 번째 단계는 제도 단위를 파악하는 것이다. 국가 구성부문에 있어 제도 단위는 자산을 소유하고 부채를 부담할 수 있으며, 경제활동 및 다른 실체와의 거래활동을 수행할 수 있는 경제적 실체를 말한다(원구환, 2018: 84). 제도 단위에는 기업(corporation), 준기업(quasi-corporation), 비영리기관(nonprofit institution), 정부단위(government units)가 있다.

두 번째 단계는 제도 단위가 공공부문인지 민간부문인지 파악하는 것이다. 2008 UN SNA에 따른 제도 단위가 정부에 의해 통제될 경우 공공부문으로 간주한다. 공공부문과 민간부문을 구분하는 기준으로는 ① 정부가 직접 소유하는지 여부, ② 정부가 소유하지는 않지만 이외의 방법으로 지배(특별법, 임원 임면권)하는지 여부이다. 이 중 하나라도 인정되면 그 제도 단위는 공공부문으로 간주한다.

세 번째 단계는 공공부문에 속하는 제도 단위가 일반정부 부문인지 공기업 부문인지를 파악하는 것이다. 일반정부 부문과 공기업 부문을 구분하는 기준은 시장성 유무인데, 이는 공공부문에 속하는 제도 단위가 생산한 산출물이 경제적으로 의미 있는 가격으로 판매되고 있는지 여부이다. 즉, 생산물의 판매 수입이 여러 해에 걸쳐 평균적으로 최소한 생산원가의 1/2이 되는 경우 공기업 부문으로 간주한다. 여기에서 공기업에 대한 정부의 지배권 유무 판단 지표는 ① 과반수

이상의 소유권 보유 여부, ② 이사회 또는 기타 지배 구조에 의한 통제 여부, ③ 주요 임원에 대한 임면권 보유 여부, ④ 기관의 주요 위원회 및 기타 지배기구의 운영 및 정책 결정권 보유 여부, ⑤ 황금주(golden shares) 및 주식매수 청구권 등 보유 여부, ⑥ 사업영역 및 요금정책 등에 대한 규제와 통제 여부, ⑦ 정부의 유일한 수요자로서 지배적 고객으로서의 영향력 행사 여부, ⑧ 정부로부터의 차입에 의한 통제 여부 등이다(원구환, 2018: 84).

표 3-1 공공부문의 분류와 공기업의 위치

구분 기준		구분 방식
① 제도 단위 or 상위 제도단위	• 자산을 소유하고 부채를 부담할 수 있는가?	No ⇒ 상위 제도단위
		Yes ⇒ 제도 단위
② 공공부문 or 민간부문	• 정부가 직접 소유하는가? • 정부가 특별한 방법으로 지배하는가?	No ⇒ 민간부문
		Yes ⇒ 공공부문
③ 일반정부 or 공기업	• 생산한 산출물이 경제적으로 의미있는 가격에 판매되는가?	No ⇒ 일반정부 부문
		Yes ⇒ 공기업 부문

출처: 원구환, 2018: 85 재구성

그림 3-1 UN SNA의 공공부문 분류체계와 공기업

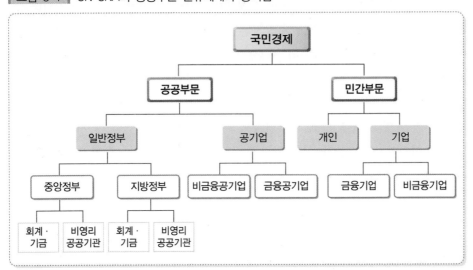

출처: 2008 UN SNA 재구성

정리해보면, UN SNA에 따르면 공공부문은 경제적 기준에 따라 일반정부 부문과 공기업 부문으로 나뉜다. 즉, 생산원가의 50% 이상을 판매수입으로 충당할 수 있는 제도 단위는 공기업 부문으로 분류하며, 공기업 부문은 다시 비금융공기업과 금융공기업으로 분류된다.

2. 공기업의 법률 및 조직체계

1) 법률체계

공기업의 법률체계는 정부가 직접 경영하는 형태인지 독립된 법인체의 형태인지에 따라 달라진다. 일반적으로 공기업은 국회 또는 지방의회의 심의·의결을 거친 법률 및 조례에 의해 설립된다. 소유구조나 목적의 변경 역시 법률 및 조례에 의해서만 가능하다(원구환, 2018: 86).

우선 정부가 직접 경영하는 공기업 중 국가공기업의 경우는 정부기업 형태로 운영되며 「정부기업예산법」에 의해 관리된다.[1] 지방공기업의 경우 지방직영기업 형태로 운영되며 「지방공기업법」에 의해 관리된다.[2]

다음으로 독립된 법인체의 형태로 운영되는 공기업 중 국가공기업의 경우 시장형 공기업과 준시장형 공기업으로 구분되며, 개별법에 의해 설립·운영된다. 이러한 간접경영방식의 공기업을 총괄하는 법률로 「공공기관의 운영에 관한 법률」이 있다.[3] 한편, 간접경영방식의 지방공기업의 경우 크게 지방공사, 지방공단, 출자·출연기관으로 구분되는데, 지방공사와 지방공단은 조례에 의해 설립되며 지방공사와 지방공단을 총괄하는 「지방공기업법」이 있다.[4] 또한 출자·출연기관의 경우 개별법 및 조례에 의해 설립되며,[5] 지방자치단체가 운영하는 지방공사와 지방공단 이외의 모든 출자·출연기관은 「지방자치단체 출자·출연기관의 운영에 관한 법률」이 관할한다(원구환, 2018: 87).

---

1) 구체적인 사업은 우편, 우체국예금, 양곡, 조달사업 등이다.
2) 구체적인 사업은 상수도, 하수도, 공영개발 등이다.
3) 한국수자원공사를 예로 들면 「한국수자원공사법」에 의해 설립되며 「공공기관의 운영에 관한 법률」에 의해 총괄 규제된다.
4) 서울도시공사(SH공사)의 경우 서울특별시 조례로 설립되며, 「지방공기업법」에 의해 총괄 규제된다.
5) 시·도의 연구원, 의료원, 장학재단 등이 그 예이다.

2) 조직체계

공기업의 조직체계를 구성함에 있어 중요한 것은 공기업의 성공적 운영을 위해 요구되는 업무 및 재정상의 신축성 및 자율성을 부여하면서 동시에 공공성을 확보할 수 있도록 공기업 운영을 적절히 통제할 수 있는지 여부이다.

이는 공기업의 조직체계를 결정할 때 핵심적 사항으로 통제와 자율성의 정도를 고려하여 공기업의 소유형태 및 정부와의 연계성을 결정해야 함을 의미한다. 이와 관련하여 공기업을 어떠한 법적 근거 위에 어떠한 형태로 설립한 것인지를 결정해야 한다. 공기업의 조직 형태에 대해서는 여러 의견이 있지만 정부부처형, 공사형, 주식회사형 등으로 분류할 수 있다(Musolf, 1972).

(1) 정부부처형

정부부처형의 공기업은 선진국과 개발도상국을 막론하고 공기업이 취하고 있는 전통적인 형태라고 할 수 있으며, 철도, 통신, 항만, 전매사업, 심지어는 제조업에도 이러한 조직유형이 이용되고 있다. 많은 국가에서 운영하고 있는 우체국처럼 그 자체가 하나의 부서로서 정부부처의 구조 내에서 하나의 사무소, 국 또는 청 등처럼 부속기관으로 설치·운영되는 것이다. 따라서 정부부처형 공기업은 정부조직법에 의해 설립·운영되며, 주무부처 장관의 통제를 받는다.

정부부처형 공기업은 정규 정부부처로서 비사업적 활동을 위하여 규정된 규칙과 절차에 따라야 한다. 정규 정부부처에 적용되는 똑같은 규칙들이 정부부처형 공기업에게도 적용되는데, ① 정부부처형 공기업의 연간예산은 국고에서 조달되며 그 수입은 정부수입으로 국고에 환원된다. ② 정부부처형 공기업은 모든 정부부처에 적용되는 예산, 회계, 감사 등과 관련된 통제를 받는다. ③ 정부부처형 공기업의 정규직 직원은 법적으로 공무원이며 공무원에 적용되는 법과 규제가 적용된다. ④ 정부부처형 공기업은 정부의 승인 없이 소송되는 것을 면제받는 국가의 주권면책권을 가지고 있다.

이들 규칙은 정부부처형 공기업의 경영을 건전한 사업적 관행으로부터 멀어지게 함으로써 효율적 기업 운영을 저해한다. 정부부처형 공기업이 가능한 한 상업적 성질을 많이 가질수록 해당 공기업은 행정부, 입법부, 정치권으로부터의 직접적 개입에서 보다 자유로울 수 있다. 이러한 필요에 따라 연간 재정계획을 5개년

재정계획으로 대체하는 국가들도 있다. 마찬가지로 특별한 예산 및 감사제도를 마련해 공기업에 적용하기도 하고, 어떤 국가에서는 보다 신축적인 형태의 인사제도를 채택해 오기도 했다.

우리나라의 「정부기업예산법」은 정부부처의 형태를 지닌 공기업을 정부기업이라고 부르고 있는데, 우편사업·우체국예금사업·양곡관리사업·조달사업 등을 그 대표적인 예로 들 수 있다.

(2) 주식회사형

규칙과 절차를 수정하는 노력에도 불구하고 정부부처형 공기업은 시장에서의 적응이 제한되어 있어 다른 형태의 조직이 필요하게 된다. 일반 상법에 의해 설립·운영되는 주식회사형의 공기업이 또 다른 유형이라고 할 수 있다. 주식회사 형태를 지닌 공기업은 '혼합기업'이라고도 하는데, '혼합기업'이라는 용어는 법적 또는 조직적 형태보다 경제적 측면이 더욱 강조되지만, 어느 정도 법적 또는 조직적 형태와도 관련된다(Musolf, 1972).

주식회사법은 주로 사업 또는 영리를 목적으로 한 민간기업을 설립하는데 필요한 법적 근거를 제공한다. 따라서 정부부처형과는 달리 주식회사형 공기업은 일반적인 정부활동에 적용되는 규칙 또는 통제에 구속되지 않는다. 이러한 형태의 공기업은 이사회의 활동, 기업의 내부 최고경영권 등을 규정하고 있는 그 자신의 정관을 가지고 일반 상법에 따라 설립·운영된다.

주식회사형 공기업에 대한 정부의 통제는 이사회에서 임명하는 이사를 통해 간접적으로 이루어진다. 직접 통제를 하지 않기 때문에 주무부처의 장관은 그 책임 관할하에 있는 기업의 업무 개입에 대해 입법부에 보고할 의무가 없다. 그러나 공기업이든 민간기업이든 일반 상법에 따라 설립되는 모든 다른 기업들처럼 정부의 규제를 받고 있다. 주식회사형 공기업은 다른 모든 기업들이 갖고 있는 법적 지위와 유사한 법적 지위를 가지고 기업을 경영한다. 또한 법인으로서 상당한 자율성을 가지고 있지만 국가의 주권면책특권[6]을 가지고 있지는 않다.

다른 형태의 공기업처럼 특정한 입법적 행위를 요구하고 있지 않으므로 설립하기에 보다 용이하다. 주식회사형의 공기업은 혼합경제체제에서는 많은 장점을 가지고 있는데, 가장 큰 장점은 민관합작기업을 설립하기가 쉽다는 것이다. 정부

---

6) 국가나 주권자가 법적 잘못을 저지르더라도 민사적·형사적 책임을 지지 않는다는 원칙.

가 그 주식을 사고팔고 함으로써 공기업의 소유지분을 변경할 수 있다. 만약 정부가 원하기만 한다면, 정부는 민간부문에 공기업을 쉽게 이전할 수 있다. 동시에 정부가 한 산업을 국유화하기로 결정하고 주식회사형태로 유지하기를 원한다면, 정부가 해야 할 일은 그 주식을 취득하는 것뿐이다.

이러한 형태의 공기업의 최대 약점은 기업의 공공성에 대한 책임을 확보하기 어렵다는 것이다. 많은 국가에서 감사원의 일반적 지시 아래 주식회사형 공기업을 감사하기 위한 법적 규정이 마련되어 있지만, 이러한 공기업은 정부부처형 공기업처럼 공공성에 대한 책임 확보를 위한 엄격한 규칙의 적용을 받지 않는다. 또한 대부분의 경우 이들 공기업의 직원들은 공무원이 아니다. 따라서 공무원법에 제한받지 않고, 회사 스스로 그 직원들의 고용 및 근무 조건을 결정할 수 있다. 전체적으로 주식회사형 공기업은 효율적인 생산 또는 잉여금이나 이윤의 창출을 그 목적으로 하는 공기업에 보다 적합한 형태이다. 그러므로 사회적 형평성과 인적 자원의 완전 고용을 포함해 육성적 목적과 기타 정책적 목적을 가진 공기업에게는 적합하지 않다.

(3) 공사형

영업적 목적보다는 사회경제적 목적을 추구하기에 적합한 형태의 공기업을 설립할 필요가 있는 경우 공사형이 채택된다. 이러한 의미에서 공사형의 공기업을 '맞춤형 공기업'이라고도 한다.

공사는 정부부처와 주식회사라는 틀 밖에서, 정부의 구체적 필요에 맞추기 위해 특별하게 설립한 공기업 형태를 말한다. 대개 공사는 그 권한, 임무와 면책권을 정의하고, 경영조직 형태와 정부기관과의 관계를 명시하고 있는 특별법으로 설립된다. 주식회사형 공기업처럼 법적으로 독립적 개체로 재화와 용역의 생산에 참여하고, 정부부처의 공공자금에 적용되거나 예산, 회계, 감사 등에 적용되는 법과 규칙에 제약받지 않을 뿐만 아니라 공무원법에도 제약되지 않는다.

반면 주식회사형의 공기업과는 달리, 공사는 주식을 발행하지도 않고 이에 따라 주주도 없으며, 자본은 국고가 보장한 고정이자 지급채권의 발행을 통해 조달하는 것을 원칙으로 하고 있다. 이들 공기업은 정부의 대표인 주무부처 장관에게 책임을 지며, 주무부처 장관이 임명한 이사로 구성되는 이사회의 관리를 받고 있다.

공사는 개별적 필요에 맞게 구체적으로 재단해 설립하는 동시에, 자율적인 경제활동에 필요한 신축성을 갖고 주도적 위치를 가지게 하기 때문에 공기업 경영을 위한 가장 좋은 형태로 간주되고 있다. 즉, 공사형 공기업은 정부부처형 공기업처럼 정부의 권력을 가지고 있지만, 정부부처에 적용되는 것과 동일한 재정 및 인사 규칙의 적용을 받을 필요가 없다. 이에 따라 특별한 목적을 달성하기 위해 공기업을 설립·운영될 때 주로 공사 형태가 적용된다.

공사형태의 공기업은 주식자본조직을 갖지 않는 법인형 공기업을 말하는데, 주식자본조직을 갖지 않는 이유는 전액 정부출자기관인 것을 원칙으로 하기 때문이다. 공사의 주인은 정부 하나뿐이므로 주식회사와 같이 자본을 여러 개의 주식으로 쪼갤 필요가 없고, 이에 따라 주당 금액을 산출할 필요가 없다(박영희 외, 2005: 42).

(4) 조직유형의 결정

공기업의 설립과 관련해 그 조직형태를 결정할 때 고려해야 할 첫 번째 사항은 각 조직형태가 경영의 효과성, 관리형태, 경영행태 등에 각기 어떤 영향을 미치는지에 관한 것이다. 공기업은 일반 정부부처보다는 신축성과 재량권을 더 많이 가지고 보다 신속한 결정을 내릴 수 있어야 하고, 기업 경영에서 요구되는 지식과 전문성을 가진 직원을 고용할 수 있어야 한다. 따라서 민간부문의 기업과 유사한 조직체계를 갖춰야 그 설립취지에 맞게 운영될 수 있다.

두 번째 사항은 공기업의 조직형태를 결정할 때 정부가 수행하는 전체적인 공공정책의 틀 내에서 공기업이 담당할 역할을 정확히 파악해 그에 맞는 형태를 도입해야 한다는 것이다. 왜냐하면 공기업의 조직형태가 역사적으로 진전된 상황에 따르거나 가능한 대안들 중에서 도입하기 가장 쉬운 것을 선택해 결정되는 경우가 있기 때문이다. 이들 대안은 제한된 선택의 범위에서 결정된 것일 뿐만 아니라 새로운 유형을 창조하고 고안하려는 시도를 거의 하지 않은 채 모든 것에 적용 가능한 모형을 단순히 따른 것에 불과하다. 따라서, 외부의 다른 법적 기관과 조정·통합한 체계적인 공기업의 운영을 어렵게 할 수 있다. <표 3-2>는 공기업의 설립 당시에 고려해야 할 사항을 조직형태별로 요약하고 있다.

| 표 3-2 | 공기업의 조직유형별 비교 |

구　분	정부부처형	주식회사형	공 사 형
목　적	공기업의 목적은 재정적 수익성으로부터 출발해 공공성이 강한 것일수록 정부부처 형태로 설립된다. 그 중간 단계인 공사형태의 공기업은 재정적 수익성과 사회적 편익성을 동시에 추진하기 위한 공기업이다. 정부부처형태는 재정적 수익성이 약하고, 사회적 편익성이 강한 목적을 수행하기에 적합한 조직유형이다.		
통　제	강한 통제	약한 통제	중 간
자율성	적 다	많 다	중 간
법적지위	종속적 지위	독립적 지위	독립적 지위
법적근거	정부조직법	주식회사법	특별법
재　정	정부예산	공기업을 완전 공개해 민간인에게 주식을 매각하는 방식으로 공기업 설립에 필요한 재원을 확보하는 것이 원칙이다.	공채발행으로 설립재원을 조달하는 것이 원칙이다.
소　유	정 부	민간인＋공공기관	공공기관
인　사	공무원	주식회사에 적용되는 인사제도 확립	비공무원
수　익	국고 포함	자체 수입	자체 수입
성　과	효과성	효율성의 극대화	효과성＋효율성
결정권	집 권	분 산	분산과 집권의 조화

출처: 김용우, p.121 재구성

　<표 3-2>의 첫째 칸은 목적, 통제, 자율성, 법적 지위, 법적 근거, 재정조달 방법, 소유자, 인사, 수익, 성과, 결정권 등 공기업 설립 당시에 고려해야 할 사항과 개별 사항별로 각 조직형태가 가지고 있는 성격을 요약하고 있다. 각 개별 사항이 갖고 있는 성격은 대체적으로 조직형태별로 행사할 수 있는 통제와 자율성을 근거로 확인할 수 있다.

　공기업의 기본적 성격이나 특성은 통제와 자율성을 중심으로 결정되고, 이는 공공성과 기업성이라는 공기업의 두 가지 특질과도 관련을 갖고 있다. 즉 공공성이 강하면 통제가 필요하고 기업성이 강하면 자율이 필요하다는 것이다. 따라서 공기업의 목적에 따라 통제와 자율의 정도가 결정되고, 이에 따라 공기업의 조직형태, 경영방식, 책임성의 범위, 관리·감독의 정도 등이 결정된다. 다시 말해, 공

기업에 있어서는 통제와 자율성이 공기업의 모든 것을 결정하는데 핵심적인 영향을 미친다고 해도 과언이 아니라고 할 수 있다.

■ 제3절 공기업의 기능

1. 공기업의 역할

공기업의 역할은 추구하는 목표에 의해 결정된다. 공기업은 다양한 목표를 추구하는데, 그 목표는 공기업의 설립 동기에 따라 달라진다. 앞장에서 살펴본 바와 같이 공기업의 설립 동기는 경제발전 추진과정에서 민간을 대신한 국가 차원의 산업육성, 국방 등 국가전략상 필요한 공공재 및 공공서비스의 공급, 자연독점 통제의 필요 등이며, 어떠한 이유로 공기업이 설립되었는가가 해당 공기업의 역할을 결정짓는다.

공기업의 역할은 공기업이 하는 일의 특성을 말하며, 일의 특성은 추구하는 목표에 따라 달라진다. 산업을 육성하는 역할, 공공재 및 공공서비스를 공급하는 역할, 그리고 시장을 규제하는 등의 역할 수행을 통해 공기업은 그 설립 목표를 달성하게 된다. 공기업의 역할은 크게 경제적 역할과 사회적 역할로 구분할 수 있으며, 세부적으로 시장규제, 산업육성, 사회간접자본구축, 공공서비스 제공 등으로 나누어 볼 수 있다.

 그림 3-2 | 공기업의 역할

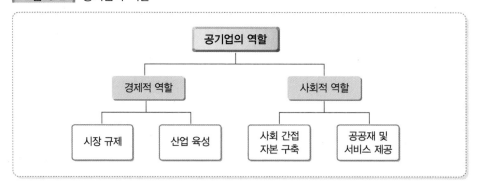

1) 경제적 역할

공기업의 경제적 역할은 시장규제와 산업육성을 포함하는데, 이는 공기업의 설립 동기 중 경제발전 추진과정에서 민간을 대신한 국가 차원의 산업 육성 기능과 시장실패에 대응한 자연독점의 통제기능과 연계된다.

(1) 시장규제

시장규제란 국가가 시장을 구성하는 경제주체의 수요와 공급 행위를 통제하는 것을 의미한다. 이는 시장경제에서 바람직하지 않은 행위는 금지하고 바람직한 행위는 지원하는 것이다. 즉, 국가가 시장경제 주체의 의사결정과정에 개입하여 그 재량권을 제한함으로써 국가가 설정한 목적에 맞게 경제주체의 행동을 촉진 또는 금지하는 것이다(김용우, 2006: 161).

시장규제는 국가가 민간을 대상으로 직접 공권력을 행사하여 집행하는 방식과 공기업의 설립을 통해 규제를 집행하는 방식으로 구분된다. 국가에 의한 직접 규제는 정부의 중앙행정기관 및 소속기관을 통해 이루어지는데, 공권력의 직접 행사를 통해 민간으로부터 필요한 정보를 제출 받을 수 있어 능률적인 규제가 가능하다는 장점이 있는 반면 민간 기업이 올바른 정보 제공을 회피하거나 포획을 시도하는 등의 이유로 원활한 규제가 이루어지지 않는 단점 역시 존재한다.

이러한 직접규제의 단점을 극복하기 위해 국가는 공기업의 설립을 통한 규제를 시도한다. 즉, 직접규제의 경우 개인적 이익을 추구하는 민간기업의 모든 행위를 효과적으로 규제할 수 없는 분야가 존재하며 이로 인해 사회에 심각한 피해를 입히는 경우가 있어 국가는 이러한 분야를 공공부문으로 흡수하여 공기업화함으로써 민간에 대한 규제를 시도하는 것이다(김용우, 2006: 164).

(2) 산업육성

산업육성이란 국가의 경제발전 과정에서 필요한 산업을 지원하고, 보호 및 장려하는 것을 의미 한다.

이러한 산업육성은 국가의 산업 정책의 일환으로 추진된다. 즉, 국가 차원에서 낙후된 산업의 발전을 도모하여, 수입대체를 위한 국내산업 기반을 구축하고 수출산업을 장려하는 것이다. 이러한 산업정책의 추진을 위해 설립되는 공기업들이 산업육성기능을 수행하게 되는 것이다.

산업육성을 담당하는 공기업은 주로 금융산업부문에 설립되는 것이 일반적이었다. 이러한 금융공기업은 특정 분야 산업의 육성을 위해 기업을 선별하여 낮은 금리로 자금을 지원하고, 기술지원 및 경영자문을 통해 기업의 합리화와 효율성 증진을 위한 방안을 제공해 줄 수 있다. 또한 특정 분야의 산업 육성을 위해 민간과 합작기업을 설립하거나 민간기업에 대해 저렴한 가격으로 제품을 공급하는 등의 기능을 통해 산업육성기능을 수행하기도 한다(김용우, 2006: 165).

2) 사회적 역할

공기업의 사회적 역할은 사회간접자본구축과 공공재 및 서비스 제공을 포함하는데, 이는 공기업의 설립 동기 중 국가전략 상 필요한 공공재 및 서비스 제공 기능과 연계된다.

(1) 사회간접자본구축

사회하부구조라고도 불리는 사회간접자본의 경우 사회구성원의 공동소유로 운영되는 가장 기본적인 구조적 자본을 말하는 것으로 고속도로, 교량, 항만, 공항 등이 해당된다. 사회간접자본은 국민경제에 직접적으로 기여하지는 않지만, 없을 경우 국민경제가 원활하게 기능하지 못한다.

사회간접자본의 경우 국민경제를 유지하기 위해서는 필수적인 요소이지만 시장을 통해 공급하기 어렵기 때문에 국가가 주도하여 공급하여 왔다.

과거에는 국가가 직접 사회간접자본을 공급하여 왔으나, 최근에는 국가가 직접 공급하기보다는 공기업을 설립하여 공급하는 경우가 많아졌다. 공기업을 통한 사회간접자본의 공급에는 일반적으로 사용자부담의 원칙이 적용된다. 국가의 중앙행정기관을 통해 공급되던 고속도로, 교량, 항만, 공항 등이 공기업을 통해 공급되면서 사용자는 이용한 만큼 요금을 내고 공기업은 요금을 통해 공급비용을 충당하고 있다. 이러한 과정을 통해 공기업은 사회간접자본 구축 기능을 담당한다.

(2) 공공재 및 서비스 제공

공공재 및 서비스는 사회간접자본의 일종으로(김용우, 2006: 167), 사회간접자본의 경우 규모가 큰 시설이나 구조를 말하는 반면, 공공재 및 서비스는 일반적인 재화와 서비스 측면이 강한 성격을 갖고 있다. 전기, 상·하수도, 통신, 철도 등을 공공재 및 서비스로 분류할 수 있는데, 공공재 및 서비스는 그 특성으로 인해 시장을 통한 원활한 공급이 이루어지지 않는다.

이에 국가는 원활한 공공재 및 서비스의 공급을 위해 국민경제에 직접 개입하여 해당 재화와 서비스를 직접 공급한다. 또한 사회간접자본과 마찬가지로 공기업이 공공재 및 서비스의 공급을 담당하기도 한다.

공공재 및 서비스의 생산 및 공급은 독과점의 형태를 갖고 있으며 시장을 통해 거래가 이루어지고 따라서 가격 역시 존재한다. 그러나 공공재 및 서비스의 생산 및 공급에는 시장경제의 원칙이 적용되지 않는다. 왜냐하면 공공재의 생산 및 공급을 담당하는 국가 또는 공기업에서 공공성을 고려하여 목적달성에 적합한 수준에서 가격을 결정하기 때문이다. 따라서 공공재와 서비스의 가격은 일반 국민의 소득수준을 고려하여 누구나 편익을 누릴 수 있도록 저렴하게 결정된다(김용우, 2006: 167). 이러한 기능을 공기업의 공공재 및 서비스 제공 기능이라 한다.

2. 공기업의 생산물

1) 생산물의 개념과 분류기준

우리는 경제주체에 의해 생산·공급되는 생산물인 재화와 서비스를 소비한다. 이러한 재화와 서비스는 다양한 경제주체에 의해 생산·공급되며, 어떤 재화와 서비스는 민간 기업이 생산 및 공급을 담당하고 또 다른 재화와 서비스는 국가가 직접 생산·공급하기도 한다. 이 외에 국가에 의하여 설립된 공기업이 생산·공급하는 재화와 서비스도 있다.

여기서 재화는 사람이 원하는 바를 만족시키는 물건으로 형체가 있는 것을 뜻한다. 반면에 서비스는 사람이 원하는 바를 만족시키지만 재화와는 달리 형체가 없는 것을 말한다.

이러한 재화와 서비스의 경우 생산과 공급자가 다양한 만큼 재화와 서비스가 갖는 특징 역시 다양하다. 재화와 서비스가 갖는 특징에 따라 재화와 서비스를 구분할 수 있다.

이들 재화와 서비스의 특징을 구분하고 분류하는 기준이 재화와 서비스가 갖고 있는 배제성(excludability)과 경합성(rivalry)이다.

(1) 배제성

배제성(excludability)이란 타인의 재화와 서비스 소비를 막을 수 있는 가능성을 말한다. 따라서 배제성이 없다는 것은 타인의 재화와 서비스 소비를 막을 수 없다는 것이다.

재화와 서비스에 대한 잠재적 사용자가 공급자가 정한 조건을 충족시키지 못하는 경우, 즉 가격을 지불하지 않는 경우에 해당 재화와 서비스의 사용으로부터 배제되거나 거부된다면, 재화와 서비스는 배제성이 있다고 본다. 시장을 통해 거래되는 재화와 서비스의 경우 배제성을 갖고 있는 것이다. 그러나 배제성을 갖고 있지 않아 시장을 통해 거래되지 아니하는 재화와 서비스가 있다. 즉 어떤 사람이 가격을 지불하지 아니하고 해당 재화와 서비스를 소비하려 하는 행위를 막을 수 없는 재화와 서비스가 있다는 것이다.

다른 사람의 재화와 서비스의 소비를 막을 수 없는 즉, 배제성을 갖고 있지 않은 재화와 서비스의 대표적인 예가 등대이다. 등대는 항구로 드나드는 선박이 무사히 항해하는 것을 돕기 위해 빛을 비추어 준다. 그러나 등대의 빛의 경우 특정 선박이 혜택을 누리지 못하게 할 수 없다. 즉, 누군가의 소비를 배제할 수 없으므로 배제성이 없다.

배제성은 비용의 문제이다. 배제성이란 재화와 서비스로부터의 편익을 얻음에도 불구하고 대가, 즉 비용을 지불하지 않는 사람을 재화와 서비스의 소비로부터 배제할 수 없는 것을 말한다. 등대의 예를 다시 들어보자. 등대의 운영을 위해 몇몇의 선박이 그 비용을 부담하고 있다고 가정해 보자. 그런데 제3의 선박이 비용을 부담하지 아니하고 등대의 빛을 이용하고자 하더라도 비용을 부담하고 있던 기존의 선박들은 제3의 선박이 등대의 빛을 이용하는 것을 막을 수 없다. 이런 이유로 배제성은 비용의 문제가 된다.

(2) 경합성

경합성(rivalry)은 한 사람이 재화나 서비스를 소비하면, 다른 사람은 그 재화나 서비스를 이용할 수 없는 것을 말한다. 다시 말해 경합성이 있다는 것은 한 사람이 재화나 서비스를 이용하고 있다면 다른 사람은 그 재화나 서비스를 이용할 수 없다는 것을 의미한다. 반대로 경합성이 없다는 것은 한 사람의 재화나 서비스의 소비 행위가 다른 사람이 재화나 서비스를 이용하는데 아무런 영향을 미치지 않는다는 것이다.

일반적인 소비재의 경우 한 사람이 이용하면 다른 사람은 그것을 이용할 수 없게 된다. 한 사람이 시장에서 옷을 구입했을 경우 다른 사람은 시장에서 똑같은 옷을 구입할 수 없다. 그러나 공중파 방송의 경우 한 사람이 공중파 방송의 프로그램을 이용하고 있다고 해서 다른 사람이 똑같은 프로그램을 이용할 수 없는 것이 아니다. 다른 사람뿐 아니라 또 다른 많은 사람이 동시에 공중파 프로그램을 이용할 수 있는 것이다. 이런 이유로 공중파 방송은 경합성이 없다고 할 수 있다.

2) 생산물의 유형

우리가 소비하는 재화와 서비스는 배제성과 경합성이라는 두 가지 기준에 의해 사적재, 공공재, 요금재, 공유재로 구분된다. 아래 그림은 재화와 서비스의 배제성과 경합성 정도에 따라 재화와 서비스를 구분한 것이다.

그림에서 보는 보와 같이 사적재의 경우 배제성과 경합성이 모두 있는 경우이며, 배제성은 있지만 경합성이 없는 것이 요금재, 배제성은 없지만 경합성이 있는 것이 공유재, 배제성도 없고 경합성도 없는 것이 공공재이다.

그림 3-3 재화와 서비스의 유형

	배제성(Excludability)	
경합성 (Rivalry)	**있음**	**없음**
있음	사적재 (Private goods)	공유재 (Common pool goods)
없음	요금재 (Toll goods)	공공재 (Public goods)

(1) 사적재

사적재(private goods)는 배제성과 경합성을 모두 가지고 있는 재화 또는 서비스를 말한다. 사적재는 시장에 참여하고 있는 기업이 생산하여 공급하며 시장에서 가격이 형성되어야 거래가 가능하다. 따라서 가격을 지불해야 구입이 가능하고 이로부터 편익을 얻을 수 있으므로 사적재는 배제성이 있는 재화 및 서비스이다. 또한 시장에 공급되는 사적재의 수량은 제한되어 있으므로 어떤 사람이 구입하여 소비하면, 다른 사람이 소비할 수 있는 수량이 그만큼 줄어들어 소비의 기회가 상실된다. 따라서 이러한 재화는 경합성을 가지고 있다. 사적재의 경우 배제성과 경합성이 모두 있기 때문에 시장에서 거래가 가능하다.

(2) 요금재

요금재(toll goods)는 경합성은 없지만 배제성이 있는 재화 또는 서비스로서 보통 자연독점의 속성을 가지고 있다. 요금재는 그 속성상 편익 또는 혜택을 받은 사람이 이를 생산하는데 드는 비용을 지불해야 하며 요금을 지불하지 않은 사람을 소비에서 배제할 수 있기 때문에 배제성이 존재한다. 그러나 어떤 사람이 사용한다고 해서 다른 사람이 소비할 수 있는 재화 및 서비스의 수량이나 기회가 줄어드는 것이 아니므로 경합성은 없다.

요금재의 경우 배제성이 있기 때문에 시장에서 거래가 가능하다. 배제성이 적용될 수 있어 소비자는 비용을 지불해야 소비가 가능해지고, 이에 따라 생산자는 소비자가 수요하는 수량과 질에 맞게 그 재화나 용역을 공급하게 된다.

그럼에도 불구하고, 일부 요금재의 경우 국가의 개입을 필요로 하기도 한다. 일부 요금재의 경우 자연독점의 형성으로 인해 소비자의 수가 증가할수록 소비자가 지불해야 할 비용이 감소하게 된다. 그 결과 하나의 생산자, 즉 독점기업이 요금재를 생산하여 공급할 때 가장 경제적이고 효율적이게 된다. 대표적인 예가 전기, 가스, 상·하수도이다. 이러한 요금재의 경우 국가가 일정한 생산자에게 요금재 생산 및 공급의 독점을 허용하는 대신 독점으로 인한 피해를 방지하기 위해 생산량과 가격에 대한 규제를 한다.

(3) 공유재

공유재(common pool goods)란 경합성은 있지만 배제성이 없는 재화 및 서비스를 말한다. 공유재의 경우 어떤 사람이 소비하면, 다른 사람이 그만큼 소비할 수 있는 부분이 줄어드는 경합성을 가지고 있다. 즉, 공유재의 경우 여러 사람의 공동소비가 불가하다. 반면에 공유재의 경우 어떤 사람이 비용을 지불하지 않고 소비하려는 것을 막을 수 있는 배제성이 없다.

즉, 공유재의 경우 누구나 소비를 통해 편익을 얻을 수 있는 재화 및 서비스이지만 어떤 사람이 소비하면 다른 사람이 소비할 수 있는 수량 또는 기회가 줄어드는 특징을 갖고 있다.

이러한 특성으로 인해 공유재는 공급 측면에서 문제가 발생할 가능성이 높다. 공유재의 경우 비용을 지불하지 않는 소비가 가능하고 그러한 소비를 배제할 방법 또한 없다. 이런 이유로 공유재의 경우 해당 재화 또는 서비스가 고갈될 때까지 낭비되고 소비될 가능성이 높다. 이에 합리적인 기업이라면 공유재를 생산하려 하지 않을 것이다. 이런 이유로 공유재는 민간이 생산할 수 없고 국가의 개입을 통해 공급이 가능하다.

(4) 공공재

공공재(public goods)는 배제성과 경합성이 없는 재화 또는 서비스이다. 공공재의 경우 배제성과 경합성이 없어 비용을 지불하지 않는 사람의 소비를 막을 수 없을 뿐 아니라 한 사람의 소비가 다른 사람의 소비를 방해하지도 않는다. 이러한 비배제성과 비경합성으로 인해 공공재는 시장에서의 거래가 불가능하다. 이에 공공재의 경우 일반국민에게 필수적인 재화 및 서비스임에도 불구하고 시장을 통한 민간 기업의 생산 및 공급이 이루어지지 않아 국가의 개입을 통한 생산 및 공급이 이루어져야 한다.

공공재의 경우 성격상 배제성과 경합성이 없기 때문에 시장을 통한 거래가 이루어지지 않는다. 왜냐하면 돈을 내지 않고도 공공재의 소비를 통한 편익을 누릴 수 있기 때문이다. 이를 무임승차라 하는데 이로 인해 어느 누구도 비용을 지불하고 공공재를 소비하려 하지 않으며 아무도 이를 생산하여 공급하려 하지 않는다. 따라서 국가가 공공재를 공급하고 이로부터 편익을 누리는 국민들로부터 조세를 징수하여 그 비용을 충당한다.

3) 공기업 생산물의 특징

공기업은 사적재의 성격을 갖는 것부터 요금재까지 다양한 성격의 재화와 서비스를 생산하여 공급한다. 공공재의 경우 국가가 직접 생산과 공급을 하고 공기업이 참여하지는 않기 때문에 공기업이 생산하는 재화와 서비스 즉, 생산물은 시장에서 거래가 가능하다는 특징을 갖고 있다. 특히, 공기업은 요금재에 해당하는 재화와 서비스를 주로 생산하여 공급하는 경우가 많으며 이들 생산물의 경우 사람들의 일상생활이나 경제활동에 필수적인 성격을 가지고 있는 것들이라는 특징이 있다.

공기업이 생산하여 공급하는 요금재의 경우 주로 자연독점 산업인 경우가 대부분이다. 자연독점이란 시장의 수요를 여러 생산자가 아닌 하나의 생산자가 대응하는 현상을 말한다.

자연독점은 규모의 경제가 존재할 경우 발생한다. 규모의 경제가 존재하게 되면 생산량이 증가하더라도 평균비용은 계속 감소하게 되어 결국 기존에 있던 하나의 기업이 시장을 자연적으로 독점하게 된다. 대표적인 자연독점 산업으로 전기산업이 있다. 전기의 공급을 위해서는 공급자는 수요자가 필요로 하는 곳에 전력선을 설치해야 하는데 전력선의 설치 및 유지를 위해서는 막대한 설비투자가 이루어져야 하며 이는 높은 고정비용을 초래한다. 이때 전기 공급을 위해 여러 사업자가 저마다 동일한 시설에 엄청난 투자를 한다면 중복 투자로 인한 자원의 낭비가 초래된다. 이러한 자원의 비효율적 투자를 막기 위해 국가는 하나의 사업자에게 전기를 공급할 수 있는 독점권을 주게 된다. 그런데 독점권을 갖는 사업자가 민간 기업이라면 독점적 지위를 이용한 이윤 추구가 이루어지게 되므로 일반 국민들인 소비자는 금전적 피해를 입게 된다. 이에 국가는 이러한 요금재 공급에 민간 기업이 참여하는 것을 막고 공기업을 통한 공급이 이루어지도록 조치를 취한다.

이렇듯 공기업이 생산하여 공급하는 생산물의 경우 자연독점의 성격을 갖는 요금재인 경우가 대부분이다. 이러한 자연독점의 성격을 갖는 요금재의 특성을 살펴보면 다음과 같다.

첫째, 공기업의 생산물인 요금재의 경우 생산자와 소비자 간에 영구적으로 연결된 물리적 장치를 통해 직접적, 지속적, 반복적으로 이루어진다.

둘째, 공기업이 독점적 공급자로서 시장지배력을 가지고 있어 소비자인 일반 국민의 경우 공급자인 공기업의 의사결정에 의존해야 한다. 공기업이 독점적 공급자이기 때문에 공기업의 생산물인 재화와 서비스에는 대체재가 없다. 그리고 공기업이 생산하여 공급하는 재화와 서비스는 비축이 되지 않는다. 왜냐하면 이들 재화와 서비스의 생산과 공급은 일시적 또는 일회성으로 이루어지기 때문이다. 또한 공기업의 생산물에 대한 소비는 이전이 되지 않는다. 다시 말하면 요금을 지불한 소비자가 소비를 원하지 않더라도 다른 소비자에게 그 이용이 이전되지 않는다.

셋째, 공기업이 생산하는 재화와 서비스는 기본필수재의 성격을 가지고 있으며 일시에 대량으로 소비되는 대량 소비성이라는 특징을 갖고 있다.

요 약

- 공기업의 특징은 기본 이념, 위치 및 실정법적 체계, 기능을 통해 나타난다.

- 공기업은 기업성과 공공성이라는 두 가지 기본 이념을 갖는 특성을 지닌다.

- 공기업의 위치 및 실정법적 체계상 특징은 공기업이 공공부문에서 차지하는 위치상 특징과 공기업이 갖는 법률 및 조직체계상 특징을 포함한다.

- 공기업의 법률 및 조직체계상 특징은 공기업의 설립의 근거가 되는 법률상 정부가 직접 경영하는 형태인지 독립된 법인체인지에 따라 결정된다. 또한 공기업의 조직 체계는 공기업이 어떤 법률적 근거 아래 설립되었는가에 따라 결정되는데 여기에는 정부부처형, 공사형, 주식회사형이 포함된다.

- 공기업의 기능상 특징은 공기업의 역할상 특징과 공기업 생산물의 특징을 포함한다.

- 공기업의 역할은 공기업이 추구하는 목표에 의해 결정되는데 공기업은 다양한 목표 를 추구하며 그 목표는 공기업의 설립 필요성에 의해 결정된다.

- 공기업이 생산하여 공급하는 생산물 즉, 재화와 서비스는 사적재의 성격을 갖는 것 부터 요금재까지 다양하다. 일반적으로 공공재의 경우 정부부문이 직접 생산과 공 급을 담당하므로 공기업이 관여하지 않는다.

- 공기업이 생산하여 공급하는 재화와 서비스는 시장에서 거래가 가능하다는 특징을 갖고 있으며 특히, 요금재에 해당하는 재화와 서비스를 주로 생산하여 공급한다.

연습문제

1. 공기업의 기본 이념인 기업성과 공공성에 대해 설명하시오.

2. 공공부문에서 공기업이 차지하는 위치에 대해 설명해 보고, 이러한 공기업의 위치상 특징이 공기업의 법률 및 조직체계에 어떻게 반영되고 있는지 설명하시오.

3. 공기업의 역할을 경제적 역할과 사회적 역할로 구분해서 설명해 보고, 이러한 공기업의 역할이 공기업의 설립 필요성 및 기본 이념과 어떻게 연결될 수 있는지 설명하시오.

4. 재화와 서비스의 종류에 대해 설명해 보고, 공기업이 생산하여 공급하는 재화와 서비스는 어떠한 특징을 갖고 있는지 설명하시오.

5. 공기업의 기본 이념, 위치 및 실정법적 체계, 기능상 특징을 공기업이 공공부문에서 차지하는 위치와 공기업의 역할과 연관지어 설명하시오.

Modern Public Enterprise

제4장

공기업의 지배구조

제4장

공기업의 지배구조

제1절 지배구조의 의의

1. 일반기업의 지배구조

1) 기업지배구조의 개념

공기업을 포함한 일반적인 의미의 기업지배구조(corporate governance)는 "기업의 소유와 경영의 분리에 따라 기업을 지배하는 권력을 배분하고 이와 관련하여 이해관계자들 간의 관계를 규정하는 방식"으로 정의할 수 있다(최도성·이경묵, 2003). 기업이 발전함에 따라 규모와 자본이 커지고, 이에 상응하는 효율성과 전문성의 향상을 위해 기업의 소유와 경영은 분리되는 추세이다. 더불어 소유자의 이익 극대화에 기여하도록 경영권을 통제하기 위한 다양한 메커니즘이 등장하였다. 이러한 메커니즘에는 경영자와 이사회, 주주, 종업원, 소비자, 투자자, 지역사회 및 정부와 같은 다양한 이해관계자가 참여하게 된다. 소유권과 경영권을 중심으로 이들 이해관계자 간의 관계를 규정하는 방식이 지배구조이다.

기업지배구조는 국가별 역사적·제도적 발전맥락에 따라 상이하게 정의되었다. 이의 표준화를 위해 1999년 OECD 국가를 중심으로 'OECD 기업지배구조의 원칙(OECD Principles of Corporate Governance)'이 제정되었고 2005년과 2015년에 개정되었다. 이에 따르면 기업은 지배구조 개선을 통해 경제적 효율성과 지속가능한 성장, 재정적 안정성을 확보하여야 한다. 또한 이 과정에서 기업관련 이해관계자들은 공정하고 공평하게 대우받아야 한다.

2) 소유권과 지배구조 유형

주식회사로서의 기업은 소유와 경영이 분리되어 있어 경영자가 소유주인 주주로부터 기업경영을 위임받는다. 이러한 경우 소유권과 경영권 간에 권한위임을 둘러싼 비용이 발생하게 되는데, 이를 대리인 비용(agent cost)이라 한다. 이처럼 주주와 경영자 사이에 추구하는 이익 혹은 이익을 추구하는 방식에 차이가 있는 경우 이를 적절한 비용으로 통제할 수 있는 기제로서 지배구조에 대한 논의가 필요하다고 할 수 있다(김용열, 2000).

기업지배구조의 기본적인 원리는 이윤동기와 시장 감시 기능이다. 경영자의 이윤추구행위가 주주의 이해관계에 반하는 형태로 이루어지지 않도록 경영활동을 감시하고 견제하는 기능이 주를 이룬다. 이를 위해 <표 4-1>에서 보는 바와 같이 기업지배구조는 경영활동과 관련된 다양한 내·외부 이해관계자들 간의 견제 및 감시기능을 수행함을 그 목표로 한다. 이에 따라 기업지배구조를 내부 및 외부 지배구조로 구분하여 볼 수 있는데, 이 중 내부 지배구조는 주주 및 이사회에 의한 규율을 말하며, 외부 지배구조는 투자자와 자본시장 및 금융·상품·경영자 시장에 의해 규율된다.

표 4-1 일반기업의 지배구조 유형

내부 지배구조	주총, 이사회, CEO 등 경영진, 감사 상호 간의 견제와 균형
외부 지배구조	투자자·자본시장(정보공시 요구), 채권단(신용평가·감시), 다른 기업(M&A) 등의 감시와 견제

자료: 정부혁신지방분권위원회·기획예산처(2006)

3) 공기업 지배구조 논의의 특징

공기업은 민간기업과 달리 기업성과 함께 공공성을 설립 목적으로 추구하고 있다. 이러한 특수성으로 인해 공기업은 공법에 의해 설립되어 법적 독점권을 지니고 정부의 재정지원을 받는다. 따라서 지배구조상 경쟁에 따른 시장의 견제 및 감시 기능이 민간기업과 비교하여 내재적으로 제약되어 있다.

시장에 의한 감시 및 견제 기능이 취약한 공기업의 특성으로 인해 공기업 지배구조 논의는 국민으로부터 소유권을 위임받은 국가의 소유권 행사를 중심으로 이루어지는 특징을 지닌다. 이와 관련하여 OECD 국가들은 'OECD 기업지배구조의 원칙'을 보완하여 공기업 경영의 효율성 및 투명성, 책임성을 향상시키기 위한 권고안으로 2005년 'OECD 공기업 지배구조 가이드라인(OECD Guidelines on Corporate Governance of State-Owned Enterprises)'을 제정하였으며, 이를 2015년 개정하였다. OECD(2024)는 2024년 59개 국가의 공기업 지배구조를 5개 유형으로 구분하여 제시하고 있다.

2. 공기업의 지배구조

1) 국가 소유권의 근거

공법에 의해 설립되는 공기업의 최종적인 소유자는 일반국민이다. 다만, 이러한 소유권은 개별 국민에 의해 직접 표현 혹은 행사되기 어렵기 때문에 국가가 이를 대리한다. 이러한 소유권의 위임에 따른 지배구조 형태는 일반적인 사기업에서도 관찰된다. 개별 주주의 소유권을 이사회에서 위임받아 경영권에 관여하는 것이다. 공기업에 대한 국가 소유권은 "국민"이라는 "일반 주주"의 "이익"인 "공익"을 위한 수탁의무의 성격을 지닌다. 이때 국가의 공기업 소유권 행사의 근거로서 "공익"은 공기업 운영에 대한 과도한 국가 개입으로 인한 국민의 이익 침해 방지뿐만 아니라 국가의 소극적 소유권 행사로 인해 발생할 수 있는 이익 침해 방지도 포함하는 개념이다.

공익은 국가의 공기업 소유권 행사의 최종 목표로서 공기업의 지배구조를 형성·변화시키는데 큰 영향을 미친다. 이를 이해하기 위해서는 우선 공기업에 대한 국가 소유권의 근거를 알아볼 필요가 있다. 일반적으로 국가가 공기업 소유권을 설정하고 유지하는 근거로는 (1) 공공재 혹은 공공서비스의 효율적 공급 요구, (2) 자연독점 산업의 발생, (3) 국익차원의 전략산업 육성 등을 들 수 있다 (OECD, 2015). 그러나 상기한 근거로 국가가 공기업을 소유하더라도 궁극적인 목적은 "효율적인 자원 배분을 통한 사회 가치의 극대화"에 있다. 따라서 공기업에 대한 국가 소유권은 일반 국민들에게 이익을 줄 수 있는, 보다 효율적인 자원 배분 방식이 존재하는 경우에 발생한다고 볼 수 있다.

2) 소유주로서 국가의 역할

공기업은 일반 기업과는 달리 공법에 의해 설립되며, 이러한 특수한 법적 지위로 인해 파산과 같은 경영실패의 경우에도 법적 보호를 받는 경우가 많다. 또한 공기업의 내부 구성원에 대해서도 규제에 의해 보수가 고정되거나 공무원에 준하는 혜택을 보장하는 경우가 많다. 그러나 동시에 규제적 측면에서 공기업은 법에 의해 수행하는 활동이 엄격하게 정의되며, 이에 따라 신규산업이나 사업 다각화 등에 제약이 따른다. 이는 공공기금의 오남용, 과도한 성장위주 전략, 민감한 기술유출 등을 방지하기 위한 것이다(조세재정연구원, 2017a).

공기업의 특수한 법적 지위 및 제약은 소유주로서 국가의 역할에 영향을 미친다. 즉, 시장으로부터의 감시와 견제기능에 본질적 제약을 지닌 공기업의 특성상 국가는 현명하고 능동적인 소유권 행사를 통해 공기업 경영이 공익에 부합할 수 있도록 담보할 의무를 지닌다. 이는 공기업 이사회의 자율성을 보장하고 주주로서 공기업 목표를 명확하고 투명한 방식으로 정책으로 수립하는 것 외에도 소유권 주체와 다른 정부기관 및 정책 간의 관계를 명확하게 수립하는 것도 포함된다. 특히, 국가의 공기업에 대한 소유권 행사는 행정부 내에서 명확하게 정의되고 식별되어야 한다. 이는 곧 국가의 소유권 행사가 단일의 소유권 주체에 집중되어야 하며, 이것이 여의치 않을 경우 조정기관을 통해 수행되어야 함을 의미한다(조세재정연구원, 2017a). 이는 국가의 소유권 정책의 지향성을 명확하게 할 뿐만 아니라 보다 일관성 있는 정책을 실현할 수 있는 근거가 되며, 개별 공기업 역시 이를 통해 위임권한을 명확하게 하여 전략적 역량을 강화하고 집중할 수 있게 된다.

이러한 국가의 공기업 소유권 행사는 기본적으로 소유주체의 수탁 임무 상의 법률적 · 금융적 · 재정적 역량과 기술, 경험에 전적으로 의존하게 된다. OECD 국가들은 이에 따른 현명하고 능동적인 소유주체로서 국가의 역할은 다음과 같이 정의하고 있다(조세재정연구원, 2017a).

① 실질적 의결권을 행사
② 이사회 후보선정에 있어 능력기반의 투명한 이사회 후보 선정에 기여하고 이사회 구성의 다양성 확보에 기여
③ 공기업 전반의 의무조항과 목표를 설정하고 이행 여부를 모니터링
④ 성과에 대한 정기적인 모니터링 및 감사
⑤ 공기업 공시정책의 개발
⑥ 외부 감사인 및 특정 감사기관과의 지속적인 소통 및 연계
⑦ 이사회 보수체계의 적절성 및 투명성 확보

3) 공기업 지배구조의 구성요소 및 기능

공기업의 지배구조는 궁극적 소유자인 국민과 소유권을 수탁위임 받아 행사하는 국가, 그리고 공기업을 구성하거나 공기업과 관련된 다양한 이해관계자로 구성된다. 이처럼 다양한 구성요소 간의 이해관계를 조정하기 위한 기제로 지배구조를 논의하고 있으며, 이미 앞에서 설명한 바와 같이 내부 지배구조와 외부 지배구조로 구분하고 있다(원구환, 2024; 이상철, 2016).

공기업의 내부 지배구조는 공기업의 내부 조직을 통한 통제 및 감시기제를 의미하며, 여기에는 최고 의사결정기구로서 이사회를 비롯하여 최고경영자와 경영진, 직원, 감사기구 등이 포함된다. 한편, 외부 지배구조는 외부의 규율을 통한 통제 및 감시기제를 의미하며, 행정주체에 의한 정부 규제 등이 이에 해당한다.

■ 제2절 공기업의 내부 지배구조

1. 이사회

1) 이사회의 역할 및 책임

공기업의 내부 지배구조에서 이사회는 주주로서 국가와 경영진 간의 대리인 문제를 중재하는 역할을 담당하고 있다(양동석, 2004; 조세재정연구원, 2017b). 보다 구체적으로 공기업 이사회는 공기업이 국가로부터 부여받은 목표를 달성하고 전략설정을 모니터링하는 역할을 통해 국가의 이해관계자, 주주에 대해 기업 성과에 관한 궁극적 책임을 진다.

이때 준법과 성과는 이사회 역할의 두 가지 핵심을 구성한다. 준법은 국가의 법규와 소유주의 지시를 준수하는 것에 중점을 둔 원칙으로 공공성에 바탕하고 있으며, 성과는 기업의 성과를 강조하는 원칙으로 기업성에 초점을 맞추고 있다. 이사회는 이러한 준법과 성과 원칙 준수를 통해 궁극적으로 경영진이 보다 바람직한 결정을 내리도록 지원하며 이를 통해 기업의 가치를 제고할 수 있도록 기여한다. 이를 위해서 이사회는 ① 경영진의 결정에 대응하고, ② 경영진에게 전문성과 관점을 제공하며, ③ 리스크 관리를 설계하며, ④ 객관성을 유지하며, ⑤ 기업 내부의 전문성을 촉진하며, ⑥ 미래지향성을 지니며, ⑦ 전략적 사고를 할 수 있어야 한다(조세재정연구원, 2017b).

공기업의 내부 지배구조 중 이사회는 최고 경영자를 임명하고 해임할 수 있는 강력한 권한을 가진다. 이에 따라 이사회의 자율적이고 독립적인 권한 강화와 함께 전문성과 효과성을 제고하는 것이 바람직한 지배구조를 형성하기 위한 기본이라 할 수 있기 때문이다. 이를 위해서 OECD에서는 공기업 이사회의 역할과 책임을 제고하기 위한 가이드라인을 제시하고 있다(조세재정연구원, 2017a). 이는 ① 공기업 이사회는 법률에 근거한 명확한 권한과 기업 성과에 대한 궁극적 책임을 부여받아야 하고, ② 공기업 이사회는 최고경영자의 임면권을 통해 정부가 설정한 폭넓은 권한과 목표에 기초하여 전략을 설정하고 경영 감시 역할을 수행하여야 하며, ③ 공기업 이사회는 객관적이고 독립적인 판단을 행사할 수 있도록 구성되어야 하며, ④ 공기업 이사회는 객관적 직무 수행을 어렵게 하는 이해관계 충돌을 방지하여야 하며, ⑤ 이사회 의장은 이사회의 효율성에 대해 책임을 지며, ⑥ 공기업 이사회는 이사회 성과와 효율성에 대한 조직적이고 전반적인 평가를 수행해야 하는 것을 말한다.

2) 이사회의 구성과 운영

이사회의 구성은 공기업 이사회의 역할과 성과에 영향을 미치는 중요한 행위이다. 원칙적으로 공기업 이사회는 바람직한 특성을 지닌 개별 이사로 구성되어야 하며, 이때 바람직한 특성이란 이사로서 효과적인 심의와 공기업의 요구에 대응할 수 있는 전문적 지식과 실무 경험, 대인 관계, 소통 능력 등을 의미한다. 이사회 구성과 관련하여 OECD 가이드라인에서는 그 구성요건을 구체적으로 명시하고 있지는 않으나, "이사회는 객관적이고 독립적인 판단을 할 수 있도록 구성되어야 한다."라고 권고하고 있다(조세재정연구원, 2017b).

우리나라의 경우, 일반적으로 공기업 이사회의 구성에 학계와 민간, 공공 부문을 종합하고 있으며, 「공공기관의 운영에 관한 법률」(약칭 공공기관운영법)에 따라 상임이사와 비상임이사의 임면권을 기획재정부와 공공기관운영위원회 및 주무부처에 두도록 규정하고 있다. 이 중 상임이사는 책임경영을 위해 공기업의 최고경영자가 임명하도록 규정하고 있으며, 공기업의 견제 기능을 수행하는 비상임이사는 임원추천위원회의 추천과 운영위원회의 심의·의결을 거쳐 기획재정부 장관이 임명하도록 하고 있다.

이러한 공기업 이사회는 최고경영자를 포함하는 15인 이내의 이사로 구성(공공기관운영법 제18조)되며, 이들 이사의 임기는 2년으로 1년 단위로 연임이 가능하도록 규정하고 있다(공공기관운영법 제28조). 이때 이사회의 의장은 비상임이사 중 호선한 선임비상임이사로 하며, 이사회 회의를 소집·주관한다(공공기관운영법 제21조).

이사회의 운영과 관련하여 공기업 이사회는 이사회 의장이나 재적 이사 3분의 1 이상의 요구로 소집되며, 재적 이사 과반수의 찬성으로 의결한다(공공기관운영법 제19조). 이사회는 최고경영자가 법령 혹은 정관을 위반하는 행위를 하거나 직무유기 등 직무수행에 현저한 지장이 있다고 판단되는 경우에 이사회 의결을 통해 주무기관의 장에게 최고 경영자의 해임을 건의 및 요청할 수 있다. 또한 비상임이사 2인 이상의 연서로 공기업 운영과 관련된 감사를 요청할 수 있다. 이사는 업무수행에 필요한 자료를 기관장에게 요구할 수 있는 권한을 갖는다(공공기관운영법 제22조).

3) 근로자 이사제

근로자 이사제는 근로자 경영참가 중 과정참가의 한 형태로서 근로자의 대표가 이사회에 참여하여 회사의 의사결정에 근로자의 의사를 반영하고 공동의 협의 및 결정을 하는 것을 의미한다(이광택, 2003).

2016년 9월 26일 서울시가 '서울특별시 근로자 이사제 운영에 관한 조례'를 발표하여 산하 공공기관에 근로자 이사제를 도입하면서 많은 논란이 제기되었다. 근로자 이사제도에 대해서는 찬반의견이 첨예하게 대립되었는데, 서울시는 동 제도를 도입한 이유로 사회적 갈등비용 예방효과가 상당하다는 점, OECD 공기업지배구조 가이드라인에 명시되어 있고 유럽의회 및 세계경제포럼 등에서 그 효과가 인정되어 서유럽 다수 국가들에서 보편적으로 도입되었다는 점을 들고 있다. 아울러 동 제도의 도입으로 근로자와 사용자간 협력과 상생을 촉진함으로써 경영의 투명성과 공익성 확보 및 대시민 공공서비스를 증진할 수 있다고 설명하였다(서울시, 2016). 하지만 이에 대해 근로자 이사제가 노동조합의 이익만을 대변하여 결국 공공기관의 방만 경영과 비효율만 심화시킬 수 있다며 반대하는 견해도 적지 않았다(송양호, 2017).

OECD 공기업지배구조 가이드라인은 근로자 이사제를 도입할 것을 요구하는 것은 아니지만, 도입한 경우 효율적 운영을 위한 기준을 제시하고 있다. 일곱 번째 가이드라인인 '공기업 이사회의 역할'에서 "이사회에 종업원 대표자가 참석하도록 한 경우에는 종업원 대표권이 효율적으로 행사되고 이사회의 실무적 기능·정보·독립성이 제고되는데 기여할 수 있게 하는 방안이 개발되어야 한다(OECD, 2015: 26)"고 명시하고 있다.

2. 최고경영자

공기업의 최고경영자 또는 기관장은 민간기업의 대표이사와 같이 법률상의 대표권을 가진다. 최고경영자는 공기업 경영 전반에 대해 책임을 지며 또한 공기업 경영 성과에 가장 큰 영향을 미치는 지위로서 법령과 정관 위반과 같이 공공기관운영법이 정한 이유로 임명권자가 해임하거나 정관으로 정한 사유가 있지 않는 한 법에 의해 그 임기를 보장받는다. 우리나라 공기업의 경우 오랫동안 최고경영자의 정치적 임용에 대한 비판이 이어져 왔으며, 이로 인해 최고경영자로서의 자질 논란에 대응하기 위해 공공기관 임원추천위원회가 도입되기도 하였다.

1) 최고경영자의 자질과 성과

어떤 사람이 공기업의 최고경영자가 되느냐는 공기업 경영 전반의 성공을 평가하는데 있어 매우 중요하다. 이러한 이유로 각 국은 공기업 최고경영자를 비롯하여 임원을 임명하는데 있어 이들의 자격을 규정하는 요건을 갖추고 있기도 한데, 이를 크게 소극적 자격과 적극적 자격으로 구분할 수 있다. 소극적 자격이란 특정한 법률적 혹은 규범적 자격을 갖추지 못하였거나 공기업의 업무와 관련된 직접적인 이해관계 상충이 있는 자를 배제하는 것을 의미한다. 적극적 자격은 공기업의 경영혁신이나 성과달성을 위한 전문성과 리더십, 경력 등을 갖추는 것을 의미하며, 우수한 인재를 영입하기 위한 것으로 볼 수 있다.

우리나라의 경우, 공기업 최고경영자의 자질과 관련하여 소극적 자격은 임원의 결격 사유 규정을 통해 공기업 업무와 직접적 이해관계에 놓여 있는 공무원 및 법령 위반 등으로 해임 이상의 제재를 받아 제척기간이 경과되지 아니한 자를 그 대상으로 명시하고 있다(공공기관운영법 제34조). 또한 적극적 자격으로는 공기업

업무와 관련된 학식과 경험, 능력을 갖춘 자를 최고경영자를 비롯한 임원의 자격 요건으로서 명시하고 있다(공공기관운영법 제30조).

이처럼 공기업 최고경영자의 자질과 역량에 대한 법적 규정에도 불구하고 실제 그 선임과 평가에 있어서는 그동안 많은 논쟁이 있었다. 특히 공기업의 성과와 관련하여 최고경영자의 선임과정에서 자질에 논란이 있는, 혹은 역량이 충분히 검증되지 않은 인사를 임명한다는 낙하산 임용에 대한 논란이 바로 그것이다. 그동안 공기업 운영과 관련하여 방만경영과 낮은 시장성과, 저조한 고객 만족도에 비해 과도한 임금지급과 복지제도의 제공 등이 문제가 되어 왔기 때문이다.

그러나 최고경영자의 자질 및 역량이 공기업의 성과에 어떠한 영향을 미치는가에 대한 실제 연구들에서는 혼재된 결과를 보여주고 있다. 내부승진이나 외부 전문가를 최고경영자로 임명하는 것보다 정치인과 관료, 군부 출신의 외부영입이 공기업의 성과에 부정적 영향을 주고 있다는 연구(강영걸, 1999; 이명석, 2001)가 있다. 반면, 최고경영자의 출신배경과 전문성이 기관 성과에 큰 영향이 없거나(곽채기, 2002; 김헌, 2007) 오히려 낙하산 인사를 통해 임명된 최고경영자가 경영 성과에 긍정적인 영향을 준다(민희철, 2008)는 연구결과도 있다.

2) 임원추천위원회

공기업의 경영성과가 민간 기업과 같이 수익성만을 기준으로 하지 않고 궁극적 소유주인 국민의 이익 극대화에 있다는 점에서 최고경영자의 선임에 있어 공정한 절차의 준수는 최고경영자의 자질 및 역량과 함께 강조되어야 할 중요한 가치라 할 수 있다. 이를 위해 우리나라는 공기업 이사회에 공공기관 임원추천위원회를 두어 최고경영자 선임에 있어 절차적 공정성을 확보하고 역량검증을 하도록 제도화하고 있다.

임원추천위원회는 최고경영자를 비롯한 공기업 임원 및 내부 감사인에 대한 모집 및 검증, 추천이라는 1차적 책임을 해당 공공기관이 담당하도록 하는 제도이다. 이를 위해 우선 추천위원회는 기관의 성격과 직무수행요건, 업무 상황 등을 고려하여 최고경영자 후보를 어떤 방식으로 모집할 것인가를 결정한다. 구체적으로 이는 공개모집만으로 모집할 것인지 혹은 공개모집과 추천방식을 혼합하여 모집할 것인지를 결정하게 된다(공공기관운영법 제30조). 이후, 응모자 및 피추천인에 대한 심사를 진행하여 최고경영자 후보로서 적격성을 판단하고 3배수 혹은 5배수의 후보자를 선정하여 운영위원회에 최종 추천한다. 동 위원회는 후보자들에 대한 심사를 통해 최종 후보자 1인을 선정한 후 심의 의결한다. 대통령은 주무기관의 제청을 통해 해당 최종후보자를 공기업의 최고경영자로 임명하게 된다(공공기관운영법 제25조).

3. 내부 감사인 제도

공기업의 내부 감사인은 이사회에 의한 의사결정과 최고경영자에 의한 집행기능과 함께 공기업의 내부 지배구조의 3대 핵심 구조의 하나이다. 「상법」에서 민간 기업의 준법감시 기능으로서 감사를 두도록 규정하는 것과 같이, 공기업의 감사 역시 업무 감독권과 회계 감독권을 수행한다. 또한 공기업의 감사는 이사회의 구성원은 아니나 이사회에 출석하여 의견진술을 할 수 있다. 특히, 공기업 최고경영자가 소속기관과 이익상충의 관계에 있을 때, 내부 감사인은 공기업의 대표로 인정된다(공공기관운영법 제32조).

이러한 공기업의 내부 감사인의 전문성과 공기업의 경영성과에 대해서는 다수의 학자들이 감사의 전문성이 높을수록 기관 업무의 성과가 높아진다고 보고 있다(McMullen and Raghunandan, 1996; Xie et al. 2003; 문상혁·이효익, 2006). 이는 시장상황 및 조직 분석에 대한 전문성을 지닌 감사의 역할이 공기업과 같은 복잡한 지배구조를 지닌 조직의 회계 및 경영, 조직관리에서 효율성과 책임성을 증가시키는 효과가 있다고 보기 때문이다.

공기업의 내부 감사인 역시 최고경영자와 마찬가지로 공공기관 임원추천위원회에 의해 모집·검증·추천되며, 운영위원회의 심의·의결을 거쳐 기획재정부장관의 제청으로 대통령에 의해 임명된다. 감사로서 이들은 성실하고 공정한 직무 수행 및 이해관계 상충을 적극적으로 회피할 의무를 지니며, 이를 어길 시 손해배상의 책임을 진다.

■ 제3절 공기업의 외부 지배구조

1. 외부 지배구조 유형과 의의

기업지배구조 논의에 있어 민간기업과 공기업의 차이가 가장 크게 나타나는 부분이 외부 지배구조이다. 민간기업의 외부 지배구조는 투자자·자본시장, 채권단, 다른 기업 등의 감시 및 견제와 같이 주로 시장 내에서의 이해관계자만을 그 구성요소로 한다. 반면, 공기업의 외부 지배구조는, 이해관계자는 다양하지만, 내생적으로 시장의 감시 및 견제 기능이 제약되어 있다. 공기업에 대한 감시·감독 방식으로써 외부 규율이 국가의 공기업 정책 및 공공정책 프레임에 의해 규정되는 경우가 많다. 따라서 이러한 공기업의 외부 지배구조를 논의하기 위해서는 먼저 국가별로 상이한 공기업 외부 지배구조 유형에 대한 논의가 선행되어야 한다.

일반적으로 공기업의 외부 지배구조 유형은 국가가 공기업의 소유권을 행사함에 있어 어떻게 담당 기관과 역할, 소유권 행사 관행을 정의하느냐에 따라 결정된다. 가령, 공기업에 대한 소유권을 중앙으로 집중시킨 경우 이를 중앙집중형 모형이라 정의한다. 이러한 소유권 기능은 크게 ① 이사회 이사 선임권과 ② 공기업의 목표 설정 및 감독권, ③ 정부를 대행하여 기업지분에 대한 의결권을 행사할 수 있는 권력이나 책임, 운영능력에 대한 권한 행사가 공기업을 담당하는 행정주체 내에서 어떻게 구성되어 있느냐에 따라 유형화할 수 있다(조세재정연구원, 2017c).

OECD(2015, 2024)의 유형 구분에 따라, 공기업 소유권이 국가의 정부기관에 의해 통제되는 정도를 구분하기로 한다. 이에 따르면 중앙집중형(Centralised model), 조정기관형(Co-ordinating agency model), 듀얼형(Dual ownership model), 이중트랙형(Twin track model), 분산형(Dispersed model)의 5가지로 구분된다. 이는 공기업 외부 지배구조로서의 국가 통제기능이 중앙으로 얼마나 집중 혹은 분산되어 있는지에 따른 구분이라 할 수 있다(<표 4-2> 참조).

| 표 4-2 | OECD의 공기업 소유권 모형과 해당 국가 |

colspan2: 공기업 소유권 모형	해당 국가	국가 수
① 중앙 집중형	(1유형) 중앙집중형 1개 부처가 공기업 전체에 소유권 행사	이스라엘, 이탈리아, 대한민국, 페루, 슬로베니아, 스웨덴	6
	(2유형) 관할 내의 공기업들 중 상당 부분에 대해 1개 부처가 소유권을 행사하고, 나머지는 소유권이 분산	오스트리아, 아제르바이잔, 칠레, 콜롬비아, 핀란드, 프랑스, 아이슬란드, 네덜란드, 노르웨이, 포르투갈, 남아프리카공화국	11
② 조정 기관형	공식적으로 다른 부처 및 기관이 소유한 공기업에 대해 조정부서가 상당한 권한을 갖는 경우	불가리아, 코스타리카, 에스토니아, 인도, 라트비아, 리투아니아, 모로코, 뉴질랜드, 필리핀, 루마니아, 영국, 베트남	12
③ 듀얼형: 2개 부처(재정＋기술운영)가 함께 소유권 행사		호주, 브라질, 체코, 그리스, 인도네시아, 스위스, 태국	7
④ 이중트랙형: 2개 트랙으로 나누어 각각의 담당 부처가 소유권 행사		벨기에, 중국, 말레이시아, 튀르키에	4
⑤ 분산형: 다양한 부처가 소유권 행사		아르헨티나, 캐나다, 크로아티아, 덴마크, 독일, 헝가리, 아일랜드, 일본, 카자흐스탄, 룩셈부르크, 멕시코, 폴란드, 슬로바키아 공화국, 우크라이나, 미국	15

자료: OECD(2024) p. 28-29 table 1.5. ownership models 일부 변형

1) 중앙집중형 모형

중앙집중형 모형은 그 국가의 모든 공기업에 대한 관리·감독 임무가 하나의 정부기관에 부여되어 있는 경우를 말한다. 하나의 중앙정부 소속 기관이 그 나라의 모든(1유형) 혹은 대다수(2유형) 공기업의 재정 목표와 운영 및 기술 사항을 결정할 뿐만 아니라 공기업의 성과평가 모니터링 역시 수행하게 된다. 이때의 중앙기관은 국가의 공기업 소유권을 전담하는 기관이거나 별도로 정부 부처를 지정하기도 한다. 이러한 유형에는 이스라엘, 이탈리아, 스웨덴 등(1유형)과 오스트리아, 핀란드, 프랑스, 네덜란드, 노르웨이, 포르투갈 등(2유형)이 해당된다.

2) 조정기관형 모형

조정기관형 모형은 해당 주무부처가 소유권을 행사하지만, 이에 대한 자문역할을 전문화된 정부단위에서 수행하는 모형이다. 여기서 자문역할이란 기술적 및 운영적 문제에 대한 해결책을 제시하고, 운영 및 성과를 모니터링하는 것을 의미

한다. 이 자문역할이 얼마나 강하냐에 따라서 중앙집중형에 가까울 수도 있고, 분산형에 가까울 수도 있다. 예컨대, 자문역할이 강력한 경우에 조정기관형 모형은 중앙집중형 모형과 거의 유사해진다. 반면, 자문역할이 모니터링에 그치는 정도로 약하다면, 상대적으로 소유권을 행사하는 주무부처의 역할과 자율성이 커지게 되므로 분산형 모형과 상당 부분 유사성을 지니게 된다. 이러한 조정기관형 모형을 채택하고 있는 국가는 불가리아, 인도, 뉴질랜드, 영국 등이 있다.

3) 듀얼형 모형

듀얼형 모형은 두 개의 부처 혹은 기타 공공기관이 각 개별 공기업의 소유권을 공유하는 방식이다. 즉, 공기업과 관련된 재정 사안과 기술·운영 사안을 구분하여 재정 사안은 재정부처가 소유권을 행사하고, 기술·운영 사안은 주무부처가 소유권을 행사한다. 재정부처에서는 재정목표를 설정하고, 소유권을 공유하는 다른 부처가 해당 부문별로 정책우선순위를 설정하는 방식으로 운영한다. 이렇게 듀얼형 모형을 적용하고 있는 국가로는 호주, 브라질, 체코, 그리스 등을 들 수 있다.

4) 이중트랙형 모형

이중트랙형 모형은 기능적으로는 중앙집중형 모형과 유사하다. 하나의 정부기관이 개별 공기업의 소유권을 행사한다. 다만, 공기업 전체를 두 개의 유형으로 구분한다는 것이 차이점이다. 두 개의 트랙으로 구분된 공기업 유형을 두 개의 다른 정부기관이 각각 관리·감독하는 방식이다. 두 개의 서로 다른 정부기관이 공기업에 대한 소유권 기능을 관리·감독한다는 점에서 듀얼형과도 유사한 점이 있다. 그러나 듀얼형이 두 기관이 하나의 공기업에 대해 공동으로 소유권을 행사하는 것과는 달리, 이중트랙형은 개별 공기업에 대한 소유권 행사는 단일 중앙기관만으로 규정된다는 점이 다르다.

이러한 이중트랙형 모형을 채택하고 있는 국가로는 벨기에, 중국, 말레이시아, 튀르키예이다. 벨기에의 사례를 보면, 공기업을 2개 유형으로 구분하고 있다. 이중 첫 번째 트랙은 우리나라의 시장형 공기업과 같이 상업적 성격을 지닌 그룹으로 이들 공기업은 연방지주회사의 관리감독을 받도록 하고 있다. 두 번째 트랙은 상업적 성격과 특정 규율을 함께 준수하는 자율적 공기업으로 정부의 직접 감독을 받는다.

5) 분산형 모형

분산형 모형은 공기업의 소유권 기능 행사가 단일의 중앙기관이나 행정주체에 의해 행사되지 않고, 각각의 주무부처에 의해 행사되는 방식이다. 이로 인해 실질적으로는 주무부처의 장관급 권한의 연장선에서 공기업이 관리·감독된다고 할 수 있다. 따라서 공기업의 소유권 기능은 특정 국가단위 혹은 이들 국가단위들의 연계에 의해 포괄적으로 이루어지는 경우가 많다.

이처럼 분산형 소유권 형식을 취하는 국가로는 아르헨티나, 캐나다, 독일, 일본, 미국 등을 들 수 있다. 이 중 아르헨티나는 국가가 50% 이상의 지분을 보유한 공기업에 대한 소유권 기능을 주무부처 장관이 행사하도록 규정하고 있다. 또한 공기업감독원을 통해 공기업의 전략적 목표방향을 검토하는데 자문을 제공하도록 하고 있다. 따라서 모든 공기업의 목표는 공기업이 자체적으로 규정하며, 상법의 적용을 받는 민간기업의 형태로 운영되고 있다.

2. 우리나라 공기업의 외부 지배구조

우리나라의 경우, 앞서 살펴본 공기업의 외부 지배구조 유형 5가지 중 중앙집중형 모형(1유형)을 채택하고 있다. 우리나라의 공기업 소유권 기능은 공공기관의 운영에 관한 법률에 의해 기획재정부가 전담하고 있으며, 이를 통해 전체 공기업에 대한 소유 및 지휘감독을 하며, 공기업에 대한 국가의 출자 당사자로서 실체적 소유주의 지위를 가진다. 이러한 기획재정부의 공기업에 대한 소유권은 기획재정부 장관을 위원장으로 하는 공공기관 운영위원회를 통해 행사된다. 이와 동시에 개별 주무부처가 산하 공기업의 사업관련 정책을 관장하고 있다.

공공기관 운영위원회는 공기업의 관리·감독과 관련된 핵심적인 정책사항을 총괄 심의·의결하는 기능을 부여받고 있다. 여기에는 공기업의 지정 및 지정해제, 변경지정을 비롯하여, 신설 및 기능조정, 임원추천위원회로부터 추천된 최고경영자 및 임원에 대한 심의·의결 등 공기업의 설립 및 구성에 관한 일체의 사항에 대한 결정권도 포함된다. 뿐만 아니라 공기업의 경영지침이나 경영실적 평가, 직무수행실적 평가, 감독의 적정성 평가 등 공기업의 기술·운영 및 감사에 대한 전반적인 사항에 대한 결정권 역시 지니고 있다(공공기관운영법 제8조).

한편, 공기업의 경영목표 설정과 관련해서는 정부정책을 고려하여 중장기적 경영목표를 공기업에서 수립하도록 하고 있다. 그러나 이에 대한 기획재정부 및 관련 주무부처에 대한 제출 및 보고 의무를 함께 부여(공공기관운영법 제46조)하고 있어 실질적으로 중앙정부가 목표설정에 직접적으로 관여하도록 하고 있다.

요 약

- 기업지배구조(corporate governance)는 기업의 소유와 경영의 분리에 따라 기업을 지배하는 권력을 배분하고 이와 관련하여 이해관계자들 간의 관계를 규정하는 방식이다.

- 내부 지배구조는 주주 및 이사회에 의한 규율을 말하며, 외부 지배구조는 투자자와 자본시장 및 금융·상품·경영자 시장에 의해 규율된다.

- 시장에 의한 감시 및 견제 기능이 취약한 공기업의 특성으로 인해 공기업 지배구조 논의는 국민으로부터 소유권을 위임받은 국가의 소유권 행사를 중심으로 이루어지는 특징을 지닌다.

- 공기업의 내부 지배구조는 공기업의 내부 조직을 통한 통제 및 감시기제를 의미하며, 여기에는 최고 의사결정기구로서 이사회를 비롯하여 최고경영자와 경영진, 직원, 감사기구 등이 포함된다.

- 공기업 이사회는 공기업이 국가로부터 부여받은 목표를 달성하고 전략설정을 모니터링하는 역할을 통해 국가와 비국가의 이해관계자, 주주에 대해 기업 성과에 관한 궁극적 책임을 진다.

- 근로자 이사제는 근로자 경영참가 중 과정참가의 한 형태로서 근로자의 대표가 이사회에 참여하여 회사의 의사결정에 이어 근로자의 의사를 반영하고 공동의 협의 및 결정을 하는 것을 의미한다.

- 최고경영자는 공기업 경영 전반에 대해 책임을 지며 또한 공기업 경영 성과에 가장 큰 영향을 미치는 지위이다.

- 내부 감사인은 공기업 전반의 회계와 직무에 대한 감찰 및 감사권한을 지니며, 이에 대해 이사회에 참석하여 의견을 진술할 권한을 지닌다.

- 공기업의 외부 지배구조는 외부의 규율을 통한 통제 및 감시기제를 의미하며, 행정주체에 의한 정부 규제 등이 이에 해당한다.

- 우리나라는 공기업의 외부 지배구조 유형 중 중앙집중형 모형의 1유형을 채택하고 있다.

- 기획재정부의 공기업에 대한 소유권은 기획재정부 장관을 위원장으로 하는 공공기관 운영위원회를 통해 행사되며, 개별 주무부처가 산하 공기업의 사업관련 정책을 관장한다.

연습문제

1. 공기업은 민간기업과 달리 상업성과 함께 공공성을 설립 목적으로 추구하고 있으며, 이에 따라 법적 독점권을 지니고 정부의 재정지원을 받는다. 또한 지배구조상 경쟁에 따른 시장의 견제 및 감시 기능이 민간기업에 비해 제한된다. 이에 따른 사기업의 지배구조와 공기업의 지배구조의 차이를 설명하라.

2. 공기업의 지배구조는 궁극적 소유자인 국민과 소유권을 수탁위임 받아 행사하는 국가, 그리고 공기업을 구성하거나 공기업과 관련된 다양한 이해관계자로 구성된다. 이처럼 다양한 구성요소 간의 이해관계를 조정하기 위한 기제로 지배구조를 논의하고 있으며, 이를 내부 지배구조와 외부 지배구조로 구분하고 있다. 내부지배구조와 외부지배구조의 차이를 설명하라.

3. OECD(2024)는 공기업 소유권이 국가의 정부기관에 의해 통제되는 정도를 다섯 가지로 구분하여 공기업 소유권 모형을 제시하고 있다. 다섯 가지 모형에 대해 설명하고, 우리나라는 이 중에서 어떤 유형에 포함되는지 서술하시오.

Modern Public Enterprise

제 5 장

공기업의 인사관리

공기업의 인사관리

인사관리는 "조직의 목표 달성을 위해 조직이 필요한 인력을 조달하고 유지, 개발, 활용하는 계획적이고 조직적인 관리활동의 체계(김문중·정승언, 2010)"라고 정의된다. 공기업의 인사관리에서 중요한 문제는 임원의 선임과 운용, 직원의 채용과 관리, 그리고 임원과 직원 양자의 관계를 규정하는 노사관계라고 볼 수 있다. 본 장에서는 이들 각각에 대해 살펴보고자 한다.

■ 제1절 임원의 관리

공기업의 운영을 책임지는 최고경영진(임원)의 선임은 감독기관인 정부의 책무인 동시에 중요한 법적 권한이다. 임원은 집행권한을 행사할 수 있는 공기업의 최고위층을 말하며, 기업적 성격에 해당하는 경영실적에 대해 책임을 지는 관리자이다. 임원은 공기업 경영에 대해 직접적으로 감독기관에 보고하고, 기업경영실적에 대해 감독기관에 책임을 진다. 임원들에게 업무에 대해 직접 보고해야 하는 기능부서장들은 업무관리에 책임을 지는 고위층을 형성한다.

공기업의 경영성과는 전적으로 임원에만 의존할 수는 없으며, 감독기관의 역할도 중요하다. 감독기관의 지휘나 통제가 관리의 질에 크게 영향을 주기 때문이다. 그러나 감독책임과 경영책임을 명확히 구분하여야 하며, 경영진과 감독기관 간에 꾸준한 협력과 긴장관계를 유지할 필요가 있다(UN, 1973: 34).

1. 임원의 선임과 임용

공기업의 임원은 경영과 관리를 책임지는 사람으로 해당 공기업의 경영 및 발전에 절대적으로 영향을 미친다. 공기업의 임원은 주인인 국민을 대표하는 의회에 대한 책임을 분명히 하기 위해 행정수반이나 주무부처 장관에 의해 임명되는 것이 일반적이다. 미국공기업 임원은 대체로 상원의 자문과 동의를 얻어 대통령이 임명한다. 영국공기업 임원은 주무부처 장관이 임명한다. 프랑스는 국가참여청 (APE: Agence des Participation del E'tat)에서 주무부처 장관에게 임원을 추천하지만, 최종적으로는 공기업 이사회에서 결정한다(박영희 외, 2018: 101).

대체로 공기업 임원의 임용에 행정부가 일정 정도 참여하고 있는 것으로 보인다. 특히 공기업 임원의 선임과 면직에 큰 영향을 미치는 사람은 주무부처의 장관이다. 물론 독립적 기관이나 위원회에 의한 외부선택의 경우도 있고, 기업의 고용원들이 임원중의 일부 인원을 선출하기도 하지만, 일반적으로 최종적인 결정권은 집행권의 정점에 있는 주무부처의 장관에게 있다. 대통령, 정당 및 인사위원회가 결정에 어떻게든 영향을 미칠 수 있게 한다고 하더라도 주무부처 장관의 권한은 꾸준히 확대되고 있다(UN, 1973: 36).

이러한 권한으로 인해 주무부처 장관의 공기업 통제력은 크게 강화될 것이다. 공기업 경영에 대한 장관의 막중한 권한은 임원을 바꾸는 것과 관련해서도 행사될 수 있다. 이는 정부부처 외부 자율기관에 의한 외부선택제도와 대조되는데, 장관에 의한 임원의 임명제도는 불가피하게 공기업부문의 경영기반을 정치화할 수 있다. 임원의 채용에 있어서 전문적 능력보다 정치적 충성심을 강조할 수 있기 때문이다. 정치적 충성심에 대한 집착은 경영진의 자질을 등한시하게 만들고 전문 경영인을 냉대하게 한다(김용우, 2006: 262).

임원을 바꿀 수 있는 감독부처 장관이 권력을 마음대로 행사할 수 있으면 지나치게 자주 임원을 교체할 수 있고, 정치적 불안정에 취약한 기업 경영이 나타나게 되며, 임기의 보장을 약화시키고, 전문 경영인의 역량발휘를 저해할 수 있다. 높은 자질을 가진 전문인을 유인할 수 없기 때문에 전체적으로 공기업 경영의 전문성을 안정적이고 확고하게 발전시킬 수 없게 된다. 따라서 충분한 전문성과 경륜을 갖춘 임원의 확보와 주무부처 장관의 통제사이의 조화가 중요하다.

1) 임원의 종류와 선임방법

공기업의 형태에 따라 임원의 종류 및 수, 임기, 명칭 등이 다를 수 있지만, 「공공기관의 운영에 관한 법률」(약칭 공공기관운영법)은 임원을 '기관장을 포함한 이사와 감사'로 보고 그 종류와 선임방법에 대하여 규정하고 있다(공공기관운영법 제24조). 우리나라는 각 공기업별로 임원추천위원회를 두어 임원을 추천하고, 주무부처 장관의 제청으로 대통령이 임면하여 낙하산 인사 및 특정지역에의 편중인사를 제도적으로 개선하였다. 임원의 선임방법을 살펴보면 다음과 같다.

첫째, 기관장은 임원추천위원회의 추천에 따라 주무부처 장관의 제청으로 대통령이 임면한다(공공기관운영법 제25조). 기관장을 대통령이 임면하도록 한 것은 공기업의 자율성을 해칠 수 있으므로, 프랑스처럼 이사회에서 선출하는 것이 바람직하다는 의견도 있다. 그러나 공기업의 경영은 공익의 증진과 직결되는 사안이므로 행정감독 차원에서 주무부처 장관과 대통령의 개입이 불가피하다. 임원추천위원회는 기업경영 및 당해 공공기관의 업무에 관한 학식과 경험이 풍부하고 최고경영자의 능력을 갖춘 후보를 추천해야 한다(공공기관운영법 제30조). 이때 이사회에서 정한 계약안에 대해 후보로 추천될 자와 협의하여야 하며, 이에 대해 주무부처 장관의 승인을 얻어야 한다. 계약안에는 사장이 임기 중 달성하여야 할 경영목표와 성과급 등에 관한 사항이 포함되어야 한다(공공기관운영법 제31조).

둘째, 이사는 상임이사와 비상임이사로 구분되며, 이중 상임이사는 기관장이 임명한다. 단, 감사위원이 되는 상임이사(상임감사위원)는 대통령 또는 기획재정부 장관이 임명한다. 비상임이사는 임원추천위원회가 복수로 추천하는 경영에 관한 학식과 경험이 풍부한 사람 중에서 기관운영위원회가 심의·의결하면 기획재정부 장관이 임명한다(공공기관운영법 제25조).

셋째, 감사는 임원추천위원회가 복수로 추천하여 운영위원회의 심의·의결을 거친 사람 중에서 기획재정부 장관의 제청으로 대통령이 임명한다(공공기관운영법 제25조).

이상 공공기관의 임원의 선임절차를 [그림 5-1]과 같이 그림으로 요약할 수 있다.

그림 5-1 공공기관 임원의 선임절차

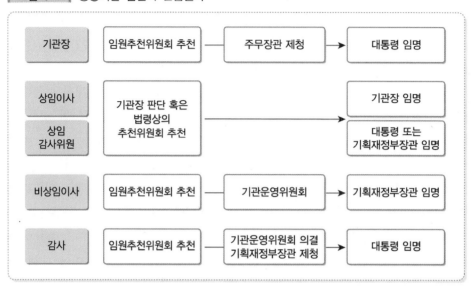

2) 임원의 임명요건

공기업의 경영진을 구성하기 위한 보편적 원칙이 거의 없기 때문에, 경영진의 조직 형태는 다양할 수밖에 없다. 그러나 공기업의 적절한 운영기반을 형성하는 것은 감독기관이 담당해야 할 중요한 과제들 중 하나이다. 대체로 공기업의 경영성과는 경영수준별로 각 수준에 속해 있는 사람들의 자질과 관련되어 있다. 공기업의 효과적인 경영을 위해서는 능력 있고, 역할을 제대로 인식하고 있으며, 전문적인 교육·훈련을 받고, 제대로 동기가 부여된 최고경영진의 확보가 필요하다. 공기업의 성공적인 경영은 "제대로 된 사람을 공기업의 정점에 앉히지 못하면 경영이 결코 제대로 이루어질 수 없을 것"이라는 관리적 요인에 달려 있다고 할 수 있다(김용우, 2006: 264).

영국이나 미국 등과 같이 공기업 임원의 임명요건으로 소극적 요건(임원이 될 수 없는 결격사유)와 함께 적극적 요건(임원이 갖추어야 할 자격요건)을 모두 규정하고 있는 국가가 있는가 하면, 일본 등과 같은 국가처럼 특별한 규정을 두지 않는 경우도 있다(유훈 외, 2010: 368-369). 우리나라는 소극적 요건과 적극적 요건을 모두 포괄하고 있다.

(1) 소극적 요건

소극적 요건이란 임원이 되기 위해서는 해당되지 말아야 하는 결격사유를 말하며 국가마다 약간의 차이가 있을 수 있다. 우리나라는 국가공무원법 제33조 해당자,[1] 업무태만, 계약위반, 직무불이행, 실적저조, 실적보고서 등의 허위작성 등의 이유로 해임된 지 3년이 되지 않은 사람 등은 공기업의 임원이 될 수 없도록 규정하고 있다(공공기관운영법 제34조).

(2) 적극적 요건

적극적 요건이란 임원이 되기 위해 가지고 있어야 할 자격요건을 말한다. 우리나라는 임원추천위원회가 추천해야 하는 임원후보자를 "업무수행에 필요한 학식과 경험이 풍부하고, 능력을 갖춘 사람"으로 제안하고 있다. 감사의 경우는 공인회계사 또는 변호사 경력이 3년 이상이거나, 법에서 정하는 감사관련업무[2] 분야에서 3년 이상 경력을 가지고 있는 사람으로 규정하고 있다(공공기관운영법 제30조).

2. 임원의 임기와 동기부여

공기업 임원의 임기가 지나치게 짧으면 계속성이나 일관성이 상실되기 쉽고, 임원의 임기가 지나치게 길면 독선화 경향이 생기기 쉽다. 따라서 임원의 임기는 신중하게 고려해야 한다. 임기에 따라 신분 보장이 좌우되고, 이는 곧 임원의 동기부여문제와 직결되어 있으므로 공기업 임원의 임기를 적정하게 정하는 것은 중요한 문제이다.

---

1) ① 금치산자 또는 한정치산자, ② 파산자로서 복권되지 아니한 자, ③ 금고이상의 형을 받고 그 집행이 종료되거나 집행을 받지 아니하기로 확정된 후 5년을 경과하지 아니한 자, ④ 금고이상의 형을 받고 그 집행유예의 기간이 완료된 날로부터 2년을 경과하지 아니한 자, ⑤ 금고이상의 형의 선고유예를 받는 경우에 그 선고유예기간 중에 있는 자, ⑥ 법원의 판결 또는 다른 법률에 의하여 자격이 상실 또는 정지된 자, ⑦ 징계에 의하여 파면의 처분을 받은 때로부터 5년을 경과하지 아니한 자, ⑧ 징계에 의하여 해임의 처분을 받은 때로부터 3년을 경과하지 아니한 자.
2) 감사·수사·법무, 예산·회계, 조사·기획·평가 등의 업무.

1) 임기와 신분보장

공기업 임원의 임기는 국가와 기업체에 따라 다양하다. 미국 TVA 이사의 임기는 9년인데, 이사들의 임기를 분산시켜 선임함으로써 일시에 이사 모두를 교체할수 없고, 이사별로 간격을 두어 선임할 수 있는 '시차임기제(staggering term)'를 적용하고 있다. 이는 정책의 일관성을 보장하고 이사회의 정치적·행정적 자율성을확보할 수 있도록 하기 위한 것이다. 임원의 임기를 적절히 조절하는 이유는 담당 사업에 대한 적응기간을 제공함으로써 능력발휘에 도움을 주기 위해서라고 할수 있다(김용우, 2006: 267).

어떤 경우이든 공기업의 임원은 일정한 임기가 정해져 있고, 임기 중에는 심각한 과실이나 결격사유가 드러나지 않는 한 그 임기는 보장되어야 한다. 일본의경우 공기업 임원은 심신의 장애로 직무수행이 어렵다고 인정될 때를 제외하고는파면하지 못하도록 하고 있다(박영희 외, 2018: 107). 우리나라는 공기업 임원이 법령이나 정관을 위반하는 행위를 하거나, 직무를 게을리 하거나, 계약에 따른 보고서 등을 미제출하거나 거짓 제출한 경우, 불공정한 인사운영 등으로 윤리경영을저해한 경우, 수사기관 등의 수사 또는 감사 결과에 따라 필요한 경우 등을 제외하면 임기 중 해임되지 않는다(공공기관운영법 제25조, 제35조, 제36조).

우리나라 공기업 임원의 임기는 기관장의 경우는 3년, 이사 및 감사 모두 2년이며, 1년을 단위로 연임될 수 있다(공공기관운영법 제28조). 또한 임기가 만료된임원의 경우에는 그 후임자가 임명될 때까지 직무를 수행하도록 하여 운영상 초래될 수 있는 업무공백을 최소화할 수 있는 장치를 마련하였다. 특히, 연임제한규정이 특별히 존재하지 않으므로 경영성과 및 직무수행실적 평가에 따라 임기연장이 계속 가능하다. 이에 따라 공기업의 책임경영을 통한 장기적 관점의 운영과 경영의 계속성을 제도적으로는 확보하고 있다.

그러나 공기업 임원 임면이 정치적 영향을 많이 받으므로 실제 운영상 임기는이보다 짧은 것으로 나타났다. 2004년부터 2008년까지 24개 공기업을 실증 분석한 결과에 따르면, 매년 평균 45.1%의 기관장이 교체되었으며, 기관장의 평균 재임기간은 2년 3개월이었고, 교체된 기관장 중 절반인 49.9%의 인사가 임기를 마치지 못하고 중도퇴임하였다. 감사는 매년 평균 46.1%의 인사가 교체되었으며,평균 재임기간은 2년 2개월이었다. 비상임이사는 매년 38.2%의 인사가 교체되었으며, 평균 재임기간은 2년 7개월이었다(유승원·김수희, 2012: 95). 실무상 공기업 임원은 법정 임기도 다 채우지 못하는 경우가 많았다. 2007년부터 2017년 사이에 재임했던 역대 공공기관장 재임기간의 평균은 31.1개월로 법정 임기인 36개월보다 4.9개월 짧은 것으로 나타났다. 이는 연임되는 경우보다 임기 전에 그만두는 경우가 더 많다는 것을 의미한다. 대상기간 중 정권교체시기의 평균값은 30.1개월로 기관장 임기인 36개월보다 5.9개월 짧았다(김원영·엄석진, 2021: 10). 이는 정권교체가 재임기간에 불리한 요인으로 작용할 수 있음을 암시한다.

2) 보수와 직무

우리나라의 공기업 임원들의 보수기준은 운영위원회의 심의·의결을 거쳐 기획재정부 장관이 정하는 보수지침에 따라 이사회가 정한다. 기본적으로 경영성과와 임기 중에 달성해야 하는 구체적인 경영목표와 성과급이 포함된 계약안의 내용과 그 이행수준이 보수의 기준이 된다(공공기관운영법 제33조). 공공기관 경영정보 공개시스템 알리오에 따르면, 2023년 공기업 기관장의 평균연봉은 1.9억원, 이사 평균연봉은 1.5억원, 감사 평균연봉은 1.6억원이다.

임원의 직무를 살펴보면, 첫째, 기관장은 해당 기관을 대표하고, 업무를 총괄하며, 임기 중 해당 기간의 경영성과에 대하여 책임진다. 둘째, 자신의 이익과 기관의 이익이 상반되는 상황에서는 해당 기관을 대표하지 못하고, 이 경우 감사 또는 감사위원회가 기관을 대표한다. 셋째, 기관장이 부득이 하게 그 직무를 수행하기 어려울 경우, 정관이 정하는 바에 따라 임원이 그 직무를 대행한다. 넷째, 이사는 이사회에 상정된 안건을 심의하고, 의결에 참여한다. 다섯째, 감사는 해당 기관의 업무와 회계를 감사하고, 그 의견을 이사회에 제출한다(공공기관운영법 제32조).

3) 동기부여

임원의 동기부여와 관련하여 국가와 국민에 대한 봉사와 같은 이상적인 관념과 현실적인 통상적 대책 사이에는 괴리가 있기 마련이다. 통상적 대책은 주로 통제를 강화하거나, 보다 강도 높은 압력을 가하고, 임원을 교체하는 방법 등을 의미한다. 통상적 대책으로 인해 경영진의 적극성이 줄어들고, 위험부담 의지가 약화되고, 자율성·자긍심을 잃게 된다.

이러한 한계를 인식해서 최근에는 개인적·물질적 유인에 대한 관심이 커지고 있다. 이는 금전적 보상, 신분보장, 사회적 인정 등 소위 낮은 차원의 필요를 충족시켜 임원들의 동기부여를 제고하는 것이다. 그러나 이들 낮은 차원의 필요를 충족시키는 것만으로는 효과적일 수 없다. 이와 별도로, 자긍심, 자율성, 개인적 성장과 성취에 대한 필요도 충족시켜 주어야 한다.

공기업 경영진의 동기부여에 영향을 크게 미칠 수 있는 요인은 감독방법, 즉 감독기관이 공기업 경영진과 유지하고 있는 관계이다. 감독기관과 경영진간에 상호교류가 이루어지는 과정에서 어떤 필요는 충족되기도 하고, 어떤 필요는 충족되지 않을 수도 있고, 어떤 동기는 강화되거나 약화 될 수 있다. 감독기관과 해당 조직간 관계가 원만하지 못하다면 경영진에 대한 동기부여의 제고 가능성은 그만큼 줄어들 것이다. 공기업 경영자의 동기 및 사기제고 요인을 면밀하게 파악하여 이에 대한 대책을 적극적으로 수립하여 집행하여야 한다. 예컨대 자율성에 대한 요구가 나타나면 권한의 확대, 보다 큰 분권화, 통제제도의 조정 등을 고려해야 한다. 마찬가지로 신분보장에 대한 요구가 나타나면 임기를 늘리고, 정치적 해고에 대한 보호조치를 마련할 필요가 있다(UN, 1973: 38-39).

■ 제2절 직원의 관리

공기업 관리에 있어서 직원의 인사관리는 매우 중요하다. 많은 경우, 경영진이 공기업의 인사제도를 스스로 만들 수 있는 권한을 가지지는 않는다. 그러나 감독기관의 공기업 인사에 대한 통제는 최고경영자를 포함한 임원의 범위에 한정해 이루어져야 하고, 그 이하 직원들의 인사 문제는 공기업 경영진에게 그 책임을 맡기는 것이 바람직하다.

1. 인사규칙

직원 인사를 위한 대안은 ① 공무원의 근무조건을 공기업 직원에게 적용하는 방안, ② 민간기업들처럼 공기업 스스로 인사제도를 마련하도록 하는 방안, ③ 어느 정도의 공통제약 하에서 공기업을 위한 규칙을 개별적 또는 집단적으로 마련하는 방안의 세 방향으로 요약된다. 그러나 공무원 인사규정이 전부 그대로 공기업에게 적용되기도 어렵고, 민간기업이 누리는 자유를 그대로 공기업에 부여하기도 곤란하다.

따라서 이들 두 가지 극단적인 경우를 제외한 ③안을 구체화시키기로 한다. 공기업 인사규칙 제정을 위한 공통제약에 해당하는 것이 기획재정부 고시인 "공기업·준정부기관의 인사운영에 관한 지침(이하 공기업인사지침으로 표기)"이다. 이 지침에서 벗어나지 않는 범위 내에서 개별 공기업들은 성질, 유형, 성장단계 등에 따라 다양하고 개별적인 인사규정을 마련할 수 있다.

공기업 인사지침에서 제시하고 있는 직원 인사 규정 중 대표적인 것만 살펴보면 다음과 같다. 첫째, 인사위원회를 의무적으로 설치해야 하며, 인사위원회 회의록 작성 및 보존도 의무화된다. 둘째, 직원의 채용절차와 방법 등에 관한 사항은 사전에 규정하고, 직원 채용 시에는 공고 등을 통하여 구체적인 채용 절차와 방법 등을 공개해야 한다. 응시자의 공평한 기회를 보장하기 위해 불합리한 제한을 두거나 임직원 가족의 우대는 금지된다. 셋째, 보직을 부여함에 있어 해당 직원의 전공·전문성·경력·본인 희망 등을 고려하여야 한다. 넷째, 직원의 승진·전보 등에 관한 인사운영 방향·기준을 정하여 미리 공지하고, 정기인사를 실시하는 경우 그 인사기준 등을 미리 공지하여야 한다. 특히, 특별승진 등의 경우에는 구체적인 승진 인원과 승진 요건 등에 대하여 인사위원회 등의 심의·의결을 거쳐 사전에 전 직원에게 공지하여야 한다. 다섯째, 징계처분요구 및 징계의결요구 중이거나 징계처분이 진행 중인 직원에 대하여는 승진심사 대상에서 제외하여야 한다. 강등·정직인 경우 최소 18개월, 감봉인 경우 최소 12개월, 견책인 경우 최소 6개월 이상 승진을 제한한다. 여섯째, 소속 직원의 업무성과를 객관적으로 측정하고 기관의 경영목표 등을 달성할 수 있도록 성과관리체계를 구축·운영하여야 하며, 이에 필요한 내부규정 등을 마련하여야 한다. 일곱째, 인사정보를 공개할 수 있는 범위와 기준을 사전에 설정하고, 해당 직원이 공개를 요청하는 경우에는 이를 공개하여야 한다. 또한 기관 내 인사고충창구를 설치·운영하여야 한다(공기업 인사지침 제6조-18조).

2. 신분과 보수

우리나라는 정부부처형 공기업인 정부기업의 직원은 공무원의 신분을 지니지만 공사와 주식회사형처럼 법인체형 공기업의 직원은 공무원이 아니다. 따라서 공기업의 직원은 정관이 정하는 바에 따라 기관장이 임면할 수 있는 권한을 가지고 있다. 직원의 임용은 시험성적, 근무성적 기타 능력의 실증에 의하여 행하여야 한다. 또한 공기업의 임·직원의 업무에 대한 전념여부는 해당 공기업의 성과에 커다란 영향을 미치므로, 상임임원과 직원은 그 직무 외의 영리를 목적으로 하는 업무에 종사하지 못한다. 비영리업무라고 하더라도 상임임원은 임명권자나 제청권자의 허가를, 직원은 기관장의 허가를 받지 않고는 겸직할 수 없다(공공기관 운영법 제37조).

직원의 보수도 이사회가 정하는데, 성과관리평가에 따라 성과급 및 성과연봉에 차이가 있다. 공공기관 경영정보 공개시스템 알리오에 따르면, 2024년 2분기 현재 공기업 직원은 정원이 약 42만 명이지만, 현원은 약 39만명이다. 2023년 우리나라 공기업 직원의 평균보수는 약 7천만원이며, 신입사원의 평균 초임은 약 3,800만원으로 조사되었다.

3. 교육훈련

경영의 효과성을 제고하기 위한 핵심적 요소 중의 하나가 고용 인력의 헌신적 노력, 자격, 역량을 이끌어 내는 방안을 끊임없이 모색하는 것이다. 이를 위해 기술적·전문적·관리적 훈련을 통해 기술을 향상시키는 것은 보다 나은 업무수행을 위한 필수적인 투자이다.

1) 공기업 교육훈련의 필요성 및 의의

공기업을 포함한 기업의 교육훈련은 조직 구성원 개인의 목표와 조직 목표를 통합하여 경영의 효과성을 제고하는데 필수적이다. 그러나 공기업은 민간 기업과 달리 기업의 목표가 국가 전략 및 정부의 목표로부터 도출되는 특징을 지니고 있다. 따라서 공기업 교육훈련은 직원들이 일반적인 업무 관련 지식과 기술 및 태

도를 배양할 뿐만 아니라, 기업의 목표가 정부의 활동 및 목적과도 밀접하게 연
계되어 있음을 인식시키는 역할을 수행해야 한다.

2) 교육훈련 목표와 전략

공기업에서 교육훈련을 수행하기 위한 첫 번째 단계는 교육훈련의 목표를 설
정하는 것이며, ICPE(International Center for Public Enterprise)에서는 이를 위해 다
음과 같은 네 가지 사항을 고려할 것을 제안하고 있다(Bhaya, 1983).

① 법적 · 정치적 시스템 및 국가의 사회경제적 수요, 정부와의 관계에 대한
   이해
② 행정 문화로부터 경영문화로의 변화. 관료 공무원으로부터 전문경영인 및
   관리인으로, 생존을 위한 조직으로부터 업무를 위한 조직으로 변화
③ 기능적 · 일반적 경영원칙의 학습
④ 지속적인 교육훈련 기회의 제공

두 번째 단계는 교육훈련 목표에 따라 구체적인 교육훈련 전략을 수립하는 것
이다. 이를 위한 학습전략은 크게 기술과 지식, 태도의 바람직한 변화 및 향상을
유도하도록 설계되어야 한다. 따라서 <표 5-1>에 나타난 학습유형별 특성에 대
한 전반적인 이해에 바탕하여 교육훈련 목표 달성을 위한 전략 수립이 요구된다.
이들 학습유형은 교육훈련 과정을 통해 상호 연계될 수 있도록 설계되어야 한다.

표 5-1 교육훈련의 학습유형별 특성

	기술(Skill)	지식(Knowledge)	태도(Attitude)
학습 상황	인위적	인위적	자연적
학습 영역	조작화	인지적	감정적
학습 과정	반복적	사고적	경험적
투입 요소	양적 · 구체적 정보	기술적 · 추상적 정보	구체적 경험
학습 내용	구체적	비귀속적	구체적이지만 일반이론에 근거한 상황
인식 대상	사물, 물질적 과정	환경, 개념	사람, 상황, 집단 과정
사용되는 감각	직관적, 감각적	지적, 논리적, 합리적	감성적, 느낌

기술적 요소	특정 기능과 관련된 문제 해결	분석적 기술	대인 기술(리더십, 의사 소통)
학습 방법	관찰, 실천, 절차, 직무훈련	언어전달, 직무외훈련, 강의	참여, 그룹활동, 실험
장애 요인	생소함	무지	편견

자료: Bhaya, Hiten(1983)

3) 교육훈련 기법

공기업의 교육훈련을 위해 활용되는 교육훈련 기법은 민간기업의 그것과 크게 다르지 않다. 대부분의 교육훈련은 직무와 관련된, 따라서 공기업의 조직목표 및 과업환경, 조직 구성원의 특성을 고려하여 설계되며 이때 활용되는 기법은 다음과 같다.

① 프로그램 학습법에 의한 강의(Programmed Instruction)

교육훈련 프로그래머에 의해 작성된 모듈을 활용하여 팀 혹은 과업단위로 교육훈련 대상자에게 단계별 학습목표를 제공하고 이의 달성과정 및 성과를 평가한다. 대상자의 변화 및 개선사항에 대한 피드백을 다음 단계로 이행하기 전에 제공함으로써 개별 교육학습 대상자의 수준과 교육훈련 요구에 대한 조정이 가능하다는 장점이 있다.

② 코칭 및 상담(Coaching/Counselling)

조직 내 상급자 혹은 전문 상담사가 교육훈련 대상자와 과업 및 조직환경에 관한 상담을 통해 개인의 직무 역량향상 및 조직문화 개선에 기여하는 기법이다. 개인 및 집단 단위로 수행할 수 있다.

③ 샌드위치 과정(Sandwich Course)

인턴십 과정 등의 운영을 통하여 미래 혹은 현재의 직원들을 대상으로 관련 직무를 직·간접적으로 경험하도록 하고 이를 통해 잔여 학위과정 등 조직 외부에서 직무관련 지식과 기술을 습득하도록 유도하는 교육훈련 기법이다.

④ 시뮬레이션(Simulation)

실제 사례 및 사건에 대한 시뮬레이션을 통한 예측을 하도록 설계된 교육훈련 기법이다.

⑤ 사례 학습(Case Study)

성공 및 실패사례에 대해 이러한 결과에 이르게 된 원인 및 과정을 관련 지식과 기술, 태도를 중심으로 분석하여 공유 및 학습하는 기법이다.

⑥ 학습 공동체(Learning Community)

6~8명 정도의 소규모 그룹을 형성하여 정기적인 모임을 통해 과업 및 직무환경과 관련된 문제에 대해 토론하고 해결방안을 스스로 모색하도록 유도하는 기법이다.

4) 교육훈련 실제

실제 사례로서 공공기관(한국토지주택공사: LH)과 지방공기업(서울주택도시공사: SH)의 교육훈련 근거와 목적을 살펴보면, 다음과 같다(조명성, 임재호, 2021). LH는 취업규칙에 교육에 관한 내용을 규정하고 있는데, 직원의 자질 향상을 위해 교육시설을 설치하고 교육을 실시하며, 직원 교육은 교육훈련규정에 따르도록 하고 있다(LH 취업규칙 제55조). 공기업의 교육훈련규정에서는 직원으로서 기본적 자세를 갖추고 직무를 효과적으로 수행할 수 있는 역량 개발을 위하여 교육훈련에 필요한 사항을 정하고 있다. 교육훈련은 집합교육과 원격교육, 위탁교육, 학위과정, 연수과정 등의 내용으로 구성되어 있으며 전체적으로 교육과정 운영에 초점을 맞추고 있다.

SH의 경우 2020년 7월 교육훈련규정을 제정하였다. 교육훈련의 목표는 공사의 비전과 인재상에 부합하는 인재 양성이며, 교육훈련의 책임과 의무, 교육이수제, 교육훈련계획 등 교육훈련에 관한 제반 사항을 규정하고 있다. 이는 행정안전부의 지방공기업 인사조직 운영기준에 따라 임원은 1인당 연 21시간, 직원은 10-50시간 범위 내 교육훈련을 해야 하기 때문이며, 행정안전부는 직무능력 향상과 자기개발 기회 확대를 위해 다양한 교육프로그램의 운영과 교육예산의 확보를 권장하고 있다.

표 5-2 우리나라 공기업의 교육훈련 근거, 목적 및 활용

구분	주요 근거법(규정)	교육훈련 목적	교육훈련의 활용
공공기관 (LH)	교육훈련규정, 인사규정, 취업규칙	기본적 자세, 직무 역량 개발	종합근무평정 결과를 교육훈련에 활용 (LH 인사규정 제31조), 교육훈련 성적이 우수할 경우 포상(LH 인사규정 제47조)
지방공기업 (SH)	교육훈련규정, 인사규정, 시행내규	공사비전과 인재상 에 부합하는 인재 양성	인사규정과 시행내규에 교육훈련을 승진 후보 순위 결정 요소, 포상할 때 고려사항으로 언급

자료: 조명성, 임재호(2021) p.162 <표 17> 일부 수정

제3절 노사관계

공기업의 인사관리에서 노사관계는 매우 중요한 과제이다. 노사 간의 분쟁이 기업 내부에서 해결되지 못하는 경우, 외부로 확산되어 관리·감독기관을 넘어 정치적 또는 사회적 문제로 비화할 수 있기 때문이다. 경영진과 노동조합 모두 정치적 통제를 받고 있는 경우에는 어떤 형태이든지 간에 근로자, 사용자, 정부로 구성되는 삼자산업관계제도를 마련하는 일이 불가피한 것으로 보인다. 공기업의 특성상 노사 간 분쟁이 발생할 경우 정부가 협상과정에서 두 당사자 모두의 입장을 고려해야하기 때문에 문제가 다소 복잡해진다. 예컨대 한쪽에서는 노동조합과 고용노동부 간에 하나의 연합을 형성하고, 다른 쪽에는 경영진과 주무부처 간에 연합이 이루어지면 이들 간에 갈등이 나타날 수 있다. 주무부처는 헌법상의 책임과 입법부에 대한 책임을 근거로 기업경영과 관련된 모든 문제에 대해 관여하는 한편, 고용노동부는 노동조합의 문제를 규명하고 근로자들의 권익을 보호하려는 경향이 있기 때문이다.

1. 노사관계의 의의

노사관계란 임금, 작업환경, 복지혜택 등의 노동조건이나 경영상의 문제에 관하여 노동자와 사용자측간에 벌어지는 다양한 관계를 말한다. 노사관계에서 근로자가 사용자와 대등한 지위를 확보하기 위해서는 단결권, 단체교섭권, 단체행동권

의 노동삼권을 주요 내용으로 하는 노동관계가 유지되어야 한다(강신택 외, 1990: 153-154).

노동삼권(백상기 외, 1998: 212)의 내용을 보면, 단결권은 근로자가 그들의 교섭력을 강화하기 위해 단결하는 권리로 구체적으로는 노동조합이라는 형태를 통해 이루어진다. 단체교섭권은 단결권을 최대한으로 발휘하여 노사가 대등한 입장에서 교섭하는 권리를 말한다. 마지막으로, 단체행동권은 노사간 분쟁상태에 들어갔을 때 근로자들이 파업, 태업 등의 실력행사를 할 수 있는 권리를 의미한다.

대부분의 국가에서는 헌법 규정으로 근로자의 노동삼권을 인정하고 있다. 이에 따라 민간기업은 노동삼권을 가지고 있다. 그러나 공기업 직원에게 노동삼권을 전면적으로 인정하고 있는 국가는 거의 없다. 공기업은 공공성과 기업성을 동시에 달성해야 하므로 민간기업과 다르게 취급되어야 하기 때문이다. 공기업의 노사관계는 공기업 직원의 신분과 연관해 검토해야 한다. 공기업 직원이 공무원의 신분을 가지고 있는 경우는 일반 공무원의 노사관계와 같게 되고, 그 특성도 동일하다. 반면 공기업 직원이 공무원의 신분을 갖지 않는 경우는 보다 민간기업에 가까운 노사관계를 고려해야 할 것이다.

2. 근로자의 경영참여

기업 차원에서 노사관계의 문제를 보다 쉽게 해결하기 위해 어떤 형태로든 근로자가 경영에 참여할 수 있는 경영참여제도가 공기업에 마련되기도 한다. 경영참여형태는 자문기구로부터 근로자의 이사회 참여에 이르기까지 다양할 수 있다. 특히 공기업은 근로자가 국민이므로 소유주체로서의 경영참여가 새로운 의미를 가질 수 있다. 즉 공기업이 진정으로 국민 전체의 이익을 위해 운영될 수 있도록 근로자가 국민의 입장에서 경영 전반을 감시할 수 있다.

여기에서는 근로자의 경영참여를 직접경영참여방식과 간접경영참여방식의 두 가지로 분류하고자 한다. 직접경영참여방식으로는 노동자 관리제, 공동관리제, 노동자 대표제가 있고, 간접경영참여방식으로는 노사협의제가 있다.

1) 근로자의 직접경영참여

근로자의 직접경영참여는 공기업의 최고관리조직에 근로자의 대표를 이익대표

내지 전임 대표로 보내는 방식이다. 공기업에서의 근로자의 직접적인 경영참여는 노동자 관리제, 공동관리제, 그리고 노동자 대표제 등이 있다(안용식, 1998: 253-256).

(1) 노동자 관리제

노동자 관리제란 노동조합이 공기업 경영자 모두의 임면에 관하여 전권을 가지고 이를 행사하며, 경영자는 노동조합에 책임을 지는 제도를 말한다. 그러나 노동자관리제는 생산과정을 지휘하는 경영자가 노동자의 임의에 의해 파면되므로, 노동규율을 유지하기 어렵고, 경영자는 노동조합에 대해서만 책임을 지므로 국가의 경제계획성 또는 공공성과 경영을 조화시키기 어렵다는 결함이 있다.

(2) 공동관리제

공동관리제는 공기업 경영에 이해관계를 가진 노동자, 소비자, 경영자 및 정부 대표가 공동으로 공기업을 관리하는 제도로서 이를 직능대표제 또는 이익대표제라고도 한다. 이 제도는 노동자의 경영참여뿐만 아니라 소비자의 이익까지도 보호할 수 있으므로 매우 바람직한 형태의 관리제도라 할 수 있다. 그러나 공동관리제는 공기업에 대한 국회의 우위를 부정하고 있고, 이러한 의미에서 공기업의 본질을 부정한다는 치명적인 문제점이 있다. 우리나라도 공동관리제를 도입할 수 있도록 하고 있으나, 소비자 측의 참여가능성은 있지만, 노동자 측의 참여는 허용되지 않고 있다.

(3) 노동자 대표제

노동자 대표제는 노동조합이 경영자에 임명되어야 할 사람을 지명하고, 정부가 그 지명자 중에서 경영자를 임명하는 방법이다. 경영자가 정부에 의해 임명되므로, 경영자는 정부 및 국회에 대해 책임을 지게 된다. 이 제도는 한편으로는 국회의 우위를 인정하고, 경제계획성 및 공공성과의 조화를 유지하면서도, 경영과정에 노동자대표를 참여시킬 수 있다는 장점이 있다. 이때, 정부가 후보자 명부제를 이용해 경영자를 임명하는데, 노동조합이 지명한 후보자 명부에서 이사가 임명될 수 있다는 점이 문제로 지적되기도 한다.

2) 간접적 경영참여제

간접경영참여는 직접적 경영참여와는 달리 노사협의회를 통해 경영에 간접적으로 참여하려고 의도하는 것이다. 즉 의사결정에는 참여하지 않더라도, 근로조건, 효율성 제고 등에 관하여 노사 쌍방이 협의함으로써 경영의 민주성과 효율성을 향상시킬 수 있다. 노사협의제의 구체적인 형태는 피라미드형과 현장중심형으로 대별된다(안용식, 1998: 258-264).

(1) 피라미드형

피라미드형은 중앙에서부터 현장기관에 이르기까지 피라미드와 같이 질서정연한 노사협의기관을 갖는 경우를 말한다. 피라미드형은 영국의 국영기업에서 나타나고 있는 형태로서, 영국에서는 국영기업의 최고관리조직이 능력중심형으로 구성되고 있으므로 노동자 대표는 최고관리조직에 포함되지 않는다. 따라서 능력중심형의 최고관리조직에서 근로자 내지 노동조합의 의견이 경영에 반영될 수 있는 가능성이 적다. 이러한 결함을 시정하기 위해 중앙으로부터 현장기관에 이르기까지 일련의 노사협의기관이 필요하게 되었고, 이에 따라 피라미드형으로 설립·운영된다.

(2) 현장중심형

현장중심형은 피라미드형 조직을 취하지 않고 현장기관에서만 노사협의기관을 두는 경우이다. 프랑스에서는 최고관리조직이 이익대표형으로서 근로자대표가 이미 최고관리조직에 참여하여 근로자 내지 노동조합의 의견이 경영에 반영되기 쉽다. 따라서 중앙에서의 노사협의의 필요성이 없고, 현장에 노사협의기관을 설치해 운영하게 된다.

3. 우리나라 공기업의 노사관계

1) 노동삼권의 보장 및 제약

우리나라 헌법 제33조는 "근로자는 근로조건의 향상을 위하여 자주적인 단결권·단체교섭권 및 단체행동권을 가진다"고 규정하고 있어, 모든 근로자들이 노동삼권을 가지는 것을 원칙으로 하고 있다. 이에 따라 공무원인 근로자도 법률이 정하는 자에 한하여 단결권·단체교섭권 및 단체행동권을 가진다. 다만 법률이 정하는 주요 방위업체에 종사하는 근로자의 단체행동권은 법률이 정하는 바에 의하여 이를 제한하거나 인정하지 아니할 수 있다. 또한 1997년 제정된 노동조합 및 노동관계조정법 제5조는 "근로자는 자유로이 노동조합을 조직하거나 이에 가입할 수 있다"고 규정하였고, 2005년 제정된 「공무원의 노동조합 설립 및 운영 등에 관한 법률」에 의하여 공무원의 노동활동에 있어서도 노동조합의 결성과 부분적인 단체교섭권이 인정되었다(박영희 외, 2018: 154-155). 이에 따르면 공기업의 노동삼권은 법적으로는 보장되고 있다.

다만, 실제로 우리나라는 다른 국가에 비해 공기업 노동자 단결권의 허용범위가 제한적인 편이다. 즉 노무직 공무원, 공사형 및 주식회사형 공기업의 직원에게만 명시적으로 인정된다. 현재 공공부문에서는 전국체신노동조합, 전국철도노동조합, 국립의료원노동조합, 전국교직원노동조합 등이 결성되어 있다(박영희 외, 2018: 166). 또한 단체교섭권도 인정되고 있으나 그 효과는 미미하다. 오히려 노사협의제가 더욱 효과적인 단체교섭제도로 작용하고 있다. 단체행동권과 관련해서는 대부분의 국가와 마찬가지로 공무원과 정부기업의 직원에게는 단체행동권을 인정하지 않고 있다. 이에 해당하지 않는 공기업 직원은 원칙적으로 단체행동권이 인정된다. 그러나 노동조합 및 노동관계조정법에 따라 법령 및 사회질서에 어긋나지 않고(제37조), 폭력이나 파괴행위 혹은 시설점거가 불가능하고(제42조), 고용노동부장관의 긴급조정이 공표되면 즉시 쟁의행위를 중지해야 한다(제77조).

2) 근로자의 경영참여

(1) 우리나라의 노사협의제

우리나라 공기업에도 "근로자와 사용자 쌍방이 이해와 협조를 통하여 노사공동의 이익을 증진함으로써 산업평화를 도모하고 국민경제발전에 기여함을 목적으로" 노사협의회가 구성되어 있다(근로자참여 및 협력증진에 관한 법률 제1조). 협의회의 일반적 기능은 생산성 향상 및 근로자 복지증진, 근로자의 교육훈련, 노사분규예방, 근로자의 고충처리, 안전·보건·기타 작업환경개선, 기타 노사협조에 관한 사항을 협의하는 것이다(근로자참여 및 협력증진에 관한 법률 제20조). 우리나라의 경우에는 중앙노사협의회를 결성하고 현장 중심으로 노사협의회를 설치해 운영하도록 하고 있다는 점에서 영국과 같이 피라미드형을 취하고 있다. 현장노사협의회는 노동조건의 결정권이 있는 사업 또는 사업장 단위로 설치하되, 임의적 설치사업(장)과 강제적 설치사업(장)으로 나누어져 있다.

(2) 노사협의제의 구성 및 권한

「근로자 참여 및 협력증진에 관한 법률」 제3조 및 제5조에 따르면, 노사협의회는 노동조합과는 별개의 노사관계제도로서 경영과 관련된 의사결정에 대한 참여가 목적이 아닌 노동 조건의 개선 등 경영의 민주성 및 능률성 향상을 그 목적으로 구성한다(안용식·원구환, 2001). 이를 위해 노사협의회의 구성은 노사 동수로 3-10인의 위원으로 구성하도록 하고 있다.

노사협의회의 권한은 동법 제20조 내지 제21조, 제22조에 따라 작업장 및 근로자의 노동조건 개선 및 교육훈련, 각종 경영관련 정보에 대한 협의·의결·보고로 규정되어 있다. 먼저, 협의의 경우 근로자의 인사과정 및 제도의 개선과 작업환경 개선 등 기업의 능률 및 민주성 향상에 관한 제반 사항을 노사가 협의하도록 하고 있다(근로자참여 및 협력증진에 관한 법률 제20조). 또한 근로자의 교육훈련 계획 및 복리후생과 관련된 각종 기금 및 시설의 설치에 관해서는 사용자로 하여금 노사협의회의 의결을 반드시 거치도록 하고 있어(근로자참여 및 협력증진에 관한 법률 제21조), 근로자의 복지 및 근로능률 향상과 관련한 사항에 노사협의회의 의결권을 부여하고 있다. 마지막으로 경영전반에 관한 계획 및 실적 등에 대하여는 사용자가 해당 사항에 대해 노사협의회에 보고하도록 규정하고 있다(근로자참여 및 협력증진에 관한 법률 제22조).

요 약

- 인사관리는 조직의 목표 달성을 위해 조직이 필요한 인력을 조달하고 유지·개발·활용하는 계획적이고 조직적인 관리활동의 체계이다.

- 공기업의 임원은 경영과 관리를 책임지는 사람으로 해당 공기업의 경영 및 발전에 절대적으로 영향을 미친다.

- 공기업의 임원은 기관장, 이사, 감사로 구성되며, 대통령, 기획재정부 장관 등 행정부 수장에 의해 임면된다.

- 공기업 임원의 임기는 기관장의 경우는 3년, 이사 및 감사 모두 2년이며, 1년을 단위로 연임될 수 있지만, 실제 운영상 임기는 이보다 짧은 것으로 나타났다.

- 공기업 직원 인사를 위해 기획재정부는 공기업·준정부기관의 인사운영에 관한 지침을 배포하였고, 개별 공기업들은 이 지침에서 벗어나지 않는 범위 내에서 개별 인사규정을 마련할 수 있다.

- 공기업 교육훈련은 직원들이 일반적인 업무 관련 지식과 기술 및 태도를 배양할 뿐만 아니라, 기업의 목표가 정부의 활동 및 목적과도 밀접하게 연계되어 있음을 인식시키는 역할을 수행해야 한다.

- 노사관계란 임금, 작업환경, 복지혜택 등의 노동조건이나 다양한 경영상의 문제에 관하여 노동자와 사용자측 간에 벌어지는 다양한 관계를 말한다.

- 노사관계에서 근로자가 사용자와 대등한 지위를 확보하기 위해서는 단결권, 단체교섭권, 단체행동권의 노동삼권을 주요 내용으로 하는 노동관계가 유지되어야 한다.

- 근로자의 경영참여는 직접경영참여방식으로는 노동자 관리제, 공동 관리제, 노동자 대표제가 있고, 간접경영참여방식으로는 노사협의제가 있다.

- 우리나라 공기업의 노동삼권은 법적으로는 보장되고 있지만, 실제로 다양한 제약을 받고 있다.

- 우리나라의 경우에는 중앙노사협의회를 결성하고 현장 중심으로 노사협의회를 설치해 운영하도록 하고 있다는 점에서 피라미드형을 취하고 있다.

1. 공기업의 임원은 경영과 관리를 책임지는 사람으로 해당 공기업의 경영 및 발전에 절대적으로 영향을 미친다. 공기업 임원이 되기 위한 조건을 소극적 요건과 적극적 요건 두 가지로 나눌 수 있다. 우리나라 공기업 임원의 소극적 요건과 적극적 요건에 대해 설명하시오.

2. 공기업 임원의 임기는 기관장의 경우는 3년, 이사 및 감사 모두 2년이며, 1년을 단위로 연임될 수 있지만, 실제 운영상 임기는 이보다 짧은 것으로 나타났다. 우리나라 공기업 임원의 임기에 대한 규정이 갖는 효과가 무엇인지, 그 장점과 단점은 무엇인지 설명하시오.

3. 근로자의 경영참여는 직접경영참여방식으로는 노동자 관리제, 공동관리제, 노동자 대표제가 있고, 간접경영참여방식으로는 노사협의제가 있다. 각각의 방식에 따른 근로자의 경영참여 유형과 유형별 특성을 설명하시오.

Modern Public Enterprise

제6장

공기업의 예산회계

제6장

공기업의 예산회계

공기업은 원칙적으로 독립채산제로 운영된다. 즉, 독립된 예산을 편성하여 집행하고, 비용과 수입의 균형을 유지하기 위한 회계를 실시한다. 공기업은 공공성과 기업성 모두를 달성하여야 한다. 따라서 예산도 이 두 가지 목적의 달성에 적합하게 편성·운영되어야 한다. 이러한 측면에서 볼 때, 공기업 예산은 공공성만을 강조하는 정부예산이나 기업성을 강조하는 민간기업의 예산과 다를 수밖에 없다.

■ 제1절 공기업 예산

1. 공기업 예산의 유형

공기업의 예산은 편성과 통제라는 측면에서 구분될 수 있다. 편성에 초점을 두는 경우는 일반정부예산과의 통합정도를 중심으로 구분되고, 통제에 초점을 두는 경우에는 통제주체에 따라 구분될 수 있다.

1) 통합정도에 따른 구분

국가 또는 지방자치단체 등 일반정부예산과 공기업예산과의 관계는 공기업 예산이 일반정부예산으로부터 얼마나 독립해 있는지 정도에 따라 네 가지 형식으로 분류해 볼 수 있다(백상기 외, 1998: 265-267; 안용식, 1998: 326-330).

(1) 제1형식: 일반정부예산 포함형

제1형식은 공기업 예산을 일반정부예산 중에 포함시켜 공기업예산에 대해 별도의 특별한 취급을 할 필요가 없는 경우이다. 그러나 이러한 형식이 가지고 있는 불합리성은 다음과 같다.

① 공기업은 기업성을 가지므로 수익 추구의 측면에서는 사실상 민간기업과

동일한 성질을 가지고 있다. 따라서 개별 공기업이 채산성을 맞추고 있는지, 수익을 내고 있는지 또는 결손을 내고 있는지 등을 분명히 해야 한다. 하지만, 일반정부예산에 공기업예산을 포함시키면 그 손익을 계산하기 어렵다.

② 일반정부예산에 공기업 전체의 수익과 비용을 포함시킬 경우, 일반정부예산의 세입 및 세출예산이 공기업 예산만큼 수치상으로 팽창된다. 따라서 정부기관의 경비 또는 경비의 증대에 대해 납세자의 오해를 낳을 수 있다.

③ 입법부의 공기업예산에 대한 심의·의결방식은 일반 행정업무의 예산의결방식과는 차별화되어야 한다. 즉, 공기업에 대한 통제는 일반 행정업무에 비해 상대적으로 덜 엄격해야 한다. 그러나 예산 통합으로 인해 양자의 구분없이 입법부의 심의를 받게 된다.

④ 통합으로 인해 공기업이 부당한 재정적 취급을 당할 우려도 있고, 반대로 과다한 재정적 보조를 받게 되어 예산 낭비를 부추길 우려도 있다.

(2) 제2형식: 일반정부예산 부속형

제2형식은 공기업예산을 일반정부예산의 부속예산으로 편성하고, 일반정부예산에는 모든 공기업의 잉여 또는 부족분만을 포함하는 방식이다. 미국 공기업의 경우, 연도 개시 전에 소정의 예산계획서를 관리예산처를 거쳐 대통령에게 제출하고 의회의 심의를 받는다. 이 예산계획서에는 자금계획, 사업계획, 예상재무제표, 자금상환계획 및 일반관리비 등이 포함되어 있다. 그러나 일반관리비 등을 제외하고는 원칙적으로 관·항간의 유용에 제한이 없으며, 탄력적으로 예산을 지출할 자유가 부여되어 있다. 일반정부예산과 동일하게 통제하되, 일반정부에 비해 공기업의 자율성을 일정 부분 인정하는 유형이다.

(3) 제3형식: 독립예산형

제3형식은 공기업예산을 완전한 독립예산으로 편성하는 것으로서 공기업이 법인으로 되어 있는 경우 또는 공기업이 그 조직·재무·인사·업무 등에 걸쳐 독립성을 유지하고 있는 경우에 채택된다. 이는 국가 및 지방자치단체의 정치·행정·재무 등이 전체적으로 합리화되어 있지 못한 경우에 유용한 방식이다. 특히 공기업만을 특히 합리화할 필요가 있을 때 이 형식이 채택될 수 있다.

(4) 제4형식: 기업예산형

제4형식은 탄력적 예산의 원칙을 인정하는 것으로서 이러한 형식은 일본의 국유철도와 전신전화공사에서 채택하고 있다. 예컨대, 일본국유철도의 경우 국유철도법 제39조에 "일본국유철도의 예산에는 그 사업을 기업적으로 경영할 수 있도록 수요의 증가, 경제사정의 변동, 그 밖에 예측할 수 없는 사태에 대응할 수 있도록 탄력성을 부여한다"고 규정하고 있다. 따라서 예산으로 지정된 경비를 제외하고 자유롭게 유용할 수 있고, 유용금지항목도 감독부처의 승인을 받으면 유용할 수 있다.

2) 통제 주체에 따른 구분

공기업예산의 유형은 예산편성과 회계에 대한 통제가 어떻게 이루어지느냐에 따라 입법부 심의형, 행정부 심사형, 자율적 확정형으로 분류한다(유훈, 2010: 397-398).

(1) 입법부 심의형

입법부 심의형은 일반정부예산과 공기업예산과의 통합여부가 제1형식에 속하는 것으로서 공기업 예산이 입법부의 심의까지 거쳐야 확정되는 경우를 말한다. 우리나라의 경우 정부부처형의 공기업이 이 유형에 속한다.

미국에서는 1945년에 제정된 공사통제법(Government Corporation Control Act)에 따라 전액정부투자공사는 기업형 예산(business-type budget)을 편성하고, 이 예산은 관리예산처의 사정을 거쳐 대통령의 승인을 얻은 후, 의회에 제출하여 그 의결까지 거치도록 하고 있다. 일본에서도 각 정부관계기관의 예산 및 결산에 관한 법률에 의하여 정부관계기관의 예산은 국회의 심의를 받아야 한다(백상기 외, 1998: 268).

(2) 행정부 심사형

행정부 심사형은 공기업 예산이 입법부의 심의까지 요하지 않는 유형이다. 예산이 주무부처와 기획재정부의 심사를 받은 후, 국무회의의 심의를 거쳐 대통령의 승인을 얻으면 확정되는 유형이다. 과거 1963년부터 시행되어 1984년에 폐지된 정부투자기관예산회계법 하에서 우리나라 정부투자기관이 이 유형의 예산으로 운영되었다.

(3) 자율적 확정형

자율적 확정형은 공기업 자체의 이사회 의결만으로 예산이 확정되는 경우를 말한다. 우리나라에서는 정부기업예산법의 적용을 받고 있는 정부기업의 예산은 국회의 심의를 요한다. 그러나 이 이외 유형의 공기업, 즉, 공공기관의 운영에 관한 법률(약칭 공공기관운영법, 이하 동일표기)의 적용을 받고 있는 공기업은 자율적 확정형을 취한다. 개별 공기업의 경영목표와 예산편성지침에 따라 기관장이 예산을 편성하고, 이사회의 의결에 의해 확정된다.

2. 공기업 예산의 기본원칙

공기업의 예산과 자금 운영에 관한 사항은 기획재정부 장관이 운영위원회의 심의 의결을 거쳐 경영지침을 정하고 이를 따르도록 하고 있다(공공기관운영법 제50조). 이 경영지침이 공기업·준정부기관 경영 및 혁신에 관한 지침이다. 따라서 공기업은 예산의 편성 및 집행에서 다음의 다섯 가지 원칙을 준수해야 한다(공기업·준정부기관 경영 및 혁신에 관한 지침 제27조).

첫째, 각 기관은 재무건전성 확보를 위해 최선을 다해야 한다.

둘째, 각 기관은 국민 부담의 최소화를 위해 최선을 다해야 한다.

셋째, 각 기관은 예산을 운용함에 있어 지출의 성과를 제고하고 예산이 최대한 절감될 수 있도록 노력해야 한다.

넷째, 각 기관은 인건비 등 예산운용의 투명성과 예산과정에의 고객 등의 참여를 제고하기 위해 노력해야 한다.

다섯째, 각 기관은 매 회계연도마다 자체적으로 예산집행지침을 수립하여 운용함으로써 예산의 집행을 체계적이고 투명하게 관리하도록 노력해야 한다.

다섯 가지 원칙은 공기업 예산의 특성을 그대로 보여주고 있다. 첫 번째 재무건전성의 확보와 세 번째 예산 절감과 네 번째 예산 운용의 투명성은 민간기업 예산의 운용과 동일한 기업성을 보여주고 있다. 두 번째 국민 부담의 최소화, 네 번째 예산과정에서 고객의 참여제고, 다섯 번째 집행의 체계성과 투명성은 국가 정부예산의 운용과 동일한 공공성을 보여주는 예산원칙이라고 할 수 있다.

또한 기획재정부 장관은 공공기관운영위원회의 심의·의결을 거쳐 공기업의 각 연도 예산의 편성 및 집행, 자금 운영, 재무건전성에 관한 세부지침을 수립하여 시행할 수 있다(공기업·준정부기관 경영 및 혁신에 관한 지침 제27조). 이에 따라 공기업 예산지침은 편성지침(전년도 12월)과 집행지침(당해연도 1월)으로 구분하여 각각 시행하였으나, 2022년도부터 예산운용지침으로 통합되었다. 2024년도 공기업 준정부기관 예산 운용지침은 2023년 확정되었으며, 여기에는 총인건비 인상률, 경상경비, 업무추진비 등에 대해 전년대비 증감을 규정하고 있다. 기획재정부는 경영실적평가를 통해 예산운용지침의 준수여부를 매년 평가한다.

한편, 공기업은 안정성·유동성·수익성 및 공공성을 고려하여 당해 기관의 자산을 투명하고 효율적으로 운용하여야 한다. 기획재정부 장관은 공기업의 자산운용에 관한 세부지침을 공공기관운영위원회의 심의·의결을 거쳐 수립하여 시행할 수 있다(공기업·준정부기관 경영 및 혁신에 관한 지침 제27조).

■ 제2절 우리나라 공기업의 예산 과정

공기업의 예산을 논의하기 위해서는 우선 공기업을 정부기업, 시장형 및 준시장형 공기업, 준정부기관, 기타 공공기관 등이 포함된 공공기관으로 구분하여 검토해 보아야 한다. 정부부처형 공기업인 정부기업의 경우, 조직구조상 정부부처의 부속기관으로 설치·운영된다. 따라서 이들 공기업의 예산도 정부부처 예산의 일부분을 구성하고 있다. 그러나 그 운영은 기업특별회계예산의 형식을 따른다. 이는 기업예산회계의 독립성을 인정해 독립적인 예산의 편성과 회계 처리를 허용하기 위해서이다. 나머지 공기업 유형들은 유관정부부처와는 독립적으로 예산을 운영하고 있으나, 모두 유관정부부처와 일정 정도 연계를 갖고 있다.

1. 정부기업의 예산

정부부처형의 공기업인 정부기업은 그 설치와 관련하여 정부조직법의 적용을 받으며, 예산과 관련해서는 정부기업예산법의 적용을 받는다. 우리나라는 이러한 기업형태로 운영되는 정부기업의 예산 등에 운용에 관한 사항을 규정함으로써 그 경영을 합리화하기 위하여(정부기업예산법 제1조), 우편·우체국예금·양곡·조달 특별회계를 설치하여 그 수입으로 지출을 충당하게 하고 있다. 특별회계예산은 매년 국회의 의결을 얻어야 한다.

1) 우편사업특별회계예산

우편사업특별회계예산의 세입은 우편사업의 수익과 수탁영업수익, 출자 등에 의한 재산수입, 타 회계로부터의 전입금, 차입금, 전년도 이월금 등으로 구성된다. 우편사업특별회계예산의 세출은 우편사업의 관리와 운영에 필요한 경비, 우편사업의 기계화 및 전산화, 우체국청사의 신축 등에 필요한 사업비, 타 회계로의 전출금, 위탁사업의 시행경비, 차입금의 상환금 및 이자 등으로 구성된다(우정사업 운영에 관한 특례법 제11조).

2) 우체국예금특별회계예산

우체국예금특별회계예산의 세입은 우체국예금사업의 수익과 수탁영업수익, 출자 등에 의한 재산수입, 타 회계로부터의 전입금, 차입금, 전년도 이월금 등으로 구성된다. 우체국예금특별회계예산의 세출은 우체국예금사업의 관리와 운영에 필요한 경비, 우체국예금사업의 자동화 및 전산화, 우체국예금사업과 관련된 우체국청사의 신축 등에 필요한 사업비, 타 회계로의 전출금, 차입금의 상환금 및 이자 등으로 구성된다(우정사업 운영에 관한 특례법 제11조의 2).

3) 양곡관리특별회계예산

양곡관리특별회계예산의 세입은 양곡관리사업의 수입, 타 회계 및 기금으로부터의 전입금, 차입금, 전년도 이월금 등으로 구성된다. 양곡관리특별회계예산의 세출은 양곡관리사업의 관리와 운영에 필요한 경비, 다른 회계 및 기금으로의 전출금, 차입금의 상환금 및 이자 등으로 구성된다(정부기업예산법 제7조).

4) 조달특별회계예산

조달특별회계예산의 세입은 조달사업의 수입, 타 회계 및 기금으로부터의 전입금, 차입금, 전년도 이월금 등으로 구성된다. 조달특별회계예산의 세출은 조달사업의 관리와 운영에 필요한 경비, 다른 회계 및 기금으로의 전출금, 차입금의 상환금 및 이자 등으로 구성된다(정부기업예산법 제8조).

2. 공공기관의 예산

공기업, 준정부기관 등 공공기관은 법적으로 독립적인 지위를 가지고 있다는 점에서 정부기업과 차이가 있다. 따라서 공공기관의 예산의 성격 및 예산과정도 정부기업과는 다르다. 즉, 독립적으로 예산을 편성하고 이사회의 심의를 거쳐 이를 확정한 후 집행한다. 예산을 집행한 내용은 발생주의 회계에 따라 회계 처리함으로써 비용의 산정이 가능하도록 하고 있다.

1) 공공기관의 운영에 관한 법률

공기업, 준정부기관, 기타 공공기관 등의 예산회계는 공공기관운영법의 적용을 받고 있다. 이 법은 공공기관의 자율경영 및 책임경영체제에 관한 기본사항을 규정함으로써 공공기관의 경영합리화와 운영의 투명성을 제고하기 위하여 제정되어 적용되고 있다(공공기관운영법 제1조). 공공기관의 예산회계과정은 경영목표의 수립에서부터 결산 및 감사에 이르기까지 정부예산과정과 밀접한 관계를 맺고 있다.

2) 공공기관의 예산과정

(1) 경영목표의 수립

공공기관의 장은 해당 기관의 경영환경과 사업내용, 그리고 주무기관장과의 계약 내용에 따라 5회계연도 이상의 중장기 경영목표를 설정하고, 이사회의 의결을 거쳐 확정한 후 매년 10월 31일까지 기획재정부 장관과 주무기관의 장에게 제출한다(공공기관운영법 제46조).

이 경영목표의 수립과 관련하여 기획재정부 장관은 운영위원회의 심의·의결을 거쳐 경영지침을 정하여 공기업·준정부기관 및 주무기관의 장에게 통보한다. 이 경영지침에는 조직운영, 정원, 인사에 관한 사항은 물론 예산과 자금의 운영에 관한 사항에 포함되며(공공기관운영법 제50조), 우리 정부는 이 경영지침 통보 조항에 근거하여 매년 공기업의 예산편성지침을 하달하고 있다.

(2) 예산의 편성과 확정

공공기관의 장은 경영목표와 경영지침에 따라 예산총칙·추정손익계산서·추정대차대조표 및 자금계획서로 구성된 익년도 예산을 편성해 이사회의 의결을 거쳐 당해 회계연도 개시 전까지 편성하여 확정한다(공공기관운영법 제40조). 이때, 다른 법률에서 공기업·준정부기관의 예산에 관하여 주주총회나 출자자총회 등 사원총회의 의결이나 기금운용심의회의 의결 등 별도의 절차를 거치도록 한 경우는 이사회의 의결을 거친 후 주무기관장의 승인을 얻어야 한다(공공기관운영법 제40조 3항).

또한 예산이 확정된 이후 해당 공기업이나 준정부기관의 경영목표가 변경되거나, 불가피한 사유로 변경하고자 하는 경우에는 이 변경된 예산안을 이사회에 제출한다(공공기관운영법 제40조 5항). 이와 아울러 천재·지변 기타 부득이한 사유로 회계연도 개시 전까지 당해 기관의 예산이 확정되지 아니한 경우에는 준예산을 편성·운용할 수 있도록 함으로써 예산의 탄력적 운영을 기할 수 있도록 하고 있다(공공기관운영법 제41조). 예산이 확정되면 공기업·준정부기관의 장은 이사회의 의결을 거쳐 당해 연도의 경영목표를 달성하기 위한 운영계획을 수립하여 예산확정 후 2개월 이내에 이를 기획재정부 장관과 주무기관장에게 제출하여야 한다(공공기관운영법 제42조).

(3) 예산의 집행

예산의 집행과 관련해 예비비의 사용, 예산의 이월 등은 공공기관에 일임하지만, 이사회의 의결을 거쳐야 한다. 과거와 같이 예비비의 사용, 예산의 이월 등에 관하여 주무부처 장관의 승인을 얻을 필요가 없고 이사회의 의결만 얻으면 되는 것이다. 그러나 공공기관의 운영에 관한 법률 제50조에 규정한 경영지침에 의거하여 기획재정부는 매년 공기업 및 준정부기관의 예산집행지침을 하달하고 있으며, 이 지침에 의하지 않는 경우는 정부에서 활용하는 예산 및 기금운용계획 집행지침을 준용하도록 하고 있다.

(4) 결산

공공기관은 매 회계연도 종료 후 2월 말일까지 전 회계연도의 결산서를 제출하는데, 공기업은 기획재정부 장관에게, 준정부기관은 주무기관의 장에게 제출한다. 이 결산서는 3월 31일까지 승인을 얻어 결산을 확정한다. 다만, 주주총회 또

는 출자자총회 등 사원총회가 있는 공공기관의 경우에는 사원총회에서 결산을 의
결·확정한다. 결산서에는 재무제표와 그 부속서류, 기타 결산의 내용을 확정하는
데 필요한 서류를 첨부하여야 한다. 기획재정부 장관과 주무기관의 장은 확정된
결산을 총괄하여 5월 10일까지 감사원에 제출하여야 한다. 감사원은 제출받은 결
산서를 검사하고 그 결과를 7월 31일까지 기획재정부 장관에게 송부하여야 한다.
기획재정부 장관은 결산서에 감사원의 검사결과를 첨부하여 이를 8월 20일까지
국회에 제출하여야 한다(공공기관운영법 제43조).

(5) 감사

공공기관의 감사는 내부감사와 외부감사로 구분할 수 있는데, 내부감사는 공공
기관의 감사가 자체 실시하고, 외부감사는 감사원에서 담당하지만, 감사원은 이를
관계 행정기관의 장에게 위탁하거나 대행하게 할 수 있다(공공기관운영법 제32조,
제52조).

내부감사는 기획재정부 장관이 정하는 감사기준에 따라 해당 기관의 감사가 실
시하고, 이 경우 감사원은 기획재정부 장관에게 감사기준에 관하여 의견을 제시할
수 있다(공공기관운영법 제32조). 외부감사는 기관 외부의 회계감사기관에 의해 수
행되는 감사를 의미하는데, 우리나라의 경우에는 주로 감사원에 의한 감사를 의미
한다. 감사원은 감사원법에 따라 공공기관의 업무와 회계처리에 관한 외부감사를
실시한다. 그러나 감사원은 감사를 관계 행정기관의 장에게 위탁이나 대행을 할
수 있게 하고, 이를 감사원 규칙으로 정하도록 규정하여 임의성을 배제하였다.

■ 제3절 공기업의 회계

공기업회계는 기업 재산의 증감변화에 대해 현금수지 이외에 기업회계방식 또
는 발생주의 회계방식을 사용한다. 이와 같이 발생주의를 채택하고 있는 공기업
에 있어서는 기업 본래의 영업활동인 수익 및 비용의 발생에 대해서만 기장하는
것이 아니고 기업의 재산상태를 나타내는 자산, 부채 및 자본의 증감변화에 대해
서도 발생 시점을 기준으로 회계 처리한다.

따라서 공기업은 발생주의에 의한 기장을 통하여 영업활동의 결과로 발생한

수익과 비용을 대비시킨 손익계산서를 작성하며, 이와 동시에 결산 시점의 재산 상태를 표시하는 대차대조표도 작성한다. 이외에 결산에서 이익의 처분상태 또는 수익비용의 명세서, 차입금의 명세서 등의 부속서류를 작성한다.

1. 공기업회계의 원칙

공기업회계는 기업 재산의 증감변화에 대해 현금수지를 중심으로 하는 것 이외에 건물의 감가액이나 물품을 수입 또는 판매했을 경우 소위 채권채무의 발생에 대해서도 모두 재산의 증감변화에 포함시켜 기장하는 방법을 사용하고 있다. 이와 같이 회계연도 동안에는 수많은 거래가 발생하고, 거래가 발생하면 재산의 유입 또는 유출이 일어나고, 이에 따라 자본의 변화를 초래한다. 이러한 일련의 과정을 회계 처리할 때 어느 시점을 기준으로 재산의 유입 또는 유출이 일어나는 거래로 인식하느냐에 따라 회계제도의 종류가 결정된다. 공기업은 발생주의 회계와 복식부기를 채택하고 있다. 민간기업에서 사용하는 이 회계제도를 갖춰야 민간기업과 동일하게 이윤을 산정할 수 있는 재무정보를 제공받을 수 있기 때문이다(김용우, 2006: 367).

1) 발생주의 회계

발생주의는 재산의 변동에 따라 수익 및 비용을 인식한다. 이때 수익은 재산을 획득하는 과정이 완료되는 시점에서 인식하고, 비용은 수익을 발생시키기 위해 필요한 재산을 소비한 시점에서 인식하게 된다. 다시 말해 지금이 아닌 앞으로 현금의 흐름을 유발시키는 사건이 발생한 바로 그 시점에서 거래를 인식하는 것이다. 따라서 발생주의는 현금의 이동시점과 관계없이 어떤 사건이 발생한 시점에 거래를 인식하는 것이다.

발생주의 회계에서는 유동자산과 비유동자산 그리고 유동부채와 비유동부채 등 재산변동에 영향을 미치는 모든 거래를 한 장부에서 회계 처리한다. 특히 발생주의 회계는 현금의 유입과 유출 시점을 기준으로 거래를 인식하는 현금주의 회계와는 차이가 있다. 발생주의 회계에서는 미수금, 미수수익 등 미수계정, 미지급비용, 미지급금 등 미지급계정 및 선수수익, 선급비용 등 선수·선급 계정처럼 거래는 발생했지만, 실제로 현금의 이동 또는 이에 대응하는 서비스의 제공이 이루어지지 않은 경우를 회계처리하기 위해 별도의 계정과목을 설정하여 사용한다. 현금주의에서는 선급비용을 비용으로 인식하지만, 발생주의에서는 이를 자산으로 인식한다. 또한 선수수익은 현금주의에서는 수익으로 인식하지만, 발생주의에서는 부채로 인식한다. 감가상각의 경우에도 발생주의에서는 비용으로 인식하지만, 현금주의에서는 이를 아예 비용으로 인식하지 않는 등 발생주의와 현금주의 사이에 차이가 크다.

발생주의 회계의 장점으로는 첫째, 자산과 부채를 효율적으로 관리할 수 있으며, 둘째, 기간별 성과의 비교를 가능하게 하고, 셋째, 산출물에 대한 완전하고도 정확한 원가 산정을 통해 부문별 성과 측정이 가능하다는 점을 들 수 있다. 단점으로는 첫째, 현금 기준으로 작성된 예산 대비 지출 비교에 어려움이 있으며, 둘째, 정보 생산비용이 과도하게 발생할 가능성이 있다는 점 등을 들 수 있다. 현재 정부기업을 위시해 모든 공기업은 기본적으로 기업성을 추구한다. 따라서 비용의 산정을 통해, 수익과 비용의 차이인 이윤을 산정할 수 있는 발생주의 회계를 원칙으로 하고 있다(김용우, 2006: 368).

2) 복식부기

복식부기는 거래가 발생할 때, 거래 금액을 장부에 두 번 기록하는 기입방식을 말한다. 장부에 두 번 기록한다는 것은 거래와 관련해 나타난 가치를 금액으로 환산하여 장부의 서로 다른 곳에 각각 한 번씩 기록하는 것을 의미한다(그림 6-1). 즉 장부의 계정을 인위적으로 왼쪽(차변)과 오른쪽(대변)으로 구분하여 동일한 금액을 각기 다른 계정 양쪽에 기록하게 되는 것이다.

이처럼 복식부기는 거래의 원인과 결과라는 거래의 이중성에 따라 기록한다. 거래의 이중성이란 어떤 거래이든 자산, 부채, 자본의 변화를 초래하는 원인과 결과라는 두 가지 속성이 함께 들어 있다는 것을 의미한다. 즉, 거래에는 반드시 재산상태의 변동을 초래하는 원인과 결과가 있으며, 이 두 가지가 동일한 금액으로 나타난다는 것이다.

따라서 거래의 이중성에 따라 기록하면 모든 거래의 왼쪽의 합계액과 오른쪽의 합계액이 항상 일치하게 된다. 이때 왼쪽의 합계액과 오른쪽의 합계액이 항상 일치하게 되는 현상을 대차평균의 원리라고 한다. 이러한 대차평균의 원리에 따라 양변의 일치 여부를 확인함으로써 그 기록 및 계산의 정확성 여부를 자동적으로 검증할 수 있는 것을 자기검증 기능이라고 하며, 이것은 복식부기가 가지고 있는 중요한 특징 중의 하나이다. 따라서 거래가 빈번한 대규모 조직 또는 기업에서는 복식부기를 이용하며, 일반적으로 부기라고 하면 복식부기를 말한다(김용우, 2006: 369).

그림 6-1 거래의 이중성

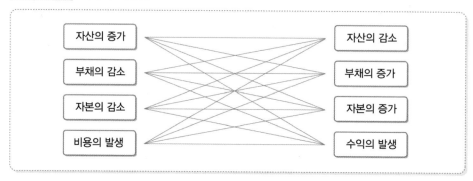

2. 공기업회계의 특성

공기업의 회계는 일정한 특성이 있는데 이는 회계처리상의 특성과 예산 및 결산상의 특성으로 구분된다(심정근, 1994: 31-34).

1) 회계처리상의 특성

공기업은 매일 재산의 증감변화의 내용인 부기상의 거래라고 할 수 있는 모든 사항에 대해 전표 등에 기록함(분개)과 동시에 매일의 합계도 전표를 모아 원장이라고 부르는 장부에 기록한다. 일 년이라는 회계연도 동안의 수입지출예산을 작

그림 6-2 회계과정

성하고, 이에 따라 기업활동을 하고 그 결과를 회계장부에 기록한다.

그리고 이를 근거로 대차대조표(<표 6-1>)와 손익계산서(<표 6-2>) 등 소위 재무제표를 작성한다. 손익계산서는 수익과 비용을 비교하여 수익에서 비용을 뺀 잔액, 즉 이익 또는 손실을 확인하여 일 년 동안 영업활동을 평가할 수 있는 정보를 제공한다. 한편 대차대조표는 자산＝부채＋자본이라는 회계등식을 근거로 차변의 계정인 자산과 대변의 계정인 부채와 자본의 잔액을 제시해 이를 대조시킴으로써 공기업의 재무상태의 건전성을 평가하는데 필요한 정보를 제공한다.

표 6-1 대차대조표

자 산		부 채	
유동자산	400,000	유동부채	200,000
당좌자산	200,000	고정부채	200,000
재고자산	200,000	**자본**	
고정자산	400,000	자본금	300,000
유형자산	200,000	이익잉여금	100,000
무형자산	100,000		
투자자산	100,000		
	800,000		800,000

표 6-2 손익계산서

	과 목	금 액
수익	영업수익	200,000
	영업외 수익	100,000
	특별이익	50,000
비용	영업비용	100,000
	영업외 비용	80,000
	특별손실	20,000
당기순이익(또는 당기순손실)		150,000

2) 예산상의 특성

공기업은 예산편성에 있어서는 먼저 당해 연도의 사업량이나 건설량을 결정하고, 이에 기초해 수입과 지출을 추계하여 활용한다. 또한 수입과 지출, 수익과 비용 간에는 상호관련성을 가지고 수입이 적으면 비용도 적어지며, 반대의 경우도 성립된다. 이와 같이 수익과 비용은 반드시 관련을 가지고 있고, 예산의 내용에 대해서도 단일적으로 수입과 지출을 예산에 표시하는 것이 아니라 본래의 영업활동에 대한 예산과 이외의 차입금이나 건설 및 운영개량 관계를 표시하는 예산으로 나누어 작성한다. 전자의 예산을 손익예산이라고 하고 후자의 예산을 자본예산이라고 한다.

손익예산은 공기업 본래의 영업활동의 수익과 비용에 대한 계획으로서 수익은 주로 재화와 용역을 팔아 벌어들일 영업수익을 말한다. 한편, 비용은 영업활동을 하는데 소요되는 것으로서 인건비, 재료비, 사무용품비, 동력비 등을 위시해 차입금의 지급이자처럼 실제로 이루어진 현금지출과 현금주의로는 표시할 수 없는 건물, 기계, 차량 등 재산의 소모를 화폐가치로 환산한 감가상각비 등에 대하여 발생한 것을 포함하고 있다.

예로써 대표적인 시장형공기업인 한국전력공사의 예산내역을 살펴보자. 다음 <표 6-3>은 최근 5년간(2020년부터 2024년까지) 한국전력공사의 손익예산을 보여준다.

표 6-3 손익예산 (단위: 백만원)

구분	2020년	2021년	2022년	2023년	2024년
수익	61,061,438	60,180,380	68,634,912	85,739,586	92,710,445
비용	62,504,011	58,435,783	81,739,785	115,617,668	100,344,750
법인세	-396,708	428,564	3,603,840	-7,887,813	-2,015,457
당기순이익	1,045,865	1,316,033	-9,501,033	-21,990,269	-5,618,848

출처: https://home.kepco.co.kr/kepco_alio/front/FN/D/A/FNDA001.jsp

자본예산은 손익예산에서 계상되지 않은 모든 수익과 비용을 나타내는 예산이라고 할 수 있다. 공기업은 재산을 많이 가지고 있는 설비형의 기업이기 때문에

그 건설이나 개량에 요하는 자금의 규모가 큰 것이 일반적이다. 그리고 그 건설
개량에 소요되는 자금에 대해서는 기업 자금의 일부를 유보(감가상각충당금 등)한
다든지 또는 이익을 가지고 충당하는 것이 바람직하지만 현실적으로 대부분 차입
금으로 충당하고 있다. 이러한 점에서 자본예산은 건설 및 운영개량비와 이에 소
요되는 차입금이 주된 내용을 구성하고 있다.

역시 한국전력공사의 예산내역을 살펴보자. 다음 <표 6-4>는 최근 5년간
(2020년부터 2024년까지) 한국전력공사의 자본예산을 보여준다.

표 6-4 자본예산   (단위: 백만원)

구분	2020년	2021년	2022년	2023년	2024년
송변전설비	2,992,237	2,804,423	2,794,339	3,300,951	4,603,285
배전설비	3,448,444	3,588,699	3,612,810	3,649,130	3,663,920
사옥, 기타 등	1,099,421	1,081,899	1,343,021	991,605	986,551
합계	7,540,102	7,475,021	7,750,170	7,941,686	9,253,756

자료출처: https://home.kepco.co.kr/kepco_alio/front/FN/D/A/FNDA001.jsp

3) 결산상의 특성

공기업은 발생주의에 따라 회계처리를 하기 때문에 현금주의 회계와 같은 출
납정리기간이 없다. 출납정리기간이란 현금의 출납을 허용하는 기간을 정하여 그
내용을 정리하고, 그 기간 외에는 출납을 일체 허용하지 않는 것을 말한다. 공기
업의 결산은 출납정리기간에 따라 이루어지지 않고 일정한 기한까지 전년도의 모
든 회계처리를 마감하여 재무보고를 한다.

또한 공기업의 결산은 영업활동 등의 결과, 적자 또는 자금부족이 생긴 경우에
도 그대로 적자결산으로 표시하고, 자금부족에 대해서도 일시차입금이나 미급금
으로 표시한다. 현금회계에서처럼 다음 연도 예산의 수입을 전입한다는 형식으로
수지균형을 맞추지 않는다.

그리고 공기업의 결산은 예산에 대응해 영업실적을 나타내는 손익예산의 결과
로서 표시되는 손익계산서를 작성함과 동시에, 건설 및 운영개량비 등을 주된 내
용으로 하는 자본예산의 결과도 나타내는 것이 되므로, 결산일 현재 공기업의 재
산상태를 나타내는 계정인 자산, 부채 및 자본을 대차대조표에 표시하는 것으로

되어 있다. 그 외에 이들 두 가지 결산서류의 내용을 보다 자세하게 작성한 서류로서 잉여금계산서 또는 결손금계산서와 잉여금처분계산서 또는 결손금처리계산서를 작성한다. 이들 결산서류를 통틀어 재무제표라고 부른다.

3. 계정과목

계정이란 자산, 부채, 자본, 수익, 비용 등에 속하는 항목들을 각기 세분화하여 기록하는 장소를 의미하며, 거래의 결과를 기록하도록 표준화된 분류 항목을 말한다. 공기업의 영업활동으로 거래가 발생하면, 그 내용을 장부에 기록하는데 이 경우에 자산, 부채, 자본, 수익, 비용 등과 같은 재무제표의 구성요소만으로는 거래내역을 정확하게 파악하기 어렵다. 따라서 각 구성요소 별로 구체적인 항목을 설정해 항목별로 기록·계산하는 단위를 설정하는데, 이를 계정이라고 하며, 계정의 이름을 '계정과목'이라고 한다. 계정은 크게 유동성 개념의 계정과 비유동성 개념의 계정으로 나누는데, 전자를 가지고 손익을 계산해 손익계산서를 제시할 수 있다고 해서 손익계산서 계정이라고 하고, 후자의 계정을 가지고 대변과 차변을 대조해 재무상태를 제시할 수 있다고 해서 대차대조표 계정이라고 한다(김용우, 2006: 369). 손익계산서는 일정 기간의 경영성과를 나타내주는 유량(flow)의 개념이며, 대차대조표는 특정시점의 재무상태를 보여주는 저량(stock)의 개념으로 재무상태표라고도 불린다.

1) 손익계산서 계정

손익은 수익과 비용의 차이가 긍정적으로 나타날 때 생기는 이윤과 부정적으로 나타날 때 발생하는 손실을 합해 하나의 용어로 만든 합성어이다. 따라서 손익계산서는 공기업이 하나의 회계연도 동안 영업활동을 하고 그 결과를 손익으로 계산해 제시한 재무활동 서류이다. 이러한 서류를 작성하기 위해 필요한 계정을 손익계산서계정이라고 하고, 수익계정과 비용계정의 두 가지가 있다.

(1) 수익계정

수익계정은 손익계산서에 표시되는 계정과목 중의 하나로서 공기업의 영업활동의 결과로 발생하는 수입인 수익에 대하여 그 발생액을 기장하기 위해 설정한

계정을 말한다. 일반적으로 공기업의 수익은 영업활동으로 얻는 영업수익과 그 외의 활동으로 얻는 영업 외 수익으로 분류할 수 있다. 영업수익이란 공기업이 생산한 재화와 용역을 시장에 팔고 벌어들인 수익을 말하며, 영업외 수익은 금융거래를 통해 발생한 예금이자 등이 해당된다.

(2) 비용계정

비용계정은 수익계정에 대응하여 수익을 얻기 위해 소요된 비용의 발생을 표기한 것이다. 비용은 영업수익에 대응하는 영업비용과 영업외 수익에 대응하는 영업외 비용으로 구분된다. 영업비용은 생산 및 판매활동과 관련하여 발생한 일체의 비용을 의미한다. 영업외 비용은 금융거래와 관련해 발생한 비용으로 차입금에 대한 지불이자 등이 그 사례이다.

2) 대차대조표 계정

대차는 T계정의 차변과 대변을 합해 만든 합성어이다. 공기업의 재산상태를 파악하기 위해서는 한 회계연도 동안에 공기업에 유입된 재산은 자산으로, 그리고 공기업에서 유출될 재산은 부채로 회계 처리해야 한다. 자산, 부채, 자본은 회계연도 동안의 한 시점 또는 회계연도 말 결산할 때 공기업의 재무상태를 요약해서 보여주기 위해 사용되는 계정이다. 결산 시에 차변의 합계와 대변의 합계를 산출해 그 차이를 자본으로 처리한다.

대차대조표는 재무상태표라고도 부르며, 다음과 같은 유용한 정보를 제공한다. 먼저 기업의 지급능력을 보여줄 수 있다. 유동자산과 유동부채의 비율인 유동비율은 기업의 단기적인 지급능력을 보여준다. 부채와 자본의 비율인 부채비율은 기업의 장기적인 지급능력을 보여준다. 또한 매출액 대비 이익 또는 자산이나 자본 대비 이익의 비율을 이용해서 기업의 수익성을 평가할 수 있다(기획재정부, 한국조세재정연구원, 2024: 16).

(1) 자산계정

자산은 대차대조표에 표시되는 계정 중의 하나로 공기업이 소유하고 있는 경제적 자원인 현금, 상품, 설비 등의 재화와 매출채권, 대여금 등의 금전적 채권 등을 의미한다. 자산계정의 잔액 금액은 차변(왼쪽)에 기록된다. 자산은 유동자산

(current assets)과 비유동자산(non-current assets)으로 구분된다. 유동자산은 현금, 예금, 미수금, 저장품 등을 의미하며, 비유동자산은 건물, 구축물, 기계, 감가상각 충당금 등을 말한다. 계정과목 예시는 다음 표와 같다(기획재정부, 한국조세재정연구원, 2024: 15).

표 6-5 자산 계정과목 예시

구분	계정과목	예시
유동자산	현금 및 현금성자산	현금, 예금 등
	매출채권	외상매출금, 받을어음 등
	재고자산	상품, 제품, 원재료, 저장품 등
	기타유동자산	미수금, 미수수익 등
비유동자산	장기금융자산	단기보유 목적이 아닌 주식, 채권
	유형자산	토지, 건물, 기계, 건설중인 자산 등
	무형자산	영업권, 특허권 등

(2) 부채계정

부채계정은 대차대조표계정 중에 부채에 해당하는 계정으로서 그 잔액이 대변(오른쪽)에 표시된다. 부채는 재산의 감소를 초래하는 계정으로 장래에 금전지출을 수반하는 차입금이 대표적인 사례이다. 부채는 상환기간 1년을 기준으로 유동부채와 비유동부채로 구분된다. 1년 이내에 갚아야 하는 부채가 유동부채이며, 1년 이상의 기간 동안 장기적으로 상환하기로 한 부채가 비유동부채이다. 계정과목 예시는 다음 표와 같다(기획재정부, 한국조세재정연구원, 2024: 15).

표 6-6 부채 계정과목 예시

구분	계정과목	예시
유동부채	매입채무	외상매입금, 지급어음 등
	미지급금	주된 영업활동이 아닌 거래에서 발생한 채무
	단기차입금	만기가 1년 이내 도래하는 은행차입금
	유동성장기차입금	장기차입금 중 만기가 1년 이내 도래하는 부분
비유동부채	장기금융자산	만기가 1년 이후 도래하는 은행차입금
	장기충당부채	제품보증충당부채 등

(3) 자본계정

자본계정은 대차대조표 계정 중에 자본에 속하는 계정으로 그 잔액이 대변(오른쪽)에 표시된다. 자본이란 일반적으로 자산에서 부채를 뺀 순자산을 말한다. 자본금, 이익잉여금이 대표적인 사례이다. 계정과목 예시는 다음 표와 같다(기획재정부, 한국조세재정연구원, 2024: 15).

표 6-7 자본 계정과목 예시

계정과목	예시
납입자본	보통주자본금, 우선주자본금, 주식발행초과금 등
이익잉여금	법정적립금, 임의적립금, 미처분이익잉여금 등
기타자본	기타포괄손익누계액과 자본조정 등

요 약

- 공기업은 공공성과 기업성 모두를 달성하여야 하며 예산도 이 두 가지 목적의 달성에 적합하게 편성·운영되어야 한다.

- 공기업 예산이 일반정부예산으로부터 얼마나 독립해 있는지 정도에 따라 네 가지 형식으로 분류해 볼 수 있다.

- 예산편성과 회계에 대한 통제가 어떻게 이루어지느냐에 따라 공기업예산을 입법부 심의형, 행정부 심사형, 자율적 확정형으로 분류한다.

- 공기업은 예산의 편성 및 집행에서 재무건전성 확보, 국민부담 최소화, 지출 성과 제고 및 예산 절감, 예산운용의 투명성과 고객 참여제고, 예산 집행의 투명성 원칙을 지키며 운영해야 한다.

- 정부부처형의 공기업인 정부기업은 그 설치와 관련하여 정부조직법의 적용을 받으며, 예산과 관련해서는 정부기업예산법의 적용을 받는다.

- 공공기관운영법의 적용을 받는 공기업은 독립적으로 예산을 편성하고 이사회의 심의를 거쳐 이를 확정한 후 집행한다.

- 공기업은 발생주의 회계와 복식부기를 채택하는데, 이 회계제도를 갖춰야 민간기업과 동일하게 이윤을 산정할 수 있는 재무정보를 제공받을 수 있기 때문이다.

- 발생주의는 현금의 이동시점과 관계없이 어떤 사건이 발생한 시점에 거래를 인식하는 것이며, 복식부기는 거래가 발생할 때, 거래 금액을 장부에 두 번 기록하는 기입방식을 말한다.

- 거래의 이중성에 따라 기록하면 모든 거래의 왼쪽의 합계액과 오른쪽의 합계액이 항상 일치하게 되는데 이를 대차평균의 원리라고 한다.

- 공기업은 매일 재산의 증감변화의 내용인 부기상의 거래라고 할 수 있는 모든 사항에 대해 전표 등에 기록함과 동시에 매일의 합계도 전표를 모아 원장이라고 부르는 장부에 기록하며 이를 근거로 재무제표를 작성한다.

- 계정이란 자산, 부채, 자본, 수익, 비용 등에 속하는 항목들을 각기 세분화하여 기록하는 장소를 의미하며, 거래의 결과를 기록하도록 표준화된 분류 항목을 말한다.

- 손익계산서는 수익계정과 비용계정으로 이루어지며, 대차대조표는 재무상태표라고도 불리며, 자산계정, 부채계정, 자본계정으로 이루어진다.

연습문제

1. 공기업 예산이 일반정부예산으로부터 얼마나 독립해 있는지 정도에 따라 네 가지 형식으로 분류해 볼 수 있다. 우리나라 공기업 예산은 예산 분류에서 어느 유형에 속하는가?

2. 공기업은 공공성과 기업성 모두를 달성하여야 하며 예산도 이 두 가지 목적의 달성에 적합하게 편성·운영되어야 한다. 우리나라 공기업예산 운용의 원칙에는 어떤 것이 있는가?

3. 발생주의는 현금의 이동시점과 관계없이 어떤 사건이 발생한 시점에 거래를 인식하는 것을 말한다. 발생주의 회계의 장점과 단점에 대해 설명하시오.

4. 복식부기는 거래가 발생할 때, 거래 금액을 장부에 두 번 기록하는 기입방식을 말한다. 이 특성에 따른 복식부기의 자기검증 기능에 대해 설명하시오.

Modern Public Enterprise

제 7 장

공기업의 투자와 자금조달

공기업의 투자와 자금조달

■ 제1절 공기업 투자의 의의와 특징

1. 투자의 의의

투자(investment)는 공장부지, 건물, 기계설비, 원료와 제품 재고 등 생산 과정에 필요한 자본재의 총량을 유지 또는 증가시키는 활동을 지칭한다. 투자는 생산활동에 사용되거나 생산과정에 투입됨으로써 이익을 창출한다는 점에서 생산활동과 관련없이 시세차익 등을 통해 이익만을 얻고자 토지, 건물, 제품 등을 매매하는 투기와 다르다.

투자는 단기적으로 이루어지는 경우도 있으나, 대체로 중장기적인 관점에서 이루어지는 경우가 많다. 투자된 자본은 정의상 생산활동을 위해 사용된 자본이지만 현실적으로 특정 재화의 생산에 특화된다. 따라서 실제 생산활동이 이루어지지 않더라도 유동자산으로 전환되기 어렵다. 이러한 이유로 투자된 자본은 단기적으로는 고정자산의 형태로 존재하며, 자본의 회수와 이익의 획득 역시 증권투자와 같은 금융투자와 다르게 중장기에 걸쳐 이루어지게 된다. 생산활동에 대한 투자는 큰 규모로 이루어지는 경우가 많기 때문에 단기적 시각으로 진행하기 어려운 측면도 있다. 큰 규모의 투자액을 회수하는 데에는 오랜 시간이 걸릴 수밖에 없기 때문이다. 또한 투자 결정의 기초가 되는 생산활동 규모의 예측 역시 해외시장의 상황, 물가, 최저임금 변화 등 여러 가지 경제지표를 고려하여야 하므로 중장기적 관점에서 투자를 진행할 수밖에 없다. 다음 절에서는 경제적 이익뿐만 아니라 공공성을 추구하는 공기업의 투자가 갖는 특징을 좀 더 살펴보기로 한다.

2. 공기업 투자의 특징

정부는 국가경제 발전과 국민후생 증진을 위하여 정책적으로 공기업을 설립하여 재화와 서비스를 공급한다(Salamon, 1984). 공기업은 정책적 목적을 달성하기 위한 수단으로 설립되므로 그 사업 분야 역시 다양하다. 사회간접자본과 기간산업 분야를 필두로 공익사업, 제조업, 금융업, 기타 서비스업분야에까지 이른다. 도로, 수도, 철도, 에너지, 주택, 주택보증, 산업·무역 금융 등 여러 분야에 걸쳐 공적 서비스를 제공하기 위해서는 공기업에 대한 대규모의 투자가 필수적이다. 공기업 투자는 다음과 같은 특징을 갖는다. 첫째, 국가발전과 사회 공동체 번영에 기여하기 위한 투자이므로, 국가의 발전전략과 사회적 변화, 공공수요에 대한 신중한 판단과 예측을 기초로 이루어져야 한다(이상철, 2024). 따라서 공기업 투자는 장기적 관점에서 투자의 방향과 목적이 결정되어야 하는 내재적 특성을 가지고 있다. 둘째, 공적 자원의 대규모 동원이라는 점에서 국가 전체의 자원배분에 미치는 영향이 매우 크기 때문에 사전에 사업의 필요성과 타당성이 면밀히 검토되어야 한다. 이러한 특징들로 인해 공기업에 대한 투자는 사전에 다양한 사회적 가치를 반영하는 투자결정 기준을 요구하며, 아울러 그러한 기준들에 의하여 의사결정에 필요한 정보를 산출할 수 있는 과정과 방법이 준비되어야 한다.

공기업의 효율적 경영과 국가발전에서 차지하는 공기업의 역할에 대한 분명한 정의는 거의 모든 국가가 고려해야 할 관심의 대상이 되었다. 공기업의 성장 및 발전정도와 국민경제에서 차지하고 있는 그 상대적 위치는 각 나라의 환경적 요인, 정치적 이념, 경제적·사회적 발전 양상에 따라 결정된다. 이들 양상은 국가에 따라 다르지만, 대부분의 국가에서 공기업은 경제성장을 촉진하고 공공수요를 충족시키는 중요한 역할을 수행하는 것으로 평가된다. 따라서 공기업의 투자 문제는 국가경제에 대한 영향과 막대한 자원의 배분이라는 측면에서 중요한 사안으로 고려되어야 할 것이다. 특히 투자의 우선순위 및 투자기준의 고안 등은 서로 밀접한 관련성을 가지고 있으며, 국가전략의 개념화와 구체화에 크게 의존하고 있다. 그러므로 공기업에 대한 투자는 사회 전체에 미치는 영향과 국가의 발전전략 등이 심층적으로 검토된 후 결정되고, 집행되어야 한다.

제2절 공기업 투자의 과정과 결정

1. 투자과정

모든 투자는 투자 결정을 위한 기준의 준비, 사업계획의 수립과 자원 확보, 그리고 사업계획의 실현을 위한 집행 활동 등 다양한 과정을 거쳐서 이루어진다. 공기업 투자는 국가경제발전이나 사회적 수요 등 공공 목표에 기여하기 위하여 국가소유의 자원을 투여한다는 점에서 시대별, 국가별로 그 과정과 방법이 다양하다. 여기서는 일단 규범적이고 정형적인 투자의 과정을 정리해보고자 한다. 공기업 투자의 경우 정책적 투자이므로, 가장 먼저 고려되는 것은 정책목표에 해당하는 국가발전전략, 사회적 수요와 정치이념을 포함한 정책 가치 등의 요소이다. 다음은 투자결정을 위한 투자 타당성 조사로, 투자한 사업으로부터 생성되는 사회적 편익, 재정적 수익성 등을 검토하는 과정이다. 투자 타당성 조사는 새로운 투자 외에도 이미 투자가 이루어진 사업의 유지확장, 그리고 시설 개선 등 반복되는 투자 역시 그 대상이 될 수 있다.

이후 사전에 정한 투자기준에 의한 투자대안들의 비교평가, 투자안의 결정과 승인, 자금의 조달, 사업시행을 위한 계약과 집행, 모니터링과 평가, 환류 등의 과정을 거친다(김용우, 2006). 다음에서는 [그림 7-1]의 투자과정을 국가발전전략의 검토, 투자타당성의 검토, 투자자원의 조달, 모니터링, 평가 및 환류의 4단계로 정리하여 살펴보기로 한다.

2. 국가발전전략의 검토

공기업은 정부가 공공의 목표를 달성하기 위한 중요한 정책수단이므로 국가의 발전전략과 이에 따른 정책 목표에 따라 투자의 방향과 규모가 결정되며, 투자가 사회 공동체에 미치는 영향도 달라지게 된다. 따라서 국가발전전략이나 정부의 정책 우선순위에 따라 공기업 투자의 방향을 결정하여야 하고, 정책 목표에 담긴 가치가 투자의 기대 효과에 실현될 수 있도록 투자의 내용을 정하여야 한다.[1]

---

1) 문재인 정부에서 태양열 에너지 등 신재생 에너지로 에너지공급체계를 바꾼 부분은 다분히

그림 7-1 공기업의 투자과정

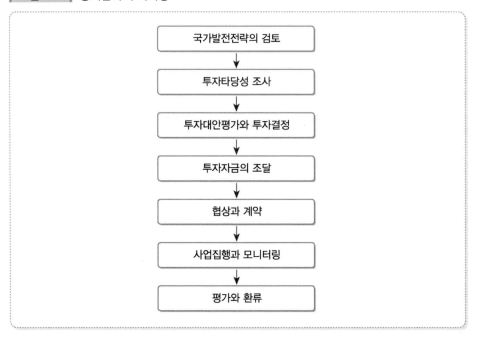

다음으로 결정된 투자 방향과 내용을 기초로 투자여부를 결정하기 위한 기준을 구체화하여야 하는데, 정책목표달성 기준으로서 사회적 편익과 투자 자체의 지속가능성을 대변하는 재정적 수익성 등이 대표적인 투자 결정 기준이라 할 수 있다. 만약 공기업 투자의 근거가 되는 정책 목표가 사회적 형평성의 향상이라면 투자기준으로서 사회적 편익은 사회적 약자의 소득이나 권리의 증진 등을 통해 측정될 수 있을 것이다. 이때 공기업이 조직성장과 같은 자체적인 목표를 투자여부의 결정에 반영하는 것은 바람직하지 못하다.[2] 재정적 수익성 기준의 경우, 독립채산제에 따라 기관 운영의 지속가능성에 대한 책임이 공기업에 부여되고 있다는 점에서 매우 중요하지만, 어디까지나 투자를 통한 공공가치 산출활동의 지속가능성을 보장하기 위한 것이 되어야 한다.

위의 두 가지 외에 국가 전체 또는 정책영역 전체에 있어서 효율적인 자원배

원전중심의 에너지 정책에서 신재생 에너지 정책으로 국가경제를 위한 에너지정책의 전환을 이룬 것에 기인한 것이라 할 수 있다.
2) 애버치-존슨 효과에서 지적된 과다한 자본투자는 기관 자체에게는 합리적인 의사결정의 결과이나 국가 전체적으로는 바람직하지 못한 결과이다.

분이 이루어졌는지를 고려할 필요가 있다. 국가의 자원은 특정 공기업 또는 그 사업 영역에만 쓰이는 것이 아니며, 서로 다른 국가기능을 수행하기 위해 다양한 영역에서 사용되게 된다. 그리고 대부분의 경우, 이러한 기능들은 필수적인 성격을 가지고 있으므로, 아무리 공기업 서비스의 사회적 편익이 크고 재정적 수익성이 높다 하더라도 한 분야에 많은 자원을 집중시키는 것은 바람직하지 않다. 공기업 서비스를 통해 큰 편익을 거둔다고 하더라도 다른 필수적인 기능에 대한 자원배분이 부족할 경우 결국 구축효과로 인해 전체적인 사회적 후생은 감소할 것이기 때문이다. 따라서 한정된 국가자원이 다양한 투자사업들 사이에 효율적으로 배분되어야 한다는 규범적 기준은 공기업 투자 결정에 중요한 고려사항이 될 수밖에 없다.

마지막으로 위와 같은 기준을 만족시키는 과정에서 투자주체들과 이를 수행할 공기업 사이에서 투자의 기준과 투자의 방향, 내용에 대한 상호 합의가 이루어질 필요가 있다. 공기업 투자는 대규모일 뿐만 아니라 높은 전문성과 집행능력이 요구되므로 지시명령에 의하기보다는 투자기준과 우선순위에 대한, 공기업과 정부 사이의 합의에 의해 수행되는 것이 바람직하다.

3. 투자타당성의 조사

1) 투자타당성 조사의 필요성

최선의 선택은 완성도 높은 타당성조사와 사업보고서를 산출하고, 그 내용을 근거로 투자를 결정하는 것이다. 효과적인 사업제안서는 수요-공급 조건, 시장조사, 원자재의 질과 가용성, 기술, 기술적·전문적 인력의 활용가능성, 사회하부구조의 사용가능성 등 제반 요소를 신중하게 조사한 것이어야 한다. 많은 투자사업이 사업제안서의 부적절성과 취약성 때문에, 시행에 있어 심각한 어려움에 직면할 뿐만 아니라 재정적 고통에 시달릴 수도 있다. 이러한 결과는 사업에 결정적인 영향을 미치는 요소에 대한 부정확한 계산이나 지나친 낙관주의, 특히 원자재의 가용성과 사회하부구조의 활용성에 대한 잘못된 예측에 그 원인이 있다고 할 수 있다.

결국 공기업 투자사업의 성공적 집행을 위해서는 의사결정 및 사업평가에서

요구되는 전문적 지식뿐만 아니라 사업 준비과정에서 필요한 전문적 기술을 함양
해야 할 것이다. 또한 투자결정과정의 본질적 부분은 미래에 대한 평가이며, 이에
는 불확실성을 통제하기 위한 위험성분석이나 민감도분석 같은 관리도구 활용이
요구된다. 이들 관리도구를 효과적으로 사용하여 타당성과 개연성을 충분히 확보
한 대비책을 마련한다면, 이는 미래에 발생할 수 있는 비상사태에 대비하는 보험
에 든 것과 비슷한 효과를 가져다준다.

투자사업에 대한 타당성조사는 막대한 자원이 투자되기 전에 투자가 타당한지
여부를 검토하는 과정으로서 매우 중요한 과정이다. 점증적인 의사결정이 어려운
대규모 자본투자 분야에서는 시행착오에 의한 오류 교정이 어렵기 때문이다. 앞
에서 언급한 것처럼 신규 투자뿐만 아니라, 규모가 큰 경우, 반복적, 지속적 투자
에 대해서도 타당성을 분석하는 것은 중요하다.

2) 투자타당성 기준

투자타당성 여부는 사전에 설정해 둔 투자 결정 기준에 의하여 판단되는데, 국
가발전과 사회후생증진에 대한 기여 정도를 반영하는 사회적 편익, 지속적 서비
스 공급과 재투자 재원확보를 위한 재정적 수익성, 국가사업간 균형을 위한 자원
배분의 효율성, 그리고 지역불균형 해소를 위한 지역간 형평성 등이 고려된다.

(1) 사회적 편익 검토

사회적 편익에 대한 검토의 경우, 국가발전전략과 주요 정책 목표, 사회 가치
의 증진에 공기업이 기여한 정도를 계측할 수 있는 단위로 측정하여 사전에 합의
한 수준의 기여가 이루어졌는지를 검토한다. 따라서 사업 수행 결과 직접적으로
증대시키는 편익뿐만 아니라 부수적으로 발생하는 영향(policy impact)까지 종합적
으로 고려하게 된다.

또한 비슷한 편익을 산출하는 사업 사이에서 그 기여도를 비교·분석할 필요
가 있다. 다시 말해, 동일한 분야의 실현가능한 투자 대안들과 채택된 투자를 비
교하여 후자가 국가와 사회의 이익에 가장 크게 기여할 수 있는지를 파악해야 한
다. 예를 들어, 최근 관심이 커지고 있는 친환경에너지 사용 정책 분야에서는 전
기 자동차를 선택할 경우, 천연가스 자동차와 수소 자동차 등과 비교되어야 한다.
마지막으로 편익은 다양한 영역에서 발생할 수 있지만, 편익산출시 편익의 크기

와 발생가능성은 보수적으로, 비용의 크기와 발생가능성은 좀 더 적극적으로 측정할 필요가 있다. 편익의 크기를 과다하게 추정하고 비용의 크기는 과소추정한다면 사회적으로 바람직하지 못한 사업에 희소한 국가자원이 투자될 수 있기 때문이다. 편익의 보수적 추정과 비용의 적극적 추정이 필요한 이유는 크게 미래의 불확실성에 대한 통제와 타당성 조사의 정치적 왜곡 방지로 나누어 볼 수 있다.

첫 번째로 미래의 불확실성에 대한 통제를 위해서 보수적 추정방식이 필요하다. 미래에 발생하는 편익과 비용을 현 시점에서 예측하는 데에는 예측분석능력의 한계와 정보의 부족 문제로 불확실성에 의한 오차가 있을 수밖에 없다. 예를 들어, 예상치 못한 원자재 가격변동 등의 원인으로 초과비용이 발생할 경우 현재의 비용 예측은 수정되어야 하며, 이는 투자의 타당성 판단 결과에도 영향을 미치게 된다. 따라서 불확실성을 통제하기 위해 민감도 분석이나 악조건 가중분석 등이 타당성 조사에서 추가되어야 하며, 비용이 다소 증가하더라도 가외성(redundancy)을 확보하는 것이 필요하다.[3]

두 번째로 타당성 조사의 정치적 왜곡을 방지하기 위해서 보다 엄격한 편익·비용 추정방식이 요구된다. 공익과 무관한 일부의 정치적 이익을 위한 사업을 선택할 때에도 형식상으로는 타당성 조사를 수행한다. 이로 인해 타당한 사업을 선택한 것처럼 타당성 조사가 왜곡되는 경우가 있다. 따라서 편익의 보수적 추정과 비용의 적극적 추정을 통하여 타당성이 결여된 정치적 사업이 채택되는 일을 방지하도록 해야 한다.

(2) 재정적 수익성 검토

재정적 수익성 검토의 경우, 서비스 공급을 지속적으로 할 수 있도록 설비를 유지·보수할 수 있는 재원과 미래의 적정한 시점에 재투자할 재원 등을 확보할 수 있는 수준에서 재정잉여금을 거둘 수 있느냐를 검토한다. 재정적 수익성의 경우에도 동일·유사 사업 사이에서 재정성과를 비교·분석하게 된다. 또한 수익과 비용의 추정에 있어서도 수익은 보수적으로 예측하고, 확률상 가능성이 높은 비용은 비용예측에서 미리 고려하여 예측치 못한 수익성 악화가 발생하지 않도록

---

3) 예를 들어 원자력발전소 건설시 민감도 분석을 통해 비상사태에 대비한 예비자가발전기에 대한 충분한 규모의 투자를 결정했을 때 향후 강진이나 대규모화재와 같은 재난 발생시 단전으로 인한 원자로 사고를 막을 수 있어 방사능유출에 따른 다수 인명의 손실과 천문학적인 물리적 피해를 예방할 수 있을 것이다.

유의할 필요가 있다.

하나의 사업 투자안이 사업 자체의 수익만으로 정당화될 수 없다 하더라도, 다른 사업이나 정책영역의 활동을 지원해주는 효과를 거둘 수도 있는데, 이러한 효과를 투자의 보충성이라 한다. 보충성으로 인한 편익까지 고려한 투자안의 총편익이 투자안으로부터 발생하는 손실보다 더 클 경우, 투자안은 타당하다고 평가될 여지가 있다. 예를 들어, 재정분석에 의하면 손실이 클 것으로 예상되는 어떤 지역의 신공항사업이 이웃 지역의 관광사업을 부흥시킬 수도 있다. 이처럼 투자 결정시에는 두 사업에 미치는 효과와 영향효과가 종합적으로 고려될 필요가 있으며, 이 과정에서 두 투자안 중 한 대안에 대해서는 규모나 입지 등 중요한 요소에 대한 조정이 이루어질 수도 있다.

또한 재정분석에서는 투자회수만을 고려하면 되지만 공기업의 투자 결정에서는 직접 투자사업 영역 밖에서 기대되는 외부효과도 투자의 편익에 포함시킬 필요가 있다. 공기업의 투자는 국가재정이 투입되므로 영리를 추구하는 사기업의 사업 영역보다 넓은 범위에서 그 효과를 고려해야 하며, 일반적으로 외부효과로 인식되는 사업 영역 밖의 효과 역시 국민경제적 입장에서 보면 모두 사업 편익으로 볼 수 있기 때문이다.

마찬가지로, 투자대안의 영향에는 긍정적 외부효과 외에도 구축효과와 같은 부정적인 효과도 있을 수 있다. 따라서 투자대안이 다른 사업영역에 미칠 수 있는 부정적 효과를 중심으로 투자영향을 면밀히 살펴보아야 한다. 즉, 산업단지의 신규 건설 또는 확장 투자가 주변에 위치한 산업단지에 미치는 영향—예를 들어, 인력의 유출, 물류의 분산 등—을 예측하여 투자의 효과를 분석해야 하며, 고속철도(KTX)의 구축부설 사업 투자의 경우, 사업의 확장이 고속버스 산업에 미치는 효과를 동시에 고려하여야 한다.[4] 이처럼 새로운 투자에 의해 연관산업이나 다른 부문의 자원배분에 어떠한 문제가 생길 수 있다면 투자안이 가져올 문제는 생각보다 복잡하고 커질 수 있다.

앞에서도 언급한 것처럼 국가재정이 투입되는 공기업의 투자 결정시에는 해당 사업 영역뿐만 아니라 국민경제적 입장에서 사업의 영향을 고려할 필요가 있다.

---

4) 주요도시간 교통수단으로 고속철도의 점유율이 계속 늘어나는 추세이다. 고속버스는 대도시와 소도시를 연결하거나 소도시간 연결을 담당하고 있으며, 주요도시간에는 고속철도의 대체제 역할을 수행한다. 고속철도의 확장은 대체제인 고속버스 노선의 감소를 가져올 수 있다.

따라서 공기업의 투자대안 승인을 심사할 시에는 투자안이 기술적으로 또는 사업적으로 연관되어 있는 사적, 공적 영역에 미치는 영향(impact)을 면밀하게 분석하여야 한다.

(3) 자원배분의 효율성과 지역 형평성 검토

자원배분의 효율성 검토는, 투자 결정시 거시적인 차원에서 국가사업간, 산업간 자원배분이 효율적으로 이루어졌는지를 고려하는 것이다. 이윤을 추구하는 민간회사와 다르게 공기업의 경우 국가적 편익을 우선시해야 하므로, 투자로 인하여 다른 국가사업의 효과를 구축할 경우 이로 인한 부(-)의 영향도 투자결정시 함께 고려되어야 한다. 따라서 정부사업 전체의 자원배분계획은 공기업 투자 방향과 규모의 결정시 일종의 제약조건이 된다고 할 수 있다.

또한 자원배분의 효율성과 더불어 국가적 차원에서 낙후지역을 배려하기 위해 지역적 형평성을 고려할 필요가 있다. 불균형적인 발전은 간접적으로 소득분배의 불공평성을 악화시키는 원인이 되며, 장기적으로 발전지역은 혼잡비용으로, 낙후지역은 공공재부족으로 인해 추가적인 사회적 비용을 발생시킬 수 있다. 이러한 문제점을 줄이기 위해 투자결정시 지역인재의 고용, 지역자원의 활용, 낙후지역에 대한 인프라 확충 등이 골고루 고려되어야 한다.[5] 지역투자는 지역의 고용을 증대시킬 수 있고, 투자지역을 중심으로 학교, 병원 등 생활편의시설과 주거 공급이 증대되는 등 지역사회경제기반이 탄탄해지고, 지역경제가 성장할 수 있게 되는 이점이 있다.

다만, 앞선 기준과 다르게 지역형평성 기준은 정치적 이해관계에 악용될 여지가 크기 때문에 기준 적용시 다른 기준들을 배제해서는 안 된다. 낙후지역에 대한 지원을 명분으로 실시한 지역투자가 실제로는 그 지역의 정치적 지지를 획득하기 위한 수단으로 악용될 수도 있으므로[6] 낙후지역 개발의 효과에 대한 객관적이고 체계적인 분석이 반드시 선행되어야 한다. 마찬가지로 지역인재나 지역자원의 활용의 경우도 이직의 감소나 운송비 감소 등을 통해 다른 대안보다 최소한의 비교우위를 가질 경우에 타당한 기준이 될 수 있다.

---

5) 대표적인 사례로 태백폐광지역에 설립된 강원랜드를 들 수 있다.
6) 몇몇 지역에서는 수요가 불확실했음에도 지역 배려라는 명분으로 대표적인 교통인프라인 지역공항이 건설된 바 있다.

4. 투자를 위한 자원의 확보

투자의 타당성이 인정된 뒤에는 투자를 위한 자원, 즉 투자자본을 확보하는 것이 가장 중요한 과제로 남게 된다. 여기서 특히 중요한 것은 자원확보를 어떤 경로를 통해서 하느냐이다. 차입 없이 자기자본을 통해 투자자원을 확보하는 것이 이상적이라고 생각할 수 있으나 자본시장이 효율적으로 작동한다면 자기자본을 통한 투자가 항상 최선인 것은 아니다. 차입을 통해 대규모 투자를 시도할 경우 금융비용 역시 무시할 수 없을 정도로 크다. 따라서 차입 없이 자기자본으로 투자자본을 조달하여 금융비용을 지불하지 않는 것은 이점이 될 수 있다.

그러나 사기업과 다르게 여러 가지 규제로 이윤축적이 어려운 공기업의 사정상, 투자자본을 위한 자체 잉여금 축적이 쉽지 않다. 따라서 대부분 규모가 큰 공기업 투자에 있어서 자기자본을 통한 투자자금 조달방법은 필요한 투자 규모수준을 충족시키는 데에 분명한 한계가 있다. 또한 자기자본을 동원한다고 하더라도 회계학적으로 금융비용이 없을 뿐, 경제학적으로는 자기자본에 대한 기회비용이 존재하므로 보이지 않는 비용이 발생하게 된다. 즉, 자기자본을 금융시장에 투자했었다면 얻었을 수익이 투자로 인하여 발생할 수 없게 된 것이므로 비용이 발생하게 되는 것이다.

이러한 이유로 공기업 투자는 적시에 필요한 규모의 투자재원을 조달하기 위해 외부투자재원 조달 방법을 활발하게 사용한다. 국내외시장에 주식과 회사채를 판매하여 자금을 조달하기도 하고, 금융기관으로부터 차입을 통해 자금을 조달하기도 한다. 주식이나 회사채의 판매는 국가의 규제를 받기 때문에 항상 가능한 방법은 아니지만, 자본시장의 크기가 매우 넓어서 자금조달의 가능성이 높다는 장점이 있다. 또한 공기업은 대체로 국가기반시설을 건설하거나 국민경제에 필수 서비스를 제공한다는 점에서 그 투자 가치가 높게 평가받는 경향이 있다. 이러한 이유로 공기업 투자는 민간투자보다 더 좋은 조건으로 자금조달이 가능하다는 장점이 있다.

두 번째로 금융기관으로부터의 직접차입에 의한 투자자금조달의 경우, 상대적으로 비중은 낮지만 회사채와 더불어 주요한 투자자금조달방법으로 사용되고 있다. 정부의 보증을 받는 공기업은 신용도를 높게 평가받기 때문에 자본시장으로부터의 차입 방법에서도 일반 기업에 비하여 분명한 이점을 갖는다. 특히, 국내자본시장에서는 묵시적 정부보증 덕에 이자율이나 위험프리미엄 등에서 유리한 조건으로 차입계약이 가능하기 때문에 상대적으로 낮은 금융비용을 지불하게 되는 장점이 있다.

한편, 한정된 국내자본시장에서는 차입조달 규모에 한계가 있고, 대규모 공공투자자본조달로 인한 민간부문의 투자구축 문제 등이 발생할 수 있기 때문에 해외자본시장으로부터의 자금 조달 방법이 점점 중요해지고 있다. 실제로 해외 자본시장에서도 공기업은 묵시적 정부보증 덕에 자체 신용도에 비해 더 높은 신용도를 부여 받아 자금조달을 할 수 있다. 이러한 이점 때문에 최근에는 해외자본시장으로부터의 공기업 투자자금 조달 역시 증가하고 있다.

5. 모니터링 및 평가와 환류

공기업 투자는 국가발전전략과 주요 정책목표를 반영하여 이루어지며 투자의 과정에서부터 투자의 성과 등에 이르기까지 지속적인 모니터링과 평가가 필요하다. 또한 앞에서 언급한 바와 같이 투자예측에 내재하는 불확실성으로 인해 발생할 수 있는 여러 상황에 대해 대응하기 위해 투자진행과정에 대한 모니터링과 환류가 매우 중요하다 할 것이다.

먼저 타당성 조사시 고려했던 여러 환경적 요인들이 예측한 바와 같이 존재하는가 아니면 크게 변화하고 있는가, 변화하고 있다면 주목할 만한 변화는 무엇인가를 파악하여야 한다.[7] 그러한 환경적 변화가 투자의 타당성 평가결과에 미치는 영향은 무엇인지를 분석하고, 이를 투자과정에 반영하여야 한다. 예를 들어 원자재 가격의 급격한 변화, 또는 금융비용의 변화, 설비의 임차비용의 변화 등은 투자비용에 상당한 영향을 줄 수 있다. 이러한 경우 원자재 매입과 자본조달 경로를 새로이 개척[8]하거나 설비 조달 방법 변경 등을 적절히 변경하여 그러한 상황들에 대응할 필요가 있으며, 그것이 어렵다면 정부보조금 지원, 회사채 추가발행

---

7) 경기변동에 따른 인플레이션 등은 흔하게 발생하는 사업 환경 변화로 비용증가를 유발한다. 경기변동처럼 주기적이고 반복적으로 발생하는 변화는 가외성의 확보나 민감도분석을 통해 사전 대비가 가능하다.

8) 예를 들어 화력발전사들은 주수입원료인 호주산 석탄 가격이 급등할 경우, 인도네시아산 석탄이나 러시아산 석탄들로 기존 물량을 일부 대체함으로써 원료가격변동에 대응하고 있다.

등을 통해서 불리한 환경변화에 대응해야 한다.

한편 투자 사업의 시행을 맡은 외부 민간기업들이 계약한 대로 사업을 시행하고 있는지 여부를 모니터링하고 공사진행의 지연이나 잘못된 시행 등이 이루어진 경우 신속하게 대처할 수 있어야 한다. 계약한 외부 민간업체들이 어떠한 이유로 공사원자재나 인력 조달을 제때 못한 경우나 부당한 수익을 위해 계약과 다른 방식으로 사업을 시행하는 경우, 지연책임을 두려워한 공기업이 끌려다니는 경우가 많은데, 계약에 기반하여 책임을 지도록 명확한 조치를 취하여야 한다. 특히, 토목건설분야에 상존하는 '원청-하청-재하청'과 같은 복잡한 시행구조 속에서는 그러한 문제점들이 자주 발생하기 때문에 사업주체로서 공기업은 주기적이고 면밀하게 사업 시행의 과정을 모니터링하고 적시에 조치를 취할 필요가 있다.

다음으로 공기업 서비스 수요를 정확히 예측하지 못하여 수익 목표 달성에 실패하는 일이 종종 발생하고 있다. 객관적인 수요예측 실패의 원인으로는 정보부족이나 분석능력의 한계로 인한 예측오류와 정치적 이해관계로 인한 수요예측의 왜곡 등이 있다. 이러한 경우에는 사실 근본적인 문제해결방법은 존재하지 않는다. 모니터링 결과 어느 정도 수요 수준이 유지된다면 환류단계에서 일부 손실을 감수하고서라도 사업 규모를 축소하는 방법을 선택하여 사업을 진행할 수 있을 것이다. 만약 적자손실이 지속적으로 확대될 것으로 명백하며 이에 대한 대응방법이 뚜렷하지 않다면, 투자된 비용은 함몰비용으로 받아들이고 사업 자체를 폐지할 것을 고려해야 한다.

이 외에도 정부 허가의 지연이나 수입제품과 기술 도입의 지연 등 사전(투자타당성 검토시)에 가정하기 어려웠던 문제점들이 발생할 수 있다. 정부허가의 경우, 해당사업의 제도적 절차에 대한 사전 검토 등이 매우 중요하며 허가요건을 사후에 충족시키거나 관계당국과의 협의를 통해 지연을 최소화하여야 한다. 수입원자재와 기술 도입 지연의 경우, 우리나라의 수입규제나 외국당국의 반출규제에 의해 발생할 수 있는데, 이러한 문제들은 모니터링 결과 발견하더라도 현실적으로 해결이 매우 어렵다 할 것이다. 다만 문제해결이 성공적이지 못하였다 하여도 모니터링과 환류는 일종의 정책학습으로서 미래에 추진될 투자를 위해 충분히 가치있는 과정이라 할 수 있다. 즉, 투자 및 사업 시행과정에서 발견된 다양한 문제들과 그러한 문제들에 대처한 경험은 미래에 이루어질 투자를 결정하는 데에 중요한 정보로 활용될 수 있으며, 사업 집행시 시행착오를 줄이고 보다 향상된 사업성과를 거두는 데에 도움이 될 수 있다.

■ 제3절 공기업 투자의 타당성 분석

국가사회 발전이나 중장기 거시정책 등은 최상위 정책목표와 가치에 대한 사회적 합의를 반영하고 있으며, 이는 정치체제 내에서 정당 경쟁 등을 통해 정부의 국정과제에 반영되게 된다. 공기업 투자는 이러한 과정을 거쳐 구체화된 정부정책과 과제에 기초하여 이루어지게 되므로, 자연스럽게 국가발전전략과 중장기 거시정책을 반영하게 된다.

정치체제 내에서 합의된 목표와 가치에 부합하더라도 재정적으로 실현가능한 공기업의 투자는 투자 수익이 투자비용보다 더 클 경우에 받아들여 질 수 있다. 따라서 사전에 투자비용과 수익을 예측하여 수익이 비용을 감당할 수 있는지 여부에 대한 비교·분석이 이루어져야 하며, 이 결과에 따라 합리적인 수준에서 투자의 타당성이 인정되어야 한다. 이러한 절차와 방법을 투자의 타당성 분석이라 하며, 시장에서 사용되는 투자 타당성 분석이 공기업에서도 거의 동일하게 적용되고 있다. 투자 타당성 분석에는 상황과 조건에 따라 다양한 방법들이 사용되는데, 대표적인 타당성 분석방법으로는 순현재가치(NPV)분석, 내부수익률(IRR)분석, 수익성지표(PI)분석, 편익비용(B/C)분석, 회수기간법 등이 있다(박원규·박상수, 2006: 287-315).

1. 순현재가치분석

공기업에 의한 공공투자는 긴 기간에 걸쳐 이루어지기 때문에 모든 시점에서 발생하는 비용과 수익을 각각 적정한 할인율로 현재가치화시켜 비용과 수익을 비교하여야 한다. 여기서 미래의 투자가치를 현재의 가치로 환산하기 위해서는 할인율(r)이 필요한데, 이는 투자금에 대한 이자율로 투자자금에 지불되는 일종의 가격의 개념에 해당한다. 이러한 개념의 할인율은 여러 가지 중요한 투자타당성 분석에 활용된다.

할인율에 의하여 할인된 가치를 수익흐름의 현재가치 그리고 비용흐름의 현재

가치라고 부르며, 양자의 차이를 수익의 순현재가치(NPV)라 한다. 순현재가치는 할인율이 높아지면 작아진다. 현재가치로 환산된 총투자수익이 총투자비용보다 많거나 적어도 같다면 투자의 순현재가치는 0보다 크거나 같으며, 공공투자가 이러한 조건을 만족하면 타당한 투자로 판단될 수 있다. 여러 개의 투자가 존재한다면, 그중 순현재가치가 가장 큰 것이 가장 타당한 투자로 파악된다. 이때 순현재가치는 할인율이 높아지면 작아지므로, 비교하는 투자들에 동일한 할인율을 적용해야 하는지 아니면 각각 다른 할인율을 적용해야 하는지를 구분하여야 한다.

$$\text{순현재가치} = \sum_{t=0}^{n} \frac{\text{수익의 현금흐름}}{(1+r)^t} - \sum_{t=0}^{n} \frac{\text{비용의 현금흐름}}{(1+r)^t} \geq 0$$

순현재가치분석의 핵심은 적절한 할인율을 찾는 것이다. 할인율에 따라 순현재가치의 값이 달라질 수 있으므로 적절한 할인율을 쓰지 않는다면 투자가치를 심각하게 왜곡할 수 있기 때문이다. 예를 들어 비용흐름은 초기에, 수익흐름은 후기에 주로 나타난다면 높은 할인율을 사용하는 경우보다 낮은 할인율을 사용하는 경우에 순현재가치가 더 높게 나타나기 때문에 사업채택가능성이 높아진다.

2. 내부수익률분석

내부수익률(IRR: Internal Rate of Return)은 사업의 현금흐름의 순현재가치를 0으로 만드는 수익률이며, 이는 투자로 기대되는 수익과 비용의 현재가치가 동등해지는 할인율에 해당한다. 즉, 아래의 등식을 만족시키는 할인률(r)을 내부수익률(IRR)이라 하며, 내부수익률이 사회적 할인율 또는 목표수익률보다 클 경우 투자의 타당성이 있는 것으로 판단하여 해당 투자는 채택된다.

$$\sum_{t=0}^{n} \frac{\text{수익의 현금흐름}}{(1+r)^t} = \sum_{t=0}^{n} \frac{\text{비용의 현금흐름}}{(1+r)^t}$$

한편, 내부수익률이 목표수익률(또는 자본비용)보다 큰 상호배타적 투자안이 여러 개가 존재하는 경우 내부수익률(IRR)이 가장 큰 투자안을 채택하게 된다. 그러나 내부수익률법은 위의 식에서도 알 수 있듯이 고차방정식을 풀어야 하므로 계산이 매우 복잡하고, 때로는 방정식의 해가 여러 개가 나타나서 어떤 것을 내부

수익률로 간주해야 하는지 판단의 문제가 발생한다. 그리고 수익률이 판단기준으로 공공투자사업이 사회에 어느 정도 순가치를 가져다주는지 파악이 어려우므로 수익률이 다소 낮더라도 더 많은 순가치를 창출하는 사업을 배제하기 쉽다.

3. 수익성지표 분석

수익성지표(PI: Profitability Index)는 투자의 타당성을 초기투자에 대한 미래의 현금흐름의 현재가치(PV)의 비율로 판단하며, 사업의 수익성지표가 1보다 크면 사업의 투자는 타당성이 있다고 판단할 수 있다. 수익성지표는 투자된 1달러에 대한 창출된 가치를 보여주기 때문에 정부나 비영리투자의 성과를 측정하는 척도로 자주 이용된다. 또한 수익성지표는 복수의 투자사업들에 대한 타당성을 비교·분석할 때 유용한데, '총투자액'과 '복수 사업으로부터 창출된 수익의 현재가치의 총합'의 비율이 1보다 클 경우 사업들에 대한 투자가 타당한 것으로 판정한다.

$$수익성지표 = \frac{PV \text{ 또는 } \sum PV}{초기투자액} > 1$$

분석방법으로서 비율을 사용할 뿐 계산상 순현재가치분석과 비슷한 방식이고 일반적으로 거의 동일한 의사결정을 할 수 있다. 그리고 무엇보다 판단기준에 대해 이해하기 쉽고 수익률로 표현되므로 의사소통에 용이하다는 장점도 있다. 투자에 사용할 자금이 제한되어 있는 경우에 가장 높은 PI를 갖는 투자안에 자금을 할당하는 기준으로 사용될 수 있다. 다만, 투자규모가 다른 사업을 평가할 때는 순현재가치분석의 의사결정과 다른 의사결정이 나타날 수 있다. 즉, 작은 규모의 투자사업은 수익성지수가 높더라도 순현재가치는 작게 나타나기 마련인 반면 큰 규모의 투자사업은 수익성 지수는 낮더라도 순현재가치는 크게 나타나는 경우가 많다. 이때 두 투자사업이 상호배타적이라면 순현재가치 방식으로는 큰 규모의 사업을 선택하지만, 수익성지수로 평가시에는 작은 규모 사업을 선택하게 된다. 따라서 일관된 의사결정을 하기 어렵다.

4. 편익비용분석

편익비용(Benefit-Cost)분석은 투자의 편익과 비용의 비율을 통해 투자의 타당성을 판단하는 작업이다. 편익과 비용의 비율은 투자를 시작하여 종료한 시점까지 발생한 총투자비용과 총투자편익의 비율을 의미한다. 투자사업의 총편익과 총비용의 비율이 1보다 같거나 크다면 그 사업은 타당성이 있다고 판단한다.

$$\text{편익 대 비용(BC ratio)} = \sum_{t=0}^{n} \frac{\text{수익의 현금흐름}}{(1+r)^t} \div \sum_{t=0}^{n} \frac{\text{비용의 현금흐름}}{(1+r)^t} \geq 1$$

순현재가치분석이 차이를 구하는 방식이라면 편익비용분석은 같은 결과를 비율로 바꾼 것이므로 매우 유사하며 일반재무관리(corporate finance)에서는 수익성지수와 거의 동일하게 해석된다. 순현재가치분석과 달리 사업이 창출하는 순가치를 보여주지 못하므로 수익성지수와 마찬가지로 더 많은 순가치를 창출하는 사업을 채택하지 못하는 결과를 가져올 수 있다.

5. 회수기간법

회수기간법(payback period method)은 투자자금의 회수에 소요되는 기간을 기준으로 투자의 타당성을 판단하는 방법으로 투자액의 회수기간이 짧을수록 사업의 타당성이 커진다. 따라서 구해진 어떤 투자의 회수기간이 미리 정해진 기준기간보다 짧다면 그 투자는 채택된다. 아래 표에 각각 사업기간이 5년인 두 투자안에 대한 비용과 수익의 현금흐름이 있다. 회수기간법으로 두 사업 중 하나를 살펴보면 3년 만에 투자비용이 회수되는 B사업이 4년에 이르러서야 투자비용을 회수하는 사업 A보다 더 투자 타당성이 있는 것으로 평가되므로 B사업을 선택하게 된다.

이처럼 회수기간법은 계산이 간편하며, 직관적으로 의미하는 바가 명료해서 분석결과를 바탕으로 투자안 선택을 하기에 용이하다.[9] 그러나 비용 회수 시점을 구하는 데에 초점이 맞추어져 있다 보니 비용이 회수된 이후 시점의 현금흐름이

---

9) 즉, 투자비용을 빨리 회수할수록 다른 투자를 통해 추가적인 수익을 거둘 수 있는 기회를 더 얻을 수 있다는 의미를 담고 있다.

| 표 7-1 | 사업 A와 사업 B의 현금흐름 | | | | |

연도	사업 A			사업 B	
	비용(억)	수익(억)		비용(억)	수익(억)
1	1,000	100		1,000	200
2	–	200		–	300
3	–	300		–	500
4	–	400		–	100
5	–	500		–	100

충분히 고려되지 않는다는 단점이 있다. 위에 제시된 사례에서 보듯이 사업 A의 경우 손익분기점은 4년차에 발생하지만, 5년차에 수익으로 500억원의 현금흐름이 존재한다. 반면 사업 B의 경우 손익분기점은 3년차에 발생하지만 4년차와 5년차의 양(+)의 현금흐름은 각각 100억원으로 2년간 총 200억원의 수익이 발생한다. 따라서 5년의 사업기간 전체를 보자면, 사업 A가 더 많은 순가치를 창출해낸다고 볼 수 있다.

회수기간법의 가장 큰 문제점은 화폐의 시간 가치를 고려하지 않는다는 점이다. 이로 인해 투자금을 여러 해에 걸쳐 회수하는 경우와 투자기간의 마지막 해에 투자총액을 한 번에 회수하는 경우에, 회수기간은 양자가 동일하지만 투자자의 관점과 상황에 따라 사업에 대한 선택이 달라지게 된다.

| 표 7-2 | 투자타당성 분석방법과 판단기준 |

분석법	판단기준
순현재가치분석(NPV)	NPV $\geq$ 0
내부수익율분석(IRR)	IRR $\geq$ r
이익율지표(PI)	PI $\geq$ 1
편익비용분석(B/C)	B/C $\geq$ 1
회수기간법(PP)	최소기간

※ r은 사전에 정한 목표수익률

■ 제4절 공기업 투자자금의 조달방법

공기업 투자자금 조달방법의 분류기준으로 가장 대표적인 것은 자금원천에 따라 자기자금조달과 타인자금조달로 나누는 것이다. 이는 민간기업의 투자조달의 분류인 직접금융과 간접금융의 분류와 유사하나 다소 차이가 있다. 직접금융은 자기자본에 의한 조달을 의미하며, 내부잉여자금 또는 신주발행을 통한 자금 조달방법이 이에 해당한다. 간접금융은 타인 자본(외부자금)에 의한 자본조달로 차입과 회사채, 그리고 정책금융 등 정부재원에 의한 조달 등이 포함된다. 그러나 공기업의 자금조달의 분류에서는 정부재원에 의한 조달의 분류에서 다소 차이가 있다. 즉, 공기업은 민간기업과 다르게 정부와 분리된 관계가 아니라는 점에서 정부출자는 일종의 자기자금조달 방법으로 분류된다.

이밖에 자금조달방법은 조달시점에 따라 설립자금의 조달과 사업활동과정에서의 자금조달로 나뉠 수 있다. 대체로 전자의 경우 최초 시점에 사옥건축과 설비투자비용 등 고정자산에 대한 투자가 큰 비중을 차지하고, 일정기간 필요한 인건비 등 변동 비용 역시 포함되어 있다. 이후 사업을 확장하기 위해 점진적으로 추가적인 설비투자를 위한 자금조달이 이루어지게 된다. 한편, 투자목적에 따라 설비투자를 위한 자금조달과 기타 자금조달로 나눌 수 있는데 공기업 투자를 위한 자금조달은 공기업 경영에 필요한 자본형성을 위한 것이므로 명칭 그대로 설비투자 자금조달이라 할 수 있다. 아래에서는 일반적으로 공기업 경영과 재정건전성을 논할 때 가장 중점적으로 다루어지는 자기자금조달 방법과 타인자금조달 방법에 대해서 살펴보기로 한다.

1. 자기자금조달

자기자금조달방법은 여러 가지가 있는데 그중 우리나라 공기업에서 가장 대표적인 방법은 정부출자이다. 최근 공기업의 사업이 커지고 활동영역이 넓어지면서 뒤에 나오는 차입과 내부자금 등의 방법들이 주로 쓰이고 있으나 과거 공기업 설립을 위한 방법으로 대표적인 것은 정부출자이다. 정부출자는 정부예산을 통해 자금을 조달하는 방법으로 정책적 차원에서의 지원이 이루어지는 경우가 많다.

이러한 정부출자는 일반회계, 특별회계, 재정투·융자 등 세 가지 경로를 통해 이루질 수 있는데, 정부기업예산법에 따라 구성된 특별회계를 통해 자금을 조달하는 것이 대표적이다. 대표적인 특별회계 사업은 정부기업의 사업들로 우편사업, 우체국예금사업, 양곡관리사업 및 조달사업 등이 있으며 이들 사업들은 우편사업특별회계·우체국예금특별회계·양곡관리특별회계·조달특별회계를 설치하고 그 수입으로 지출에 충당한다. 특별회계는 법률에 따라 의회의 심의를 받아 설치되어야 하나 일단 설치된 이후에는 정부의 재량으로 자산을 증감시킬 수 있어 운영에 유연성이 큰 편이다.

두 번째로 주식발행을 통한 자금조달방법이 있는데, 이는 공공 부문과 민간 부문 모두에 있어서 가장 일반적인 방법이라 할 수 있다. 공기업은 주식의 발행과 인수를 통한 납입자본(불입자본)으로 자금을 조달한다. 공기업 중 공사형 공기업은 정부가 주식 전액(100%)을 보유하며, 주식회사형 공기업의 경우 주식회사의 형태로 주식을 공개하여 민간이 일부 주식을 매입하여 보유하게 된다.

다음으로 내부자금을 통한 투자방법이 있는데 공기업의 경영을 통해 얻게 된 당기순이익 중 배당을 제외한 사내유보금과 감가상각을 통해 투자 자금을 조달하는 방법을 들 수 있다. 부채가 늘지 않고 지배구조에도 변화가 없기 때문에 가장 안정적인 방법이라 할 수 있으나 애초에 이윤극대화가 목적이 아닌 공기업의 경우, 배당과 사내유보금을 포함한 잉여자원을 극대화하기 어렵기 때문에 내부자금에 의한 투자 규모에는 명백히 제한이 있을 수밖에 없다. 내부자금을 통한 또 다른 자금조달방법으로 자산처분을 통한 투자자본의 조달 등이 있으나 자본조달방법으로는 흔치 않는 방법이며 채무상환이나 부채 관리를 목적으로 이루어지는 경우가 많다.

2. 타인자금조달

타인자금 조달방법으로 가장 대표적인 방법은 공사채의 발행을 통한 자금조달이다. 주요 공기업 외부차입금의 90% 이상이 공사채라는 점에서 공사채 발행은 우리나라 공기업 자본조달에 있어 가장 비중이 큰 방법이라 할 수 있다. 자본시장에서 공기업이 회사채를 발행하고 이를 투자자들이 매입함으로써 투자를 위한 자금을 조달할 수 있다. 공기업의 경우 정부가 부채에 대한 상환을 명시적이든 암묵적이든 보증하기 때문에 자본시장에서 비교적 저렴한 비용으로 공사채를 발행할 수 있다는 장점이 있다. 공사채를 통해 자금을 조달한 경우 이에 대한 이자를 투자자들에게 지급하고 일정기간이 흐른 뒤 만기에 도래한 회사채에 대한 원금을 상환하게 된다. 이렇게 상환의무가 있으므로 공사채 발행을 통해 조달한 자금의 원리금은 차입금과 더불어 공기업의 부채를 구성하게 된다.

다음으로 외부금융기관으로부터 자금을 조달하는 외부차입방법이 있다. 우리나라 공기업의 경우 주로 공사채에 의존하고 있으나 상황이 시급하거나 정부정책에 부응하기 위해 불가피한 경우 중앙은행에서 직접 자금을 차입하거나 시중 금융기관으로부터 저금리에 자금을 빌려올 수 있다. 공기업은 정부보증에 의한 기업 신뢰도가 높기 때문에 민간기업보다 더 유리한 조건으로 자금차입을 할 수 있다는 장점이 있다.

■ 제5절 우리나라 공기업 투자의 문제와 개선방안

1. 공기업 투자의 문제

첫 번째 문제는 일관되고 합리적인 투자결정의 원칙과 기준의 정립이 아직 미흡하다는 것이다. 투자를 결정하는 기준에 대한 숙고와 이러한 기준들의 객관적이고 합리적인 적용이 필요하다. 앞에서 살펴본 것처럼 투자의 타당성을 검토하는 투자분석방법으로 순현재가치분석, 내부수익률분석, 수익성지표분석, 편익비용분석, 회수기간법 등이 있다. 실제로 편익비용분석을 중심으로 사업의 타당성을 분석하는 방법이 많이 사용되고 있는데, 문제는 다른 여러 가지 기준이 투자를 결정하는 데에 적용된다는 점이다. 예를 들어 낙후지역에 대한 배려나 대통령 공약사항을 포함한 정치적 우선순위 등과 같은 비분석적 방법에 의한 기준을 들 수 있다. 공기업의 투자는 민간기업의 투자와 다르게 경제적 이익 외에도 공공성과 관련하여 고려할 사항들이 많기 때문에 다양한 기준이 고려되는 것은 불가피할 뿐만 아니라 오히려 필요할 수도 있다.

그러나 복수의 기준이 적용될 때 그러한 기준들 중 어떤 것을 적용해야 하는가, 그리고 더 나아가 "어떻게 복합적으로 고려해야 하는가"란 문제가 발생하는데 이러한 사항들은 판단하기 매우 어려운 일이다. 예비타당성평가처럼 적절한 배점을 부여하여 환산한 점수를 사용하고, 더 나아가 질적인 평가도 하여 합리적인 의사결정을 한다면 더할 나위 없이 좋겠으나, 실제로는 정치적 이해관계에 의하여 투자의 타당성이 무시된 채 사업이 채택되거나 타당성이 없는 투자건에 대한 결정을 번복하는 일이 자주 발생해 왔다.[10] 이러한 문제는 재무건전성이 낮은 공기업에게 어려움을 더할 뿐만 아니라 가뜩이나 정실적 임명이 잦은 공기업 사장(CEO)들이 효율적인 기업운영보다는 정치권의 눈치를 살피게 만들 위험이 있다.

두 번째 문제는 정부의 보이지 않는 지원과 공기업의 과도한 투자자금 조달 문제이다. 공기업의 경우 정부의 암묵적 보증 덕에 자금시장에서 저리로 자금을 조달할 수 있으므로, 자기자본에 의한 조달 노력을 소홀히 하고 공사채 등 부채를 통해 쉽게 자금을 조달하려는 도덕적 해이가 발생할 수 있다.[11] 우리나라는 OECD국가 중에서도 GDP 대비 공기업 부채가 매우 높은 편이며, 공기업 부채의 대부분이 공사채이다(황순주, 2021).[12] 이러한 점은 외부자금조달에 의한 공기업 투자에 대해 보다 더 신중한 판단이 필요함을 시사한다.

그런데 위에서 언급한 것처럼 공사채는 국회의 동의없이 발행할 수 있으며 특수채로 발행될 경우 유가증권발행 공시 의무도 없어 자금조달이 용이하다는 이점도 있다. 그러나 공사채 발행에 의존한 자금조달이 빈번한 근본적인 원인은, 앞에서 언급한 것처럼 정부의 암묵적 지급보증에 있다(황순주, 2021; 최한수·이창민, 2015). 우리나라 공기업은 재무건전성이나 수익성과 같은 기업 평가기준과 무관하게 금융권에서 최상급의 신용도를 인정받고 있는데, 이는 파산 등 채권 상환이 어려운 상황이 닥치면 결국 정부가 채권 원리금 등 채무를 대신 변제해 줄 것이라는 확신이 있기 때문이다. 공사채는 일종의 특수채로 신용도만 높으면 대규모로 발행할 수 있는데, 정부의 암묵적 보증하에 최상의 신용도를 평가받아 공사채를 민간 회사채보다 낮은 금리로 발행할 수 있어 외부자금조달의 대부분이 공사

---

10) 무리한 지방 기간시설(공항, 고속철도 등)의 건설이나 원자력발전소의 사용 연장 번복 그리고 지방공공시설 건설에 대한 예비타당성 조사의 면제 등의 사례들이 이에 해당한다.
11) 정부의 경우, 정책 집행을 위한 자원을 예산을 통해 조달할 경우, 국회의 심의와 동의 등 까다로운 과정이 필요하기 때문에 공기업으로 하여금 부채를 통해 정책을 집행할 자원을 마련하게 할 수 있다.
12) IMF(2020) 자료를 기초로, 대한민국의 GDP 대비 비금융공기업 부채는 2017년 기준 GDP의 23.5%로 추정(OECD 평균 12.8%)되며 이는 OECD 33개국 중 두 번째로 높은 수준이다. 아울러 공사채가 공기업 부채에서 차지하는 비율은 50% 이상으로 추정된다.

채에 의존하게 된 것이다.

이상의 내용과 같이 정부 보증의 암묵적 이점과 더불어 발행이 용이하다는 점에서 부채 증가에도 불구하고 공사채를 남용할 유인이 크기 때문에 엄격한 관리가 요구된다. 이로 인하여 2014년 공사채 총량제[13] 등이 실시되어 공기업이 발행할 수 있는 공사채의 한도를 제한하여 부채와 재정건전성을 관리하도록 하였다. 그러나 규제가 완화되다가 문재인 정부 이후 결국 폐지되고 자율규제적인 규제체제로 전환되면서 다시 공사채 발행의 비율이 높아지게 되었다.[14]

2. 공공투자의 개선방안

과다한 공사채와 공기업 부채 문제를 해결하기 위해서는, 무엇보다도 공기업 경영의 자율성을 확보하고 투자의 기준을 법제화함으로써 정치적 이해관계가 개입되는 것을 차단하는 개혁이 필요하다. 현재 「공공기관의 운영에 관한 법률」은 공기업 경영의 자율성과 책임경영을 지향하고 있다고 밝히고 있으나 책임경영이 공기업 통제라는 방향으로 운영되다보니 경영의 자율성 역시 저해되고 있다. 사실 공기업의 자율적 경영을 통해 국가경제발전과 국민의 삶의 질 향상에 기여하는 방향으로 공공서비스를 공급하는 것은, 공기업 투자를 합리화하는 노력만으로 달성될 수 있는 목표가 아니다. 기본적으로 공기업 사장에 대한 정치적 인사관행과 정부부처의 지나친 통제와 간섭을 벗어나기 위해서는 조직·인사·재무 등 거의 모든 부분에서 중립성을 유지할 수 있는 제도 개선이 선행되어야 한다. 그러면서도 조직이기주의에 함몰되지 않고, 공공성과 효율성을 조화시킬 수 있는 균형 있는 경영원칙이 지켜져야 한다.

두 번째로 명확하고 체계적인 투자기준을 확립하고 이에 근거한 일관된 의사결정 체제를 법제화하여야 한다. 지역숙원사업을 위해서 예비타당성평가를 면제하고 경제성이 없는 정책을 추진하는 것은 지양해야 한다. 지역발전이 객관적으로 어떤 가치가 있는지를 규명하고 이를 반영한 객관적인 예비타당성평가를 실시

---

13) 공기업의 회사채 발행총량을 총부채의 60% 이내로 제한하는 규제로 공사채로 인한 부채 규모가 높은 한국전력공사, 토지주택공사, 철도공사 등 16개 기관을 대상으로 2014년 실시된 바 있다.

14) 이는 공사채발행이 외부차입에 비하여 금융비용이 비교적 낮기 때문이다. 실제로 총량제의 폐지 이후 공사채 발행이 급증한 바 있다.

해야 한다. 최종적으로 평가된 지역발전의 결과가 궁극적으로 소중한 국가자원의 투입 이상의 공적 가치를 갖는지를 명확히 검토하여 정책을 추진하는 것이 바람직할 것이다.

세 번째로 공기업의 전반적인 부채 수준과 재정건전성들을 고려할 때 투자자금의 공사채 의존도는 어느 정도 조절할 필요가 있다. 정부의 암묵적 보증하에 투자자금 조달에 가장 유리한 수단인 공사채 발급은 공기업 부채를 쉽게 증가시킬 유인을 주기 때문이다. 아무리 중요한 투자 목적이 있다 하더라도 재정건전성이 안 좋은 상황에서 무리하게 투자하면 결국 부채가 과다하게 증가하게 된다. 이렇게 쌓인 부채는 미래세대에 그 부담이 전가될 수 있으므로 재정건전성을 유지하지 못하는 투자는 가급적 지양해야 한다. 이를 위해서는 공기업이 도덕적 해이에 빠지지 않고 자체적으로 재정건전성을 고려하며 공채와 차입을 합리적으로 해 나가도록 하는 유인책들이 필요하다.[15]

---

15) 이러한 유인책으로 거론되는 방법으로는 정부보증을 고려한 종합신용도와 정부보증을 배제한 독자신용도를 모두 공개한다거나 최소한의 재정건전성을 지키지 못하거나 방만한 투자 손실이 일정 수준을 넘으면 공채발행한도를 내리거나 제한하는 방법 등이 있다(황순주, 2021).

- 생산과정에 있어서 투자는 공장부지, 건물, 기계설비, 원료와 제품 재고 등 생산 과정에 필요한 자본재의 총량을 유지 또는 증가시키는 활동을 말한다.

- 공기업 투자는 국가경제를 위한 인프라를 조성하거나 국민후생을 향상시키기 위한 서비스 공급체제를 갖추기 위하여 이루어지므로 장기적 관점에서 계획된다.

- 공기업 투자는 국가발전과 사회 공동체 번영에 기여를 하는 투자로서, 국가의 발전 전략과 사회적 변화, 공공수요에 대한 신중한 판단과 예측에 기초한 의사결정이 요구된다.

- 공기업 투자를 위한 첫 번째 단계는 투자의 방향과 목적을 결정하기 위해 국가정책 및 발전전략을 검토하는 것이다.

- 두 번째 단계로 투자 타당성을 조사하고 사업보고서를 작성한다.

- 세 번째 단계로 투자대안을 평가하고 그 결과에 따라 투자를 결정, 승인한다. 이와 함께 투자자금을 조달하는 한편, 투자와 관련된 주요사항에 대해 협상과 계약을 한다.

- 네 번째 단계로 계약이 이루어진 다음에는 투자 사업이 정해진 일정에 따라 집행되고, 정부는 사업 이행이 계획대로 이루어지는지에 대해 감독(monitoring)한다.

- 다섯 번째 단계로 사업이 모두 이행된 다음에는 사업의 성과에 대한 평가와 환류가 이루어지며 투자에 대한 사후적 평가도 함께 이루어진다.

- 투자 타당성을 조사하기 위한 분석방법들은 순현재가치분석, 내부수익율분석, 수익성지표분석, 편익비용분석, 회수기간법 등이 있다.

- 투자타당성 분석 방법들 중 가장 많이 사용되는 방법은 순현재가치법와 내부수익률법이며 편익비용분석은 대규모 정부예산사업과 정부예산지원사업에 대한 예비타당성 조사에 사용되고 있다.

- 투자 자금조달은 투자를 위한 자원을 동원하는 과정인데, 자금원천에 따라 자기자금조달방법과 타인자금조달방법으로 나눌 수 있다.

- 자기자금조달방법은 정부출자, 내부잉여자금, 신주발행, 자산처분 등이 있고, 타인자금조달방법은 차입과 공사채 발행이 있다. 적시에 대규모자금조달을 위해서 공기업은 주로 공사채 발행과 차입 방법이 사용된다.

- 공기업 투자의 문제점은 다음과 같다. 먼저 일관되고 합리적인 투자결정의 원칙과 기준의 정립이 아직 미흡하다 할 수 있다. 이로 인해 정치적 이해관계에 의하여 투자의 타당성이 무시된 채 사업이 채택되거나 사업결정의 번복이 빈번히 발생하고 있다.

- 두 번째로 정부의 보이지 않는 지원 속에서 과도한 투자자금 조달이 이루어져 공기업 부채 증가의 원인이 되고 있다. 공사채는 국회의 동의 등과 상관없이 회사 차원에서 발행할 수 있는데다 특수채로 발행될 경우 유가증권발행 공시의무도 없다.

- 이에 더하여 정부의 암묵적 지급보증 하에 낮은 금리로 부채 조달이 가능하여 남용의 위험이 크다 할 수 있다.

- 과도하고 부적절한 회사채 사용을 관리하기 위해, 공기업 부채는 정부부채에 산입하여 엄격히 관리할 필요가 있으며, 정부의 지급 보증에도 제한을 둠으로써 공기업의 투자 부담이 국민에게 과도하게 전가되는 일이 없도록 적절한 제도적 개선을 추진해야 한다.

연습문제

1. 공공투자결정을 위해서 사용되는 투자분석에는 민간영역에서 개발된 투자분석방법들이 다양하게 활용되고 있다. 이에 관한 다음의 질문에 답하여 보시오.

   (1) 대표적인 투자결정방식인 비용편익분석과 순현재가치분석의 장단점에 대해서 비교, 설명하시오.

   (2) 회수기간법은 분석의 엄밀성 차원에서 비용편익분석이나 내부수익률법에 비하여 다소 떨어지지만 실무 차원에서는 자주 사용되고 있다. 그 이유는 무엇인가? 그리고 실무상 회수기간법을 사용할 때 주의해야 할 사항은 무엇인가?

2. 비용편익분석 등 민간투자 결정을 위한 방식이 공기업 투자를 결정하기 위한 수단으로도 널리 사용되고 있지만, 동일한 투자분석방법이라 하더라도 공공투자라는 관점에서 공기업 투자 결정을 위해 사용될 때 민간 투자분석과 다른 특징을 갖는다. 공공투자의 본질을 감안하여 민간투자분석과 구분되는 공공투자분석의 특징을 설명하시오.

3. 우리나라 공기업 투자에 있어서 자금조달의 특징을 설명하고, 공기업 재정건전성에 미치는 영향을 설명하시오.

Modern Public Enterprise

제8장

공기업의 요금 결정

공기업의 요금 결정

▪ 제1절 공기업의 요금 결정

1. 요금 결정의 필요성

공기업의 재화와 용역에 관한 요금 결정은 공기업 재정에 직접적인 영향을 미칠 뿐만 아니라 국민후생에도 중대한 영향을 미치게 된다. 이러한 이유로 공기업의 요금결정에 대한 재량의 범위 또는 정부 개입 범위의 문제는 공기업의 규제에 있어서 매우 중요한 고려사항이 된다(박영희 외, 2018).

1) 국민후생의 유지와 증진

공기업에 요금결정에 관한 전권을 부여할 경우 공기업은 원자재 가격의 인상, 임금인상 압력, 경영평가에 의한 실적 압박 등의 문제를 이유로 요금인상을 통해 쉽게 해결하려는 시도를 할 수 있다. 이로 인해 공기업이 공급하는 전기, 수도, 가스, 철도, 지하철 등 일반 국민생활에 필수적인 서비스의 요금이 인상되면 국민 전체의 후생에 큰 영향을 줄 수 있으므로, 정부는 국민경제라는 큰 틀에서 공기업 요금에 대한 규제를 하게 된다. 이들 서비스는 국민들의 일상생활 또는 기업의 생산활동에 없어서는 안 될 필수재이므로 수요가 가격에 비탄력적이다. 즉 가격을 올린다고 해도 수요가 줄어들지 않는다. 공기업이 서비스의 요금을 올릴 경우 공기업의 총수입은 크게 늘어나고 이윤도 증가하겠지만 소비자인 국민의 후생은 상대적으로 줄어들게 된다. 따라서 정부는 공기업의 요금결정에 개입하여 국민들의 경제적 후생이 적절한 수준으로 유지되거나 늘어날 수 있도록 관리하게 된다.

2) 경제적 순손실의 방지

많은 공기업은 독점적이기 때문에 공기업의 요금은 경쟁시장에서 결정되는 가격과 차이가 있을 수밖에 없다.[1] 독점적 위치에 있는 공기업은 시장에서 거래되고 있는 모든 재화와 용역을 생산하고, 소비자들은 독점 공기업이 생산한 재화와 용역의 대체재를 시장에서 구입하기 어렵다. 이러한 조건하에서 독점 공기업은 생산량과 가격을 결정할 수 있는 시장지배력을 갖게 되므로, 공기업에 전적으로 가격 결정의 자율성을 부여하게 되면 공기업은 이윤 극대화를 위해 가격을 높게 책정하고 생산량을 줄이는 의사결정을 하게 될 가능성이 커진다. 완전경쟁시장의 관점에서 보면 이러한 행위는 시장을 왜곡하고, 소비자인 국민에게 높은 가격 부담을 지울 뿐만 아니라 시장의 규모를 줄임으로써 경제적 순손실(deadweight loss)을 초래할 수 있다. 국민으로부터 비롯되는 공적 자금을 기반으로 설립된 공기업은 마땅히 시장 왜곡을 회피해야 하고, 소비자인 국민들의 경제적 후생 손실을 막아야 하는 책임이 있다. 따라서 공기업들이 서비스 가격 결정에 있어서 재량권을 가지는 것은 적절히 제한될 필요가 있다. 또한 독점 공기업은 생산과정에서도 생산요소에 대한 수요독점을 유지할 가능성이 크다. 즉, 판매 시장에 완제품 판매자가 독점 공기업뿐이기 때문에 재료 시장에서 해당 완제품의 재료를 사는 수요자도 독점공기업뿐일 가능성이 크다는 것이다. 이에 따라 독점공기업은 원자재 구입 등의 과정에서 독점적 지위를 이용하여 시장을 왜곡시킬 수 있고, 이 역시 정부의 요금규제의 필요성을 뒷받침한다.

2. 공기업 요금의 결정 근거

우리나라 공기업의 재화 가격과 서비스 요금은 「물가안정에 관한 법률」 등 법령과 정부방침[2]에 근거하여 결정된다. 따라서 우리나라 공기업의 요금은 사실상

---

1) 공기업은 국민에게 제공하는 재화와 용역에 대하여 적정한 가격과 요금을 반대급부로 징수하게 되는데, 이는 시장에서의 가격과 같은 개념이고, 실제로 공기업의 가격과 요금결정은 시장에서의 가격결정방법을 차용하고 있기에 양자는 동일한 개념으로 이해할 수 있고, 이 책에서도 일반적인 이해에 따라 가격과 요금을 동시에 사용한다.

2) 「물가안정에 관한 법률」뿐만 아니라 공공서비스 가격 기준에 의한 기획재정부 훈령 등은 가격 결정방식에 대한 구체적인 기준을 제시하고 있으며, 가격선정시 주무부처의 개입을 명시

정부 또는 주무부처 장관이 결정·관리하고 있다고 할 수 있다. 다만 지방공기업
의 경우 조례에 의해 각 지역의 사정에 따라 차등적으로 서비스 요금을 정하게
되어 있다. 그러나 지방공기업의 요금도 결국 지방자치단체에 의해 결정된다는
점에서 사실상 공적으로 가격이 결정·관리되고 있다고 할 수 있다.

1) 국가공기업의 요금

국민생활의 안정을 위하여 필요하다고 인정될 때에는 중요 용역의 대가에 대
하여 정부는 최고가액을 지정할 수 있다(물가안정에 관한 법률 제2조).[3] 또한 공공
기관이 제공하는 물품과 서비스의 가격은 기획재정부 장관과 협의하여야 한다(물
가안정에 관한 법률 제4조). 구체적으로 철도·전기요금, 우편·전신요금 등의 공공
요금을 결정할 때에는 법령에 의해 주무부처 장관이 미리 기획재정부 장관과 협
의하여야 한다(물가안정에 관한 법률 제4조 1항).

2) 지방공기업의 요금

지방공기업이 생산하는 재화의 가격과 서비스의 요금은 지방공기업법의 규정
(지방공기업법 제22조 1항)에 근거하여 지방자치단체의 조례로 정하게 된다. 따라서
지방자치단체가 개별적으로 지방서비스의 요금을 정할 수 있게 되어 있는데, 여
기에는 지역 간 요금수준의 형평성을 유지하여야 한다는 제한이 있다. 이는 지역
공공서비스의 경우 대부분 필수적인 대민서비스에 해당하므로 어떤 지역에 살고
있는지와 상관없이 혜택을 골고루 누릴 수 있게 하기 위함이다. 다만, 이러한 제
한이 동일한 요금에서의 공급을 의미하는 것은 아니며, 기업 활동의 지속가능성
을 유지하기 위해 각각의 형편에 따라 어느 정도 요금 결정의 자율성이 인정된
다. 따라서 상·하수도 사용료, 산업용수사용료, 지하철 요금, 주차요금 등 지방공
기업 서비스의 가격은, 일정 범위 내로 제한되기는 하나 각 지역의 사회·경제적
조건에 따라 차등적으로 결정된다.

하고 있다.
3) 최고 가격을 지정하고자 할 경우 경제정책조정위원회의 규정에 따른 협의와 조정을 거쳐야
   한다(동법 시행령 제19조).

■ 제2절 공기업의 비용

공기업 재화의 가격과 용역의 요금을 정하는데 있어서 가장 중요한 기준은 생산비용이다. 생산비용은 재화와 용역의 생산에 투입할 생산요소를 구매하기 위해 사용된 금액으로 정의된다. 사실 비용에는 생산비용 외에도 판매비용이나 유통비용 등 시장공급 과정별로 다른 비용 개념이 존재하지만 일반적으로 가장 핵심비용은 생산비용이다. 아울러 비용은 일정한 회계원칙에 따라 기장(記帳)되는 회계비용과 경제학적 관점에서 경제활동을 위해 희생되는 가치를 개념화한 기회비용으로 구별되는데, 일반적으로 가격과 비용의 원리를 논하는 경우에는 기회비용의 개념을 사용한다.

1. 비용의 유형

공공요금은 정책적 목표와 재정적 목표를 동시에 고려하여 사전에 책정되므로, 공기업의 서비스 요금은 자연스럽게 서비스 생산비용을 고려하여 결정된다(이준구·이창용, 2011: 140-159; Mankiw, 2012: 263-268). 따라서 공기업 요금결정을 이해하기 위해서는 생산비용에 대한 이해가 선행되어야 한다.

1) 고정비용과 가변비용

기업의 총생산비용은 고정비용(Fixed Cost; FC)과 가변비용(Variable Cost; VC)으로 나눌 수 있는데 고정비용은 산출량에 따라 그 금액이 변하지 않는 비용으로 한 단위의 상품도 생산하지 않더라도 지출되었거나 계속 지출되어야 하는 비용을 말한다. 예를 들어 초기설비비용과 사옥 구입비용, 그리고 시설·장비의 임차료 등은 생산량과 관계없이 생산활동을 준비하기 위해 이미 지불하였거나 매월 지불해야 하는 고정비용에 해당한다. 이와 달리 가변비용은 생산량에 따라 달라지게 (증가하게) 된다. 가변비용은 생산량이 증가함에 따라 추가적으로 지불되는 비용으로 원재료비, 전기료, 근로자의 급여 등이 이에 해당한다. 예를 들어 생산량(판매)을 늘리기 위해 생산직근로자(판매사원)를 추가로 고용하였다면, 이들에게 지급되는 급여가 바로 가변비용이다.

2) 평균비용과 한계비용

생산단위당 비용 개념은 크게 두 가지로 나누어 볼 수 있다. 첫 번째 개념은 평균비용으로, 총비용을 산출량으로 나눈 값이다. 두 번째 개념은 한계비용으로 상품 한 단위를 더 생산하는데 소요되는 비용이다. 총비용은 고정비용과 가변비용의 합이므로 총비용을 산출량으로 나눈 평균비용은 평균고정비용과 평균가변비용으로 구성된다. 평균고정비용은 고정비용(FC)을 산출량(Q)으로 나눈 것(FC/Q)이고, 평균가변비용은 가변비용(VC)을 산출량(Q)으로 나눈 것(VC/Q)이다.

평균비용은 생산단위당 비용에 해당하며, 단위원가 산정시에 유용한 정보를 제공하여 준다. 한편, 한계비용은 추가적인 한 단위 생산에 소요되는 비용으로 생산량 변동에 따른 (총)비용의 흐름을 파악하는데 유용하며, 기업 생산량 변화에 따른 총비용의 변화에 관한 정보를 제공한다.

2. 비용의 특성

위에서 다룬 평균비용곡선과 한계비용곡선 개념을 통해 기업의 생산함수와 비용함수의 특징을 살펴보도록 하자. [그림 8-1]에는 평균비용(AC)과 한계비용(MC)의 두 가지 비용을 나타내는 곡선이 그려져 있다. 이 그림은 평균비용과 한계비

그림 8-1 평균비용과 한계비용

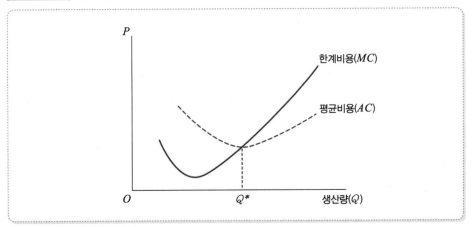

용이 갖는 특징과 한계비용과 평균비용의 관계 등에 관한 유용한 정보를 제공한다(Mankiw, 2012: 268-271).

1) 한계비용의 체증현상

생산이 증가하면 한계비용도 함께 증가하는데, 이러한 비용의 체증은 생산량이 증감함에 따라 한계생산성이 체감하는 기업생산함수의 특성에서 기인한다. 생산량이 많지 않은 시점에서는 대부분의 생산설비가 가동되지 않은 상태에 있으므로, 근로자 1명을 추가적으로 투입하여 유휴설비를 운영한다면 한계생산은 더 증가하게 된다. 이러한 이유로 생산물 한 단위를 더 만드는 데 드는 추가비용은 상대적으로 적게 들게 된다. 그러나 이미 많은 상품을 생산하고 있는 경우에는 생산설비의 대부분이(또는 모든 생산설비가) 가동되고 있는 상태이므로, 추가로 채용된 근로자들이 생산을 위해 사용할 수 있는 생산설비는 상대적으로 부족하게 되어 근로자 1명의 추가 투입에 따른 생산성은 이전보다 낮아진다. 이로 인해 상품한 단위를 추가로 만드는 데 들어가는 비용은 상대적으로 증가하는데 이를 한계비용의 체증현상이라 지칭한다. 이러한 원리에 의해 한계비용은 생산량이 증가함에 따라 초기에는 감소하다가 일정 생산 시점 이후에는 증가하게 된다.

2) U자형 평균비용 추세

평균비용은 낮은 생산수준 단계에서는 큰 폭으로 감소하는데 이러한 특징은 생산량과 관계없이 지불되어야 하는 고정비용이 존재할 때 나타난다. 생산량이 증가함에 따라 고정비용은 생산물의 각 단위에 분산되기 때문에 생산물 단위당 평균고정비용은 계속 감소하게 된다. 한편 앞에서 살펴본 것처럼 생산물의 한계생산성은 생산 초기를 제외하면 체감하는 추세를 보이는데, 이로 인하여 평균비용은 지속적으로 상승하게 된다.

생산량이 증가함에 따라 감소하는 평균고정비용과 증가하는 평균가변비용의 영향력이 복합적으로 작용하여 평균비용의 변화방향이 결정된다.[4] 평균고정비용의 감소효과와 평균가변비용의 증가효과의 합은 생산량이 증가함에 따라 평균비용곡선이 U자 형태를 갖도록 작용한다. 즉, 생산량이 적을 때는 평균비용이 낮아

---

4) 고정비용의 감소효과가 가변비용의 증가효과를 압도하는 초기에는 평균비용은 감소하고, 어느 정도 생산이 늘어난 후에는 후자가 전자보다 커져서 평균비용은 증가하게 된다.

지다가 생산량이 커질수록 평균비용이 높아진다. [그림 8-1]을 보면, 생산량이 적을 때는 초기의 큰 고정비용이 소수의 생산물에 분산되어 평균비용은 높은 수준에서 출발하지만, 생산량이 늘어남에 따라 평균고정비용은 점차 낮아지고 전체적으로 평균비용이 하락한다. 그러다가 생산량이 일정 수준을 넘어서면 평균가변비용이 평균고정비용의 감소폭 이상으로 증가하기 때문에 평균비용도 점차 상승하게 되어 U자형의 형태로 보이게 된다.

U자형 평균비용 추세의 바닥은 평균비용이 최소가 되는 생산지점이며, 한계비용곡선도 이 지점을 통과하는데, 두 곡선이 교차하는 "평균비용의 최저점"에서의 생산량(Q^*)이 효율적 생산량에 해당한다.

보통 단기적으로 U자형 평균비용곡선은 생산요소 중 자본(또는 자본투자)을 고정시킨 경우에 해당하는데, 장기적으로 자본을 변화시킬 경우 평균비용 곡선은 변화하게 된다. 이렇게 나타나게 되는 여러 평균비용 곡선들과 한 점에서 접하는 포락선(envelope curve)을 그릴 수 있는데 이 곡선이 바로 기업의 장기평균비용곡선(Long-run Average Cost curve)이 된다.

3) 한계비용과 평균비용의 관계

한 단위 생산시 추가되는 비용인 한계비용은 단위당 생산비용인 평균비용과 일정한 관계를 갖는다. 한계비용이 평균비용보다 더 크다면 이는 한 단위 추가 생산할 때 증가하는 비용이 단위당 생산비용보다 더 크다는 것을 의미하므로, 마지막 단위의 생산에 들어간 비용이 더해졌을 때 단위당 비용인 평균비용은 증가하게 된다. 반대로 한계비용이 평균비용보다 작다면, 평균비용은 전체적으로 하락하게 된다.[5] 한계비용은 평균비용의 증감에 영향을 주며 반대로 평균비용이 증감된다면 이로부터 한계비용의 변화를 추론할 수 있다. 이러한 관계를 그림으로 그려보면 U자형의 평균비용곡선의 최저점을 한계비용곡선이 뚫고 상승하는 형태를 갖게 된다([그림 8-1]). 생산량이 많지 않을 때는 고정비용이 충분히 분산되지 않아서 평균비용은 고정비용을 고려하지 않는 한계비용보다 더 크기 때문에 생산량이 증가함에 따라 평균비용은 감소하게 된다. 반면 일정한 생산량(교차점)부터는 고정비용이 충분히 분산됨에 따라 평균비용은 낮은 수준에 이르게 되지만, 반대

---

5) 반평균보다 낮은 성적을 갖는 학생의 성적이 추가로 더해지면 반평균은 내려가고 반대로 반평균보다 높은 성적의 학생이 포함되면 반평균은 올라가는 이치와 비슷하다.

로 한계비용은 점차 증가하여 평균비용을 다시 상승시키게 된다.

■ 제3절 이윤극대화 가격결정

공기업은 국가경제발전과 국민 후생 증진을 위해 다양한 산업분야에 설립될 수 있고, 여러 유형의 시장에서 재화와 서비스를 생산할 수 있다. 일반적으로 공기업에 의한 공급의 필요성이 제기되는 독점시장뿐만 아니라 소수의 공급자들의 담합이 발생하는 과점시장, 그리고 다수 공급자의 경쟁이 빈번히 일어나는 독점적 경쟁시장과 완전경쟁시장에도 재화나 서비스를 공급할 수 있다. 또한 공기업은 일반적으로 공공목적을 달성하기 위해 재화나 서비스를 공급하지만, 투자재원을 확보하거나 서비스 공급의 지속가능성을 강화하기 위해 재정수입이 필요할 경우, 민간기업처럼 이윤을 고려한 요금결정을 하는 경우도 있다. 따라서 공기업 요금 결정의 원리를 이해하기 위해 먼저 이윤극대화를 위한 가격결정을 살펴보기로 한다.

공기업이 어떤 시장에서 생산·판매를 하든 이윤극대화를 위해서는 한계비용과 한계수입이 일치하는 조건을 만족시키는 생산량과 가격을 선택해야 한다. 완전경쟁시장에서 공기업은 가격수용자로 한 단위 추가판매시 받는 가격이 한계수입이 되므로 효율적인 생산량은 "한계비용=한계수입(=시장가격)"의 조건을 만족한 수준에서 결정된다. 그러나 불완전 경쟁시장에서는 "한계비용=한계수입"의 조건을 만족하는 수준에서 생산량을 정하고, "한계수입 < 가격"인 조건을 만족하는 가격을 결정하게 된다. 이때 결정된 가격은 독점시장의 경우 독점가격, 과점시장의 경우에는 과점가격이라고 지칭한다. 여기서는 통상적인 분류에 따라 완전경쟁시장과 불완전경쟁시장으로 둘로 나누어 살펴본다(이준구·이창용, 2010: 166-219).[6]

1. 완전경쟁 하의 결정

완전경쟁시장에서 기업의 상품가격은 시장 수요와 공급이 일치할 때 결정되며

---

6) 시장진입의 자유로움과 공급자 수로 보면 독점과 과점 그리고 완전경쟁과 독점적 경쟁으로 나누어서 볼 수도 있다.

이러한 가격을 균형가격이라 부른다. 생산자이자 공급자인 기업들과 소비자 모두 이렇게 결정된 가격을 수용한다. 따라서 경쟁시장에서는 공기업 역시 재화나 서비스를 공급하려면 균형가격을 그대로 수용하고 그 가격(요금)에 재화나 서비스를 공급하는 것이 일반적이다. 균형가격이 결정되면 기업이 직면하는 수요는 균형가격수준에서 수평으로 나타난다. 이 조건하에서 한계수입은 가격과 일치하게 되는데, 수입이 고정되어 있으므로 한 단위 판매시 추가되는 수입 역시 동일하다. 완전경쟁시장에서 공기업은 가격을 결정할 수 없고 다른 경쟁기업과 마찬가지로 시장균형가격(요금)에 서비스의 수요만큼 생산·판매한다.

시장이 완전경쟁에 가깝다면 군이 공기업이 재화나 서비스를 공급하지 않아도 시장을 통해서 충분히 다양한 생산주체들이 재화나 서비스를 공급하기 때문에 완전경쟁시장에서는 공기업이 적극적인 활동을 하는 경우는 드물 것이다. 실제로 완전경쟁에 가까운 시장에서는 공기업의 활동을 찾기 어려우며, 예외적으로 공공성이 크게 요구되는 의료, 교육, 교통과 같은 영역에서는 완전경쟁에 가깝더라도 요금지불 능력이 없어 배제되는 소수를 위해 공적 공급이 이루어지기도 한다.

2. 불완전경쟁 하의 결정

드물게 재정수입을 위해 공기업이 설립되는 경우(예: 강원랜드)도 있지만, 대체로 공기업의 설립은 정책적으로 공급 필요성이 큰 재화가 시장형성이 안됨[7]으로 인해 공급되지 못하는 경우에 이루어진다. 따라서 대부분의 공기업이 참여하는 시장은 민간경쟁자가 없는 독점시장이며 공기업은 독점기업이 된다.

독점기업은 시장의 유일한 공급자이기 때문에 독점기업의 수요는 시장수요와 동일하다. 독점기업 상품에 대한 수요 역시 경쟁시장의 수요와 동일하게 가격이 낮아짐에 따라 수요량이 증가하기 때문에 우하향하는 기울기를 갖는다. 즉 독점기업이 가격을 인상하면 시장수요는 감소하고 생산량을 줄이면 시장가격은 상승한다. 따라서 독점기업이라 하더라도 이윤을 무한히 얻을 수는 없으며 수요곡선상의 가격과 수요량의 조합 중에서 가장 이윤을 많이 얻을 수 있는 하나의 조합

---

7) 재화의 사회적 필요성은 크나 민간자본의 부족으로 재화를 공급할 민간기업 자체가 설립되지 못하거나 민간자본이 있더라도 수익구조가 불확실하여 재화시장에 대한 기업투자가 이루어지지 않을 경우 민간에 의한 재화공급은 어렵게 된다.

만을 선택하는 것이다. 독점기업이라 하더라도 더 많은 재화를 팔고 싶다면 가격을 인하해야 하므로 독점기업의 한계수입은 재화의 가격보다 항상 작게 된다.

그림 8-2 독점기업의 가격결정

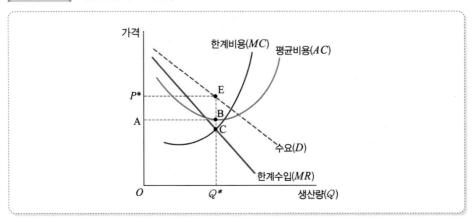

완전경쟁이든 불완전경쟁하에서든 이윤 극대화를 위해서는 한계비용과 한계수입이 같아지는 지점에서 생산량을 결정해야 하는데, 완전경쟁에서는 "한계수입=가격"인 반면, 불완전경쟁하에서는 가격은 한계수입보다 더 높은 수준에서 결정된다. 독점기업의 경우 자신의 한계비용곡선이 동시에 공급곡선이므로 "한계비용=한계수입(< 가격)"이 성립하는 C점에서 Q*만큼 생산한다. 따라서 판매하는 한 단위당 가격과 한계비용의 차이만큼의 이윤을 얻게 된다. 여기서 수요곡선은 재화소비를 통해 얻는 한계편익(또는 한계효용)을 나타내며 이는 추가적인 재화소비를 위해 지불하고자 하는 최대 지불용의액과 일치한다. 가격결정력을 가진 독점기업은 한계비용만큼의 한계수입을 얻을 수 있는 지점까지 재화를 생산(공급)하고 가격은 그 재화에 대한 최대지불용의액 수준(P*)에서 결정함으로써 재화 한 단위당 가격과 한계비용의 차이만큼 이윤을 얻게 되는데 이를 독점이윤이라 한다.[8]

그림에서 보는 것처럼 경쟁기업에서 소비자가 얻을 수 있는 소비자 잉여의 일부는 독점이윤에 흡수되며, 소비는 경쟁시장의 소비 수준보다 더 줄어들어 소비를 통해 발생하는 사회적 후생도 감소하게 된다.[9] 한편, 가격과 평균비용의 차이는

---

8) 따라서 경쟁시장에서는 P=MR=MC 그리고 독점시장에서는 P>MR=MC이 성립된다.
9) 이때 줄어드는 사회적 후생을 자중손실이라고 하는데, 기업의 경우 독점이윤으로 손실된 생

생산물 한 단위당 평균이윤에 해당하므로, 총독점이윤은 $(P^* - 평균비용) \times Q^*$ 이며 이는 그림에서 사각형(ABEP^*)의 넓이에 해당한다. 이러한 독점이윤은 시장진입의 제한에 의해 발생하는 특수이익으로서 때로는 독점지대라고 불리기도 한다.

공기업의 경우, 국가경제적 목적 또는 국민경제의 특수한 사정에 따라 일정한 사업 영역에 대한 독점권을 가지고 재화(서비스)를 생산, 공급하는 경우가 많으므로 독점기업적 위치에 있는 경우가 많다. 다만, 제공하는 재화가 공공서비스에 해당하므로 독점가격을 요금으로 책정하는 경우는 거의 없다. 오히려 한계비용 또는 평균비용 수준의 낮은 요금을 책정하여 완전경쟁수준의 공급과 소비가 이루어지도록 조정함으로써 보다 많은 시장참여자들이 서비스를 이용할 수 있게 한다.

과점과 독점적 경쟁시장의 경우 기본적으로 독점시장과 유사하게 P > MR = MC의 조건을 만족하는 수준에서 가격이 결정되지만, 경쟁자들과 시장을 나누는 구조에 놓여 있기 때문에 독점시장에 비해 시장점유율이 낮다. 이로 인하여 각 기업은 더 작은 수요에 직면할 수밖에 없는데, 과점시장의 경우 과점을 이루는 경쟁자들의 전략적 행위—독단적 가격인하—로 인하여 과점체제가 붕괴되고 시장이 경쟁적으로 변화할 유인이 크다. 또한 독점적 경쟁시장은 기본적으로 시장진입이 자유롭기 때문에 기존기업이 품질이나 디자인의 차별성을 유지하지 못한다면 독점적 영역 내에서도 언제든지 경쟁이 발생할 수 있다.

■ 제4절 한계비용 가격결정

1. 한계비용가격의 의의

앞에서 논의한 것처럼 목적이 국가경제성장이든, 국민의 필요충족이든 시장의 공백과 불충분성을 메우기 위해 정부에 의하여 설립되는 공기업은 시장에서 독점적 위치에 있는 경우가 많다. 따라서 요금 책정에 대한 재량권이 클 경우 지속적 자본투자나 배당을 해야 하는 공기업은 독점가격이나 이에 준하는 수준에서 요금을 결정할 가능성이 높을 수밖에 없다. 따라서 정부는 사회후생의 극대화를 위해

산자 잉여 이상으로 거두어들이지만, 소비자의 경우 경쟁가격에서의 소비량보다 더 적게 소비하게 되므로 소비자 잉여의 손실을 피할 수 없다.

공기업 재화와 서비스에 대해 적절한 가격규제를 시행해야 하는데, 이때 가장 기준이 되는 것이 한계비용이다. 사실 완전경쟁이든 독점이든 효율적 가격결정에는 한계비용이라는 개념이 항상 결부되며, 궁극적으로 한계비용과 가격의 차이가 어느 정도 되느냐에 따라 구분된다.[10]

한계비용에서 가격결정을 할 경우 독점시장이지만 완전경쟁시장과 같은 수준에서 공급·소비가 이루어지고, 서비스 요금 역시 독점의 경우와 비교하면 저렴한 수준에서 결정된다. 만약 한계비용보다 더 낮은 가격에서 서비스를 공급해야한다면, 생산자 입장에서는 공급하는 만큼 손해가 커지므로 공급의 유인이 없다.

한계비용에서 가격을 결정할 경우, 가변비용은 충당이 되나 고정비용은 회수할수 없음을 알 수 있다. 아무리 많이 팔아도 평균고정비용은 작아지지만, 총손실 (total loss)은 고정비용 수준에서 일정하므로 손익계산서상으로는 손해를 보게 된다. 만약 고정비용이 매우 크다면 손실 역시 매우 크므로 중장기적으로 기업의 지속가능성에 문제가 생긴다. 대부분의 경우 발전소, 도로 등 국가기간시설을 구축하는 공기업은 대규모 자본투자를 통해 서비스를 공급하므로, 자연스럽게 고정비용을 회수하는 문제가 중요한 쟁점이 된다.

이와 같이 한계비용가격결정은 공기업의 가장 중요한 목적 중 하나인 사회후생 증진이라는 측면에서는 매우 이상적이나 현실적으로 사용하기 어려운 문제들이 존재한다. 다음에서는 한계비용가격결정방식이 갖는 문제에 대해서 좀 더 알아보기로 한다.

2. 한계비용가격설정의 문제

한계비용가격결정방법은 효율성을 충족한다는 장점에도 불구하고 실제로 적용하는 데에 몇 가지 걸림돌이 있다. 첫 번째 문제는 같은 서비스라 하더라도 시간과 장소에 따라 한계비용이 다르다는 점이다. 예를 들어 혼잡한 시간대에 택시는 정류장에서 기다리고 있는 많은 승객들을 태우기 위해서 승객을 가급적 빨리 목적지에 데려다주고 돌아와야 하는 빡빡한 운전스케줄을 소화하므로 서비스의 한

---

10) 독점가격의 경우 P>MR=MC가 가격결정조건이며, 가격 P와 한계비용 MC의 차이가 0보다 크며 완전경쟁의 경우 개별기업은 가격수용자로서 P(=MR)=MC에서 결정된 수요만큼 공급한다.

계비용이 증가하게 된다. 따라서 이런 경우 더 높은 택시요금을 받아야 하나 상황에 따라 달라지는 한계비용을 정확히 측정하는 것은 매우 어렵다. 따라서 현실 속에서는 시간과 거리에 따라 일정하게 정해진 요금(규제요금)을 지불하게 되어 있다. 규제요금 하에서 승객들은 비용을 예측할 수 있어서 좋은 점도 있으나 피크타임에는 택시가 부족해서 승객들은 오랜 시간 기다려야 하므로 빠르고 편한 택시서비스의 장점은 사라지게 된다.

두 번째 문제는 규모의 경제하에서 한계비용가격결정은 고정비용을 회수할 수 없어서 손실이 발생한다는 점이다. 대규모 자본투자가 동반되는 공기업의 사업특성상 고정비용의 회수가 어려울 경우 큰 손실을 피할 수 없는데 공기업이 한계비용 가격제를 유지하는 한 이러한 손실은 정부의 재정지원에 의하여 해소되어야 한다. 사회전체를 위한 공익사업을 세제지원을 통해 유지한다는 것은 언뜻 보면 별문제가 없어 보이나 실제로는 납세자간 불공평성을 초래할 가능성이 크다. 즉, 납세자 중 해당 공기업의 서비스를 이용하는 사람과 이용하지 않는 사람이 있을 경우, 양자 간에 수혜와 부담이 불공평해지는 문제가 발생하게 된다. 이러한 문제를 피하기 위해서는 공기업이 정부지원에 의존하지 않고 독립채산제하에서 자체수입으로 고정비용을 회수할 수 있게 해야 한다. 즉, 서비스에 대한 요금을 서비스 생산의 한계비용보다 더 높게 결정하여 소비자가 그들이 누리는 서비스로 인한 모든 비용(가변비용+고정비용)을 지불하게 해야 한다. 그러나 한계비용과 차이가 나는 요금은 소비를 감소시켜 결국 사회후생의 손실을 가져오는 한계가 있다.

■ 제5절 한계가격결정의 대안들

이제 한계가격결정방식의 문제를 극복하기 위한 대안적 가격결정 원리(pricing principle)들에 대해서 알아보기로 한다. 뒤에서 전개되는 모든 가격원리는 저마다 한계비용가격결정방식을 기본으로 하되 그 한계를 극복하기 위해 고정비용을 회수할 수 있는 방법을 가미한 특징이 있다.

1. 평균비용가격결정

고정비용의 회수를 위한 가장 대표적인 가격결정방식은 서비스 요금을 평균비용에 준하여 결정하는 평균비용가격결정방식이다. 평균비용(AC: Average Cost)은 전체비용(TC: Total Cost)을 생산량(Q_{AC})으로 나눈 것이므로 가변비용(VC: Variable Cost)뿐만 아니라 고정비용(Fixed Cost: FC)까지 모두 반영된다. 여기서 Q_{AC}는 평균비용가격(P＝AC)에서의 생산량에 해당한다. 만약 한계비용(MC)이 일정(c)하다면 평균가변비용 AVC(Average Variable Cost)는 한계비용과 동일하며, $c \cdot Q_{AC}$로 표시할 수 있다.

$$AC = \frac{TC}{Q_{AC}} = \frac{(VC(Q_{AC}) + FC)}{Q_{AC}} = c + \frac{FC}{Q_{AC}}$$

위의 식에서 보는 것처럼 평균비용에는 상품 1개당 고정비용($\frac{FC}{Q_{AC}}$)이 반영되어 있으므로 가격을 평균비용에 일치시키면 생산량 Q_{AC}만큼 판매하였을 때 고정비용을 회수할 수 있다. 한편 한계비용가격결정에 의해 발생하는 사회후생은 완전경쟁시장의 경우와 동등하며, 평균비용가격결정에 의해 발생하는 사회후생은 그보다 작다.[11] 이렇게 볼 때 평균비용에 근거해 결정한 공공서비스 요금은 한계비용가격에 근거한 요금만큼 효율적이지 못하지만, 고정비용이 회수될 수 있어 공기업의 투자손실을 막을 수 있다는 장점이 있다.

2. 램지가격결정

공기업이 여러 개의 제품을 생산하고, 각 제품의 소비가 상호간 영향을 주지 않을 때 사용할 수 있는 가격결정방법으로 수요의 가격탄력성이 높은 상품은 가격을 낮게 하고, 가격탄력성이 낮은 상품은 가격을 높게 결정함으로써 수지균형

---

11) 규모의 경제가 존재하는 한 평균비용가격이 한계비용보다 더 높기 때문에 평균비용가격에서의 소비는 한계비용가격의 소비보다 더 작게 된다. 즉, $AC = c + \frac{FC}{Q_{AC}} > c$ (여기서 $\frac{FC}{Q_{AC}} > 0$, 한계비용(MC)이 일정(c)하다라는 가정에 의해 c＝MC). 이 경우 평균비용가격에서의 소비에 의해 발생하는 사회후생 역시 한계비용가격에서의 소비시 발생하는 사회후생보다 더 작게 된다.

이라는 제약조건을 만족하는 효율적인 가격조합을 찾아내는 방식이다(이준구·조명환, 2016: 707-709).

여기서 수지균형이라 함은 공기업이 여러 가지의 재화나 서비스를 생산, 공급하고 받는 가격을 통해 얻은 재정수입(R)이 비용(C)을 충당($P_xX + P_yY = R = C$)함을 의미하며 제품 상호간 소비에 대해 서로 영향을 주지 않는다는 것은 제품간 소비에 교차탄력성이 없다는 것을 의미한다. 램지가격 결정은 아래와 같은 수식으로 표현될 수 있다.

$$\frac{(P_x - MC_x)/P_x}{(P_y - MC_y)/P_y} = \frac{\epsilon_y}{\epsilon_x}$$

위 식으로부터 수요의 가격탄력성이 작을수록 가격과 한계비용 사이의 격차가 상대적으로 더 커져야 함을 알 수 있는데, 이는 가격이 올라가더라도 수요가 좀처럼 줄지 않는 제품에 더 높은 가격을 결정할 수 있다는 의미이다. 그런데 가격 결정이 가격과 한계비용의 격차에 영향을 받는다는 점에서 수요의 가격탄력성이 낮은 재화는 독점가격에 더 가까운 가격을 결정할 수 있다. 고정비용이 존재하는 경우에는 그것을 충당하도록 한계비용보다는 더 높게 가격을 정하는 게 사회적으로 바람직할 수 있다. 즉, 경쟁이 발생할 경우 가격은 한계비용에 맞추어지는데 이 경우 고정비용이 존재하는 한 결국 모든 기업이 손실을 보게 된다. 따라서 공기업에 독점을 허용하는 대신 서비스 요금을, 고정비용 충당이 가능한 수지타산 균형점에 맞추어 규제하는 것이 램지가격의 또 다른 모습이다.

한편, 사회후생적 관점에서 램지가격은 한계비용이 평균비용 아래에 있을 때 적용하는 것이 바람직할 것이다.[12] 규제당국은 공기업이 고정비용 손실을 보충하기에 충분한 수준의 수입을 거둘 수 있도록 수요탄력성을 고려하여 공기업 서비스의 요금을 결정한다.

---

12) 이러한 가격 결정을 통해 최소한의 후생손실을 발생시키게 되는데 만약 한계비용이 평균비용보다 더 높은 구간에서는 가격을 한계비용보다 높게 결정하면 후생손실이 너무 커지는 반면, 가격은 고정비용을 회수할 수 있을 만큼 충분히 높기 때문이다.

3. 차별가격제

우리가 시장에서 항상 접하는 것처럼 일반적으로 동일한 상품은 모두 같은 가격을 받는다. 그 이유는 경쟁시장에 참여하고 있는 기업들은 가격차별을 할 수 없기 때문이다. 특정한 기업이 시장가격보다 높은 가격을 받으려고 하면, 소비자는 다른 기업의 상품을 구입하게 되고, 해당 기업은 시장에서 도태될 수밖에 없다. 낮은 가격을 결정하면 판매량을 일시적으로 늘릴 수 있겠지만 다른 경쟁기업들도 가격을 낮출 것이므로 판매량 증대 효과는 곧 사라지게 되고 결국 매출만 줄어들게 된다. 기업들은 이러한 상황을 합리적으로 예측할 수 있기 때문에 동일 재화에 단일 가격을 매길 수밖에 없다.

이에 반하여 차별가격제는 동일한 재화 또는 서비스를 대상으로 가격을 차별화하는 것이다. 기업이 가격차별을 한다는 것은 그 기업이 시장지배력을 갖고 있다는 것을 의미하며 독점의 가격차별이 대표적인 예이다. 차별가격제는 독점시장에서 생산·공급하는 재화 또는 용역에 대하여 수요의 가격탄력성을 달리하는 소비자들을 대상으로 각기 다른 가격을 부과하는 방법이다. 차별가격결정에서 가격은 상품가치주의 또는 부담력주의를 근거로 해 결정하므로 수요자의 편익이나 지불능력에 따라 동일한 서비스에 대해 각기 다른 가격을 부여하게 된다. 이러한 가격차별은 가격차별을 얼마나 세밀하게 할 수 있느냐에 따라 1급, 2급, 3급 가격차별로 나눌 수 있다.

1급 가격차별(완전가격차별)은 개개의 소비에 대한 완전한 정보를 가지고 있어서 모든 수요자들에게 그들의 최대편익 즉, 최대지불용의액만큼 가격(유보가격)을 받아서 소비자 잉여까지 흡수할 수 있는 가격결정방식이다. 재화 1단위당 개별 소비자의 최대지불용의액(수요곡선상의 한계편익)만큼 가격을 결정하므로 수요곡선은 한계수입곡선이 되며, 독점기업의 한계비용곡선(=공급곡선)과 수요곡선이 만나는 점에서 MC=MR의 조건 역시 만족하게 된다. 따라서 균형소비량과 산출량 모두 완전경쟁하의 소비량 및 산출량과 같게 되며, 사회후생에 있어서도 자중손실이 발생하지 않아 자원배분 면에서는 효율적이라 할 수 있다. 그러나 모든 소비자 잉여는 생산자(독점기업) 잉여로 흡수되므로 소비자와 생산자 간의 형평성 면에서는 바람직하지 못한 결과가 발생할 수 있다.

2급 가격차별은 소비자의 사용량(소비량)에 따라 단위당 가격을 서로 다르게 결정하는 가격차별을 의미한다. 일반적으로 많은 양을 사용할수록 단위당 평균비용은 낮아지므로 다량 구매자에게 낮은 가격을, 그리고 소량구매자에게 높은 가격을 받는 방식으로 가격차별이 이루어진다.[13] 대용량 제품을 소량제품에 비해 상대적으로 저렴한 가격에 판매하고, 대형 마트에서는 수시로 대용량·묶음 상품을 할인판매하는 판매전략 등이 2급 가격차별결정을 적용한 사례라 할 수 있다. 이렇게 함으로써 지불용의가 낮거나 가격부담능력이 낮은 사람들에게도 더 많은 재화를 판매할 수 있다. 1급 가격차별에 비해 자원배분의 효율성을 낮은 편이나 소비자 잉여가 전적으로 생산자에 귀속되지 않고 어느 정도 소비자들에게 귀속된다. 이런 면에서 공기업이 제공하는 공공서비스 요금에도 적용할 수 있는 여지가 존재한다. 가치재나 재화평등주의가 적용되는 공공서비스의 경우, 2급 가격차별을 적용하여 더 많은 사람들이 서비스를 이용하도록 하는 동시에 높은 요금을 지불한 소비자들의 재정 기여분(초과이윤)으로부터 고정비용을 회수할 수 있기 때문이다.

3급 가격차별은 개개의 소비에 대한 정보를 가지고 있지는 못하나 소비자 그룹에 대한 소비 패턴(수요곡선에 대한 정보)을 알고 있어서 집단별로 다른 가격을 부과하는 것이다. 현실 속에서 1급 가격차별은 매우 드물고 골동품이나 예술품 거래처럼 독점공급자가 개별 수요자와의 협상에 있어서 강력한 우위에 있을 경우에나 가능할 것이다. 반면 3급 가격차별은 독점시장 뿐만 아니라 어느 정도 경쟁이 존재하는 시장에서도 활용되고 있으며 그 결과 많은 상품의 거래에서 관찰되고 있다.

예를 들면, 우체국에서 우편물을 특급등기, 일반등기 여러 종류로 나누어 각기 다른 요율을 적용하거나 KTX와 같은 여객 서비스의 경우 특석과 일반석 등으로 분류하여 각기 다른 요금을 적용하는 것을 들 수 있다. 소비자들은 자신들의 지불능력이나 서비스에 대한 가치 평가에 따라 각기 다른 요금을 내고 (질적으로 약간의 차이는 나지만) 동일한 서비스를 이용하게 된다.

---

13) 하나의 수요곡선하에서 소비 수량에 따라 소비자를 여러 그룹으로 구분하여 서로 다른 가격을 부여하므로 일종의 구간별 가격결정(block pricing)이라 할 수 있다.

4. 이부가격제

이부가격제(two-part tariff)는 사업비용을 고정적 부분과 변동적 부분으로 나누어, 고정비와 변동비의 관계에 대응하여 기본가격과 종량가격의 이부가격을 구성하는 것이다(Sherman, 2008). 여기에서 말하는 기본가격이란 상품의 수요자들에게 시설물 설치에 드는 비용을 부과시키는 가격이고, 종량가격은 상품의 소비자가 사용한 상품의 소비량에 비례하여 부과되는 가격이다.

좀 더 쉽게 설명하자면 이부가격제도(two-part tariff)는 소비자에게 가입비(entry fee)를 받고 특정 상품을 소비 또는 구매할 권리나 자격을 사게 한 다음, 그것을 소비하거나 구매하는 양에 비례해 별도의 사용료(usage fee)를 내게 하는 방법이다. 사용료는 한계비용과 같은 수준으로 결정함으로써 자원배분의 효율성을 달성할 수 있게 하고, 시설 설치비와 같은 투자비용은 가입비를 통해 회수하는 방식이다.

이부가격제는 소비자가 지불할 용의가 있는 범위 내에서 고정비용을 부담시켜서 공기업의 시설투자비를 회수할 수 있는 장점이 있다. 따라서 이부가격제는 막대한 고정비가 소요되는 통신요금과 전기요금에 주로 적용되고 있다. 통신의 경우, 통신서비스 제공하기 위해서는 불가피하게 광대한 영역에 기지국과 같은 통신설비를 가설해야 한다. 그러나 일단 통신에 필요한 시설이 확보되면, 언제든지 자유로운 전화통화가 가능하고 통화 횟수(시간)에 따라 가격이 결정된다. 따라서 시설을 구축하는 데에 소요된 비용은 통신서비스의 소비자들에게 나누어 부담시키기 위해 가격을 따로 결정하고, 매 통화에 부과하는 가격은 따로 부여하는 이원화된 가격체계[14]를 통하여 서비스 공급비용을 회수하게 된다.

이처럼 이부가격제는 공기업의 초기투자비용을 회수하고, 한계비용에 준하는 사용료를 부과하여 효율적인 수준의 사용(소비)이 가능케 하는 장점이 있다. 그러나 가입비가 너무 높을 경우 이것이 일종의 진입장벽으로 작용하여 일부 소비자들은 공공서비스의 사용을 포기하게 될 수 있다는 단점이 있다. 따라서 수요곡선에 대한 정보를 정확히 알고, 소비자 잉여를 넘지 않는 범위에서 가입비를 부과해야 하는 제약이 있다.[15]

---

14) 고정비용의 분담액은 통신요금 중 기본료에 해당하며, 사용량에 따른 요금은 시간당 통화료, 회당 문자 요금, 단위당 데이터요금 등에 해당한다.

5. 최대부하가격제

최대부하가격결정(peak time pricing)은 유휴생산시설을 줄여 가동률을 높임으로써 수익을 증대하기 위하여 평상시(off-peak time)에는 가변비용만 회수하는 낮은 요금으로 서비스를 판매하는 한편, 최대 부하시(peak time)의 소비자는 생산시설의 생산능력에 더 많은 부담을 주고 있으므로 이들에게는 생산시설에 대한 고정비용까지 포함하는 높은 요금을 부과하는 가격결정방식이다. 이 방식 역시 같은 재화(서비스)에 대해 소비패턴에 따라 다른 가격을 부과하는 복수가격방식에 속한다.

최대부하 가격제는 최대 부하시와 평상시의 요금을 달리함으로써 소비자의 소비패턴을 최대 부하시에서 비최대 부하시로 이동하도록 유도할 수 있다(Sherman, 2008). 전력서비스의 예를 보자면, 전기를 적게 쓰는 사람은 한계(운영)비용에 해당하는 요금으로, 많이 쓰는 사람에게는 운영비용에 용량비용을 부담시켜 더 높은 요금으로 사용하게 만드는 방식이다.

[그림 8-3]은 전력 발전사가 다음과 같은 두 가지 수요자 그룹(D_1, D_2)에 전력을 공급하는 상황을 나타낸다. 훨씬 적은 전력을 소비하는 D_2그룹에 전기를 공급하는 데에는 현재 발전시설용량으로 아무 문제가 없지만, 전력소비가 많은

그림 8-3 최대부하가격제의 일반적 적용

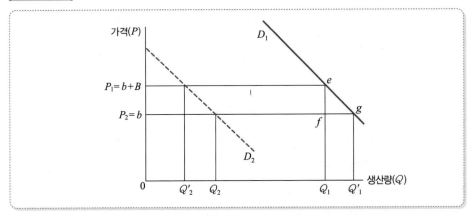

---

15) 이러한 이유로 소비자들이 동질적일 경우 이부가격결정방식을 적용하기 쉽게 된다.

D_1그룹의 수요까지 추가로 충당하기 위해서는 발전시설용량을 크게 늘려야 하며, $B \times Q_1$만큼의 시설비용이 추가로 요구된다.

이런 조건 하에서 두 개의 전기 수요자그룹 D_1, D_2 모두에게 한계비용과 일치하는 요금인 P_1 =b로 전력서비스를 공급하면 사용량은 효율적인 수준에 이르고 사회후생도 극대화되지만, 막대한 발전설비 건설비용을 회수하지 못하여 발전사는 손실을 피하지 못한다. 만약 고정비용이 반영된 요금 P_1 = b+B으로 공급하면 각 그룹은 그 요금에 맞추어 소비하게 되는데, 이때 전체 소비수준은 P_1 =b일 때보다 더 줄어들게 된다($Q_1 \rightarrow Q'_1$, $Q_2 \rightarrow Q'_2$). 이런 경우 고정비용을 회수하고도 일정부분 초과이윤($B \times Q'_2$)을 얻겠지만 사회후생은 줄어들게 되며 추가설비에 대한 책임이 전혀 없는 D_2그룹은 부당하게 높은 요금을 지불하게 된다.

따라서 수요량이 적은 D_2그룹에는 한계비용과 동일한 요금 P_2 =b를 부과하고, 수요량이 많은 D_1그룹에는 P_1 =b+B를 부과하는 방법을 생각해 볼 수 있다. 이렇게 하면 D_2그룹은 낮은 요금으로 효율적인 수준에서 소비할 수 있으며, 추가설비구축을 유발한 D_1그룹은 그에 대한 비용을 부담하게 되므로 공평한 비용배분이 이루어진다. 균형점에서 사회후생은 한계비용가격 공급시보다는 작지만, 평균비용가격 공급시보다는 더 크고, 추가설비에 대한 고정비용은 적절히 회수될 수 있으며 발전사는 고정비용을 회수할 만큼만 이윤을 거두게 된다. 이러한 결과는 투자손실을 막아 지속적으로 전력을 공급할 수 있으면서도 사회후생의 손실을 줄이는 동시에 비용부담의 형평성을 달성할 수 있기 때문에 사회적으로 바람직한 자원배분으로 볼 수 있다.

최대부하가격제는 상품공급 부족현상과 유휴생산시설의 해소에 이바지함으로써 자원의 낭비를 방지할 수 있다. 평균부하량에 맞추어 생산시설을 구축하면 최대부하시기에는 재화나 서비스를 제대로 공급하지 못하며 반대로 최대부하량에 맞추어 생산시설을 구축하면 평상시에는 시설을 놀리게 되고 그만큼 자본투자의 손실이 심해지기 때문이다. 이러한 이유로 공익사업의 서비스 요금 결정에는 계절이나 하루의 시간대에 따라 가격을 달리하는 최대부하가격제가 적용되는 경우가 종종 있다. 예컨대 성수기 요금제는 가장 수요가 많은 성수기에 받을 수 있는 가격 수준에서 요금을 결정하게 된다.

더 나아가 성수기의 최대부하 수요를 적절히 조절하기 위해 사용한도 요금결정방식(Interruptible Service Pricing)이 사용되기도 한다. 이 가격결정방식은 시설용량비용(고정비용)에 대해 일정한 대가를 치를 경우 사용한도(upper limit)를 높게 결정해주어서 피크타임 등 서비스 공급량이 부족해지는 시점에도 서비스의 사용을 허용하고, 시설용량비용의 부담에 대한 기여도가 낮은 사람은 피크타임에서 사용량을 필수사용량 이하로 축소시키는 방식이다. 우리가 흔히 헬스클럽 등에서 프리미엄 회원은 혼잡시간대에도 입장(사용)을 우선 허용받는 경우를 볼 수 있는데 이러한 가격결정방식을 활용한 예라 할 수 있다. 일종의 우선사용권을 먼저 판매하고 이에 따라 사용량을 조절하는 방식으로 이부가격제와 최대부하가격제도를 적절히 결합시킨 요금결정 방식이라 할 수 있다. 또한 가격을 통한 조절뿐만 아니라 최대사용한도(Capacity Limit) 내에서 양적인 조절을 시도하고 있다는 점에서 블랙아웃을 막는 데에 유리한 방법이라 할 수 있다. 그러나 서비스 사용에 있어서 형평성 문제는 발생할 수 있기 때문에 매우 섬세한 가격설계가 필요하다 할 것이다.

6. 교차보조가격결정(cross-subsidization pricing)

교차보조가격결정은 여러 부문에 동일한 서비스를 제공할 때 한 부문의 손실을 다른 부문에서 나오는 수익으로 충당하도록 부문별로 다른 가격을 결정하는 방식이다.[16] 교차보조가격결정의 대표적인 예는 전화 같은 통신서비스의 요금결정이다. 전화서비스는 네트워크서비스이므로 대도시의 경우 통신인프라를 설치할 경우 규모의 경제가 발생하여 저렴한 비용에 서비스를 제공할 수 있다. 반면 산간벽지에 전화서비스를 공급할 경우, 별도의 전신탑이나 기지국을 설치하여야 하므로 높은 고정비용이 발생하여 이를 충당하기 위해서는 거주민들에게 높은 통화료를 부과하여야 한다. 그러나 상대적으로 소득수준이 낮은 산간벽지 주민들에게 높은 고정비용이 반영된 비싼 통화료는 부담하기 어렵기 때문에 필수재나 다름없는 전화서비스를 이용할 수 없게 된다. 이러한 일을 방지하기 위해 산간벽지 사용자에게 저렴한 서비스를 제공하기 위해 대도시 사용자에게 평균비용보다 높은 요금을 부과하고 그 수익으로 산간벽지 서비스 제공으로부터 발생하는 결손을 충당하는 것이다. [그림 8-4]는 교차보조를 도식화한 것이다.

---

16) 같은 산업 내에서 부문별로 수익과 손실을 교환한다는 점에서 내부보조(internal subsidization) 라고도 한다.

그림 8-4 교차보조의 원리

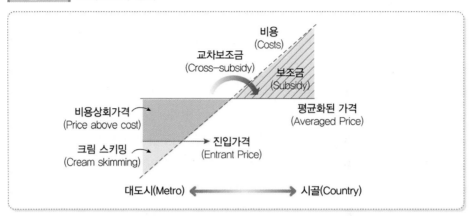

저렴한 비용으로 수익을 거둘 수 있는 부문(cream skimming)에서 그렇지 못한 부분으로 손실 보조가 이루어지는 교차보조는 다양한 방식으로 이루어질 수 있는데 계층별, 용도별 교차보조는 계층이나 용도에 따라 정책적 배려를 위해 가격을 다르게 책정하는 것으로 가장 전형적인 교차보조 사례라 할 수 있다. 전력산업에서 가구소득별, 용도별로 차등요금제를 도입한 사례가 계층별, 용도별 교차보조의 예라 할 수 있다.

교차보조가격결정은 저소득층에 대한 지원, 재화평등주의의 실현, 물가안정, 그리고 산업발전 등 정책적 목적 달성을 위해 유용하게 쓰일 수 있다. 같은 정책목적 달성을 위해 재정투입을 하는 경우 조세부담의 증가나 정부의 재정건전성의 악화 같은 문제를 동반한다는 점에서 교차보조는 상당히 유용한 수단이라 할 수 있다. 그러나 교차보조가격결정은 서비스원가주의와 수익자부담원칙에 반할 뿐만 아니라 자원배분의 효율성을 떨어뜨리는 단점이 있다.[17]

---

17) 교차보조정책은 때로는 상생이라는 명분 아래 경쟁력을 상실하여 시장에서 마땅히 퇴출되어야 할 한계기업을 존속시키는 역할을 하기도 한다. 이런 결과는 결국 가장 생산성이 높은 기업에 먼저 배분되어야 자원이 가장 생산성이 낮은 기업에 배분되게 만들어 자원배분의 효율성을 저해한다.

■ 제6절 원가·가치 요금결정

공기업은 이윤을 극대화할 한 가지 목적만을 위해 설립·운영하는 것이 아니다. 공기업의 존재 이유는 국민들의 공공복리, 즉 공공성의 달성이기도 하다 (Boes, 1986: 14-15). 대부분의 공기업은 국민의 일상생활이나 기업의 경제활동과정에서 필수적으로 요구되는 재화나 용역을 제공함으로써 공공의 복리를 도모할 목적으로 운영된다. 따라서 이러한 재화와 용역의 가격은 국민이나 기업이 충분히 부담할 수 있는 수준에서 결정되어야 한다. 이와 같이 대부분의 공기업은 이윤의 추구가 아닌 공공복리를 도모하기 위하여 설립되기에 원가나 가치에 기반한 정책적 요금결정 방식을 채택하는 것이 일반적이다.

1. 공공서비스의 특성과 요금

공기업은 막대한 사회경제적 편익을 창출하는 산업 인프라와 필수적인 재화와 용역을 생산하여 시장과 국민에게 제공한다. 국가수준에서 경제인프라, 그리고 다양한 필수적인 재화와 용역의 생산과 제공은 생산의 시작 단계에서 막대한 고정투자가 요구되므로 그에 걸맞는 거대한 자본이 민간시장에 형성되어 있지 않다면 민간기업이 생산자로서 참여하기 쉽지 않을 것이다.[18]

또한 막대한 고정투자가 초창기에 이루어진 공공서비스 생산체계는 자연스럽게 생산량이 증가함에 따라 평균비용이 감소하게 되므로, 자연독점으로 알려진 안정적인 독점시장을 형성한다. 이러한 특성 때문에 공기업이 생산, 공급하는 재화와 용역 가격은 자유경쟁에 의해 결정되기 힘들며, 시장지배력을 가진 독점기업이 그러하듯이 사전에 공급량과 공급가격을 결정한다. 공기업의 고객은 그렇게 사전에 계획된 가격에 계획된 공급량만큼 소비하게 된다. 이러한 방식은 독점력에 의한 시장지배력의 행사와 유사하지만, 공기업은 독점기업이 독점지대를 추구하여 이윤을 극대화하는 방식으로 공급량과 가격을 결정하지는 않는다. 공기업이 제공하는 재화와 용역은 위에서 기술한 것처럼 국가적으로 필요하거나 국민의 삶

---

18) 정부규정(공공요금 산정기준)에도 "유효경쟁시장이 존재하지 않는 서비스"의 경우 공익사업자가 공급하는 규제서비스로 규정하고 있다(기획재정부훈령 345호).

에 필수적인 재화이므로 공기업이 독점적 지위를 가지고 있더라도 일방적으로 이윤을 극대화하는 가격과 공급량을 결정할 수 없다. 공기업이 정부의 사회경제정책 운영의 틀 안에서 가격을 결정하는 것이 바람직한 것으로 받아들여지고 있다(박태영 외, 2011).

또한 공기업은 국가인프라나 국민들을 위한 필수적 재화를 공급하기 때문에 대부분 사업 초기에 대규모 설비투자가 이루어져 높은 고정비용을 갖는 생산과정이 많다. 따라서 폭넓은 소비를 위해 한계비용가격결정 방식을 적용할 경우, 고정비용은 제외되고 가변비용만 충당할 수 있는 수준에서 가격이 결정되므로, 공기업은 초기투자에 상당(相當)하는 손실을 감수할 밖에 없다. 이렇게 발생하는 공기업 부채는 국가보증채무의 성격이 강하므로 결국 사회전체에 경제적 부담이 가중된다. 따라서 현실 속에서는 한계비용가격결정 같은 최적가격 접근방식보다 원가와 가치를 중심으로 한 가격결정 방식이 두루 사용된다(이상철, 2021: 327-328).

2. 원가 · 가치 기준 요금결정

공기업의 원가 · 가치 기준 요금결정의 방식을 이윤보다는 원가의 회수나 수요자의 편익에 초점을 두고 있다. 특히 원가의 회수 목적은 공공서비스의 지속가능성 측면에서 중요하여 우리나라의 공공요금 산정원칙 역시 명시적으로 이러한 목적을 반영하고 있다.[19] 제도적으로 공기업 재화와 용역의 가격은 이윤창출보다는 비용을 회수할 수 있는 수준에서 결정하는 것을 원칙으로 하므로 공기업의 가격결정 구조를 이해하기 위해 원가기준의 요금결정 방식을 먼저 살펴보기로 한다.

1) 생산원가 요금결정

재화와 용역의 생산 · 공급에 소요된 생산원가를 근거로 가격이 결정되는 방식은 공기업의 요금결정에 있어서 일반적으로 광범위하게 인정되는 기준이라고 할 수 있다. 이 방식은 생산과정에 투입되는 고정비용과 가변비용의 합인 총비용을 근거로 요금을 결정하는 것을 원칙으로 하고 있어 공기업의 적절한 수지에 기여할 수 있다. 이러한 방식의 요금결정은 총괄(보상)원가, 적정보수원가, 자본원가

---

19) 공공요금 산정기준은 기획재정부 훈령 345호 총칙 2항 공공요금산정의 기본원칙을 참조한다.

등으로 구분될 수 있다.

(1) 총괄원가방식

공기업이 일반적으로 채택하는 요금결정방식으로서 요금을 통해 총괄원가를 보상해주는 방식이라 '보상원가방식'이라 한다.[20] 총괄원가란 영업비, 감가상각비, 조세 등 사업의 운영에 필요한 일체의 비용을 집계한 후 여기에 사채이자, 차입금이자, 예정주식배당금, 사내유보금 등까지 합한 총액을 말한다. 즉, 소비자가 지불하는 요금을 통해 서비스가 생산되어 소비자에게 전달되기까지의 모든 비용을 회수할 수 있도록 총괄원가를 보상하는 수준에서 요금을 결정하는 것이다.

소비자 입장에서는 원가보상 수준에 따라 요금이 결정되므로 합리적인 소비가 가능하며, 서비스 원가총액이 재화와 서비스로부터 얻는 가치를 넘지 않는 한 소비자 잉여를 누릴 수 있다. 생산자 입장에서 총괄원가의 산출은 회계정보를 기초로 이루어지므로 계산이 비교적 단순하여 원가를 구하기 쉽고, 이를 근거로 요금을 결정하므로 적자를 내지 않고 기업의 채산성을 유지하는 데에 유리하다.

반면, 총괄원가방식의 단점은 다음과 같다. 총괄원가를 판매량으로 나누는 식으로 요금을 결정하는 방식은 간편하고 쉽지만, 이러한 방식의 계산이 서로 다른 여건에서 생산되는 개별 재화나 서비스의 비용을 정확히 계산해 낸다고 보기는 어렵다. 또한 비용은 생산량이나 판매량에 따라 달라지므로 수시로 변하는 시장 여건상 요금 결정에 필요한 정확한 비용을 사전에 예측하기는 매우 어렵다. 마지막으로 자본이자율이 높고 낮음에 관계없이 지불한 이자를 보상하게 요금이 구성되고 주식배당 역시 요금에 반영되므로, 공기업이 자본조달에 드는 비용을 절감하고 경영효율성을 높여 이윤을 제고하려고 노력할 동기를 약화시킬 위험이 있다.

(2) 적정보수원가방식

적정보수원가방식은 공기업의 재화와 서비스 생산에 투입된 순자산을 요금기저로 하고, 이에 대한 보수(대가)에 해당하는 적정보수율을 감안하여 재화나 서비스의 가격을 결정하는 방식으로 미국정부가 공익사업의 요금을 규제할 때 기준으로 삼고 있다. 즉, 총수입이 총영업비와 자산에 대한 적정보수의 합과 동일해지게

---

20) 우리나라의 공공요금산정의 기본원칙은 공공요금은 공공서비스를 제공하는데 소요된 취득원가 기준에 의한 총괄원가를 보상하는 수준에서 결정되어야 함을 규정한다(공공 요금산정기준, 기획재정부훈령 345호 총칙 2항 가).

재화와 서비스 가격을 결정하는 방식이다. 아래 식에서 총영업비(E)는 일반적인 비용에 감가상각비 및 재세과금을 포함하며, 자산의 적정가치(fair value)에서 감가상각충당금을 제외한 "순자산의 적정가치"를 별도로 요금기저라 한다.[21]

다음으로 순자산의 적정가치에 대한 보수율(rate of return)을 적정보수율(r)이라 하며, 자본비용과 물가, 재투자나 상환계획 등 사업계획 등을 고려하여 공기업의 기업성과 공공성을 조화시킬 수 있는 수준에서 결정된다. 마지막으로 순자산가치에 대한 적정보수는 순자산가치에 적정보수율을 곱하여 계산하는데, 여기서 적정보수(fair return)란 사채이자, 차입금이자 및 주식배당금, 그리고 이윤을 모두 포함하는 포괄적인 개념이다.

$$총수입(R) = 총영업비(E) + \{자산가치 - 감가상각충당금\} \times 적정보수율(r)$$

위 식에서 보는 것처럼 재화의 가격은 사업을 위해 투입된 자산에 대한 '적정가치'에 대한 '적정보수'를 지급할 수 있는 수준에서 결정되는데, 총괄원가방식과 다르게 적정가치를 결정하기 위한 자산가치의 산출과 적정보수율의 선정이 쟁점이 된다. 투입된 자산 가치에 대한 평가는 증권시장에서 평가되는 공익기업의 시장가치(market value)를 기준으로 하는 방식, 현존 시설 또는 동일한 생산능력을 갖는 대체시설을 구축하는데 소요되는 비용(reproduction cost)으로 평가하는 방식, 건설 당시 실제 비용을 사업시설의 가치로 평가하는 방식 등을 사용하여 결정한다.

여기서 각 가치평가방식은 나름의 단점이 있는데, 먼저 공익을 추구하는 공기업을 증권시장에서 평가되는 시장가치로 평가하는 것이 온당한가 하는 의문이 제기될 수 있다. 현존시설 또는 대체시절 재구축 비용은 여러 가지 이유로 재구축이 어려운 경우 가치평가 방법으로 현실성이 떨어진다는 문제가 있다. 역사적 비용인 건설 당시 소요된 비용으로 평가하는 방식은 시점간 차이가 많이 날 경우 객관적 가치평가인지에 대해 문제제기가 발생할 수 있다. 따라서 상황에 맞추어 가장 합리적인 평가방식을 선택해야 하는데, 가치평가 기법이 발달함에 따라 점차 시장가치를 기준으로 자산에 대한 적정가치를 평가하려는 경향이 강해지고 있다.

적정투자보수율은 타인자본 차입비용과 자기자본에 대한 기회비용을 함께 고려하여 산출된다. 구체적으로 타인자본에 대한 실제차입금리수준을 고려한 세후

---

21) 적정보수를 공정보수라고 표현하기도 하나 여기서는 공공요금 산정 기준에 관한 정부 훈령에 준하여 적정보수라는 표현을 사용하기로 한다.

타인자본투자보수율과 자기자본에 대한 적정한 기회비용을 고려한 자기자본투자
보수율[22]을 가중평균한 비율을 표준으로 하고 있다. 한편, 소관부처장관은 소비자
의 이익과 서비스의 지속가능성을 고려해서 적정투자보수율을 적절히 조정할 수
있다.

위에서 살펴본 산식에 따르면 적정보수원가방식의 요금결정과정에는 기업의
재산가치와 이윤이 포함되므로, 기업은 이윤의 충분한 확보를 위하여 다양한 경
영효율성 제고 노력을 기울일 유인이 존재한다. 그러나 다른 한편으로 요금의 기
초가 되는 보수의 산출근거로 투자자산의 적정가치가 이용되고 있기 때문에 기업
은 가능한 한 자산을 늘리기 위해 노력할 유인도 동시에 존재한다. 즉, 자산을 늘
려 적정보수 수준을 높이기 위해 불필요한 설비투자를 하게 될 위험이 있는 것이
다. 자본에 대한 대가의 정도를 가리키는 보수율(rate of return)을 근거로 요금을
결정하게 되면, 기업이 다른 투입물에 비해 상대적으로 자본에 과잉투자 함으로
써, 비용이 최소화되지 못하는 방법으로 생산할 수 있다는 것이다(Walters, 1993:
385-387).

(3) 자본원가방식

공기업의 요금수준은 공기업의 유지·발전을 보장할 뿐만 아니라 그것이 국민
경제적으로도 타당하여야 한다. 따라서 협의의 경영원가를 보상하는 것보다 공기
업의 합리적 경영에 필요한 공공적 필수잉여(자본원가)를 포함한 광의의 원가를
보상해야 한다는 것이 이 방식의 취지이다. 여기서 필수잉여는 자본출자자에게
분배되는 이윤만이 아니라 공기업이 제공하는 서비스의 개선 및 확충에 대한 사
회적 요청에 부응하기 위해 공기업 내부에 재투자해야 하는 자본조성을 위한 잉
여를 말한다(박영희 외, 2018).

공기업은 단기적인 수지균형보다는 장기적인 독립채산제를 택하여야 하며, 이
를 위해 공기업이 서비스의 질을 개선하기 위한 투자에 필요한 이윤의 창출을 허
용해야 한다(Robson, 1966: 282-283)는 주장이 이러한 요금결정방식에 타당성을 더
해주고 있다. 우리나라의 경우에도 공기업 요금을 결정하기 위한 원가 계산에 자
본에 대한 대가와 투자의 공공성 유지에 관한 규정이 포함되어 있어 자본원가방

---

22) 대체로 CAPM(Capital Asset Pricing Model; 자본자산 가격결정 모형)을 통하여 산정한 자기
　자본기대수익율이 사용되고 있다.

식이 고려되고 있다. 예를 들어, 적정원가 계산시 내부유보자금 및 공익사업의 유지를 위하여 필요한 경비를 충당할 수 있는 수준을 적정보수의 결정 기준으로 삼는다는 규정, 적정투자보수율의 결정시 재투자 및 시설 확장계획 등을 고려하여 공익사업의 기업성과 공익성을 조화시켜야 한다는 규정, 그리고 타인자본과 자기자본 투자보수에 관한 규정[23] 등이 자본원가의 취지를 반영하는 것이라 할 수 있다.

2) 서비스 가치 요금결정

생산원가 요금 결정이 생산자(공급자)의 재화 및 서비스 생산(공급)비용에 초점을 둔 가격결정방식이면 서비스 가치 요금결정은 소비자 선호에 근거하여 가격을 결정하는 방식이다.

서비스 가치 요금결정방식은 생산원가 방식과는 달리 제공된 상품의 가치와 이에 상당하는 가격을 부가하여 최종적인 가격을 결정하는 것으로서, 상품의 이용자·소비자의 수요의 정도에 의존적이며, 원가와는 직접적인 관계없이 결정된다. 소비자는 자기가 인정하는 서비스의 가치, 즉 지불용의 이상의 가격을 지불하고 상품을 구매하려 하지 않기 때문에 가치를 근거로 요금을 결정한다는 것은 공급자가 최고로 받을 수 있는 요금상한을 의미하는 것이다. 여기서 지불용의는 재화로부터 얻을 수 있는 소비자의 (최대)편익으로 소비자 잉여를 포함한 개념이며, 가격차별이나 이부가격제 등에 의해 최대 지불용의 수준에 상응하는 요금을 부여할 수 있다. 이에 대해 상품의 공급자는 생산비 이하로 판매하지 않으려고 할 것이므로, 생산원가방식은 서비스의 요금을 결정할 때 적어도 받아야 할 하한을 요금으로 결정하는 방식이라 할 수 있다.

공기업이 수행하는 공익사업의 지속가능성을 고려하면서 사회후생의 증대를 목표로 한다면 적정보수가 고려된 생산원가방식이 요금결정방식으로 적정할 것이나 공익사업의 유지 이상의 목적, 예를 들어, 공공재정에 대한 기여와 같은 목적을 달성하고자 할 때는 어느 정도의 초과이윤을 거둬들여 재정수입에 귀속되도록 서비스 가치와 생산원가 사이에서 적정한 서비스 요금을 결정해야 할 것이다.

---

23) 기획재정부 공공요금 산정기준에 따르면 적정투자보수율은 공익사업에 자본비용 및 위험도, 공금리수준, 물가상승률, 당해회계년도의 재투자 및 시설확장계획원리금상환계획등 사업계획과 물가전망 등을 고려하여 공익사업의 기업성과 공익성을 조화시킬 수 있는 수준에서 결정되어야 한다.

서비스 가치를 근거로 한 요금결정방식은 서비스에 대한 최대지불용의가격을 기준으로 가격을 책정하므로 수요의 가격탄력성이 낮은 공공서비스의 요금 결정에서 유효하다.[24] 그런데 일반적으로 가격탄력성이 낮은 공공서비스는 대부분 기본 필수재적 성격을 가지고 있는 것들이고 이는 주로 공익사업으로 제공된다. 즉, 수요의 가격탄력성이 낮은 필수재는 가격을 높게 받을수록 기업의 총수익을 증대할 수 있는 재화와 용역들이지만, 기본필수재에 대해 높은 요금을 받는 것은 공익상 바람직하지 않으므로 정부가 민간기업 대신 공기업을 설립해 필수공공서비스에 적정한 요금을 부과하여 생산·판매하는 것이다.

위에서 논의한 것처럼 서비스가치 요금결정방식은 그대로 적용할 경우 기업수익 증진에는 유리하므로 재정수요를 충족시키기 위한 요금결정방식으로는 적합하지만, 공익성이 강한 필수 공공서비스에 대한 요금결정에 그대로 적용하기에는 적합하지 않다고 할 수 있다. 이러한 이유로 서비스 가치와 상관없이 지불능력을 근거로 공공서비스의 요금을 결정하기도 하는데, 이는 국민들의 소득을 고려해 지출을 부담할 수 있는 수준에서 요금을 결정하는 방식이다. 서비스 가치 요금결정이 소비곡선상의 편익에 초점을 맞춘 것이라면 지불능력 요금결정은 개인의 예산선을 고려한 요금결정방식으로, 생산비용과 관계없이 구매자의 지불능력만을 고려하는 요금결정이라고 할 수 있다(유훈, 2007: 425~429).

지불능력 요금결정방식은 조세부과방식을 결정할 때 고려하는 지불능력을 근거로 하는 것이다. 이는 공공서비스 소비자의 소득 수준을 고려해 부담 없이 지불할 수 있는 수준에서 요금을 결정하는 방식이다. 즉, 공기업이 제공하는 서비스를 이용하는 계층의 소득을 고려한 요금 결정으로 사회정책적 배려의 결과로 이루어지는 것이다(안용식, 1998). 미국, 일본, 한국 등 지하철 요금이 원가 이하로 결정되는 데는 이러한 요금결정방식이 적용된 결과라고 할 수 있다.

또 다른 예로 독점 공기업인 한국전력공사는 사회정책적 차원에서 서민층의 부담능력 등을 고려하여 일정량 이하의 전기소비에는 저렴한 전기료를 부과하고 있다. 전기 외에 지하철 서비스도 서민들이 많이 이용하고 있으므로 이들이 부담할 수 있는 능력의 범위 내에서 요금을 결정한다고 할 수 있다. 이러한 요금결정방식은 사회정책적 관점에서는 바람직한 것으로 간주할 수 있지만 경제적 관점에

---

24) 수요의 가격탄력성이 높으면 최대지불용의 수준으로 가격을 올릴 경우 재화에 대한 수요가 크게 줄어들 수 있고, 이는 매출 및 수익 저하로 이어질 수 있기 때문이다.

서는 비효율적인 가격결정 방식이라고 할 수 있다.[25] 예를 들어, 우리나라의 경우 특히 공공서비스의무(Public Service Obligation)원칙이 적용된 노인무임승차 혜택 등으로 지하철 공사의 누적재정적자가 매우 심화되어 이에 대한 대책이 시급한 실정이다.

3. 요금상한결정방식

1) 요금상한결정방식의 의의

공기업 서비스 요금 인상의 상한율을 규제하는 방식으로 단순히 요금을 올리지 못하게 하는 전통적인 가격규제와 달리 상한 결정을 통해 공기업의 혁신과 경영노력을 이끌어내기 위한 목적을 가지고 있다. 대표적인 요금상한결정방식은 영국에서 수익성규제방식의 대안으로 1984년 처음 도입한 RPI-X 결정방식으로 가스, 수도, 전력 사업을 필두로 50개 이상의 영국 공기업에서 요금결정방식으로 적용된 바 있으며, 많은 국가에서 전통적인 공기업요금결정방식의 대안으로 검토한 바 있다. 따라서 여기에서는 RPI-X 결정방식을 중심으로 요금상한결정 방식을 살펴본다(이인호, 1996). RPI-X 결정방식은 다음과 같이 간단히 정의된다.

$$요금인상률 = 소매물가지수(Retail\ Price\ Index) - X(생산성\ 향상도)$$

여기서 소매물가지수는 물가상승률에 해당하며, X는 규제당국이 예상하는 공기업의 생산성 향상률이다. RPI-X가 적용된 공기업은 1년간 공공서비스 요금 인상률의 가중평균이 소매가격지수(Retail rice index) 인상률에서 X를 차감한 값을 넘을 수 없다.

산식의 첫 번째 항은 문자 그대로 물가상승률 이상의 요금상승률을 결정할 수 없다는 것을 의미하며, 두 번째 항은 공기업의 생산성 향상에 대한 기대만큼 차감하여 요금인상을 제한하겠다는 것을 의미한다. 즉, 첫 번째 항은 물가가 상승하

---

25) 지하철, 의료보험서비스, 환경부담금 등 부담능력원칙이 적용되어 경제적으로 비효율적인 요금이 부과된다는 비판에 대해 이들 서비스들은 양의 외부효과를 발생시키거나 음의 외부효과를 줄이는 역할을 동반하므로 그러한 사회적 편익(또는 줄어드는 사회적 비용)을 감안한다면 낮은 요금수준이 반드시 비효율적인 것만은 아니라는 의견도 존재한다. 이처럼 간접적, 부가적 편익의 확산을 고려하여 공공서비스의 요금을 결정하는 방식을 편익확산가격접근법이라 한다.

면 원자재 및 시설설치비 등 비용 역시 그에 비례하여 증가하게 되는 점을 요금 인상률에 반영한 것이다. 두 번째 항은 여러 가지 의미를 담고 있으며 이 요금결 정방식의 장점을 내포하고 있다. 먼저 거액의 공공자금이 투자된 공기업 사업은 마땅히 생산성을 향상시켜야 하며, 이를 게을리하면서 물가상승으로 증가한 비용 을 소비자인 국민들에게 전가해서는 안 된다는 것을 의미한다.

두 번째로 만약 공기업이 규제당국이 기대한 생산성 X보다 더 많은 생산성 향 상을 통해 추가적인 비용절감을 해낸다면, 이는 공기업의 이윤으로 귀속된다는 점이다. 따라서 두 번째 항 X는 공기업에게 기대치 이상의 생산성 향상을 이루기 위해 노력할 동기를 부여하게 된다.

2) 요금상한결정방식의 운용

공기업이 단일 공공서비스만을 공급할 경우 적용대상은 그 서비스의 요금인상 률이며, 복수의 공공서비스를 공급할 때 요금상한의 대상은 기본적으로 공공서비 스 요금 인상률의 평균이 된다. 판매되는 공공서비스들이 동질적이고, 같은 단위 로 요금을 결정할 수 있는 경우에는 가격상한은 요금 인상률의 단순평균에 적용 되며 다음에 기술되는 (1)과 (2)의 방식에 따라 운용된다. 반면 공공서비스들이 이질적이어서, 같은 단위로 요금을 결정하기 어려운 경우에는 (3)의 방식에 따라 운용된다.

(1) 총수입 요금결정방식

공급자의 총수입을 총비용수준으로 한정하고, 수요량(판매량)의 변화와 상관없 이 총수입은 총비용을 감당할 수 있는 범위에서 요금을 결정하는 방식이다. 불확 실성 속에서 비용을 충당하는 데에 초점이 맞추어져 있으므로, 생산공정에 발생 하는 핵심비용이 고정되어있을 경우 사용하면 효과적이라 할 수 있다.

(2) 평균수입 요금결정방식

서비스 한 단위당 생산비용인 평균비용을 기준으로 서비스요금을 결정하는 방 식으로 고정비용을 회수할 수 있다. 다만, 결정한 요금에서 수요가 부족할 경우 고정비용 중 일부가 회수되지 않아 손실이 발생하게 된다.

(3) 요금묶음(tariff basket) 요금결정방식

공급하는 공공서비스가 다양해서 같은 단위로 비용계산이 어려울 경우 평균비용요금은 적용하기 어려워진다. 이 경우에는 같은 단위로 비용계산이 되는 공공서비스들끼리 묶어서 평균수입 기준 요금결정을 하거나 전년도 총 수입 대비 해당 재화의 판매수입(비율)을 기준으로 가중평균을 구하여 사용한다. 예를 들어 가스, 전력, 항공 등은 각각 therm, Kwh나 승객 수 등 공통된 단위가 존재하므로 평균수입을 계산하여 요금결정에 사용할 수 있으나 수도사업의 상수도와 하수처리, 통신산업의 단거리통신과 장거리통신 서비스는 같은 단위로 계량화하는 것이 어려워 요금결정시 수입을 기준으로 산출한 가중평균을 사용한다.

요 약

- 공기업의 재화와 용역에 관한 가격 결정은 공기업 재정에 직접적인 영향을 미칠 뿐만 아니라 국민후생에도 중대한 영향을 미치게 된다.

- 「물가안정에 관한 법률」 제4조에 의하여 국가 공기업이 제공하는 물품과 서비스의 가격은 기획재정부 장관과 협의하여야 한다. 한편, 지방공기업의 재화와 서비스의 가격은 지방자치단체의 조례로 정하게 되므로 지방자치단체가 개별적으로 지방서비스의 요금을 정할 수 있다.

- 공기업은 국가정책상 또는 국민경제의 필요에 따라 독점적 지위를 갖지만, 보다 많은 국민들 또는 기업들이 공공 서비스의 혜택을 누릴 수 있도록 한계비용에 준하는 수준에서 요금을 결정한다.

- 공공서비스의 요금을 한계비용에 맞추게 되는 경우 국민들은 완전경쟁에 준하는 소비를 누릴 수 있어 소비자 잉여가 극대화되는 장점이 있지만, 다른 한편으로 막대한 초기투자비용이 들어가는 공공서비스생산의 특성상 투자비용의 회수가 어려워진다.

- 공기업은 초기투자비용을 회수하기 위하여 고정비용을 포함하는 평균비용에 맞추어 요금을 결정한다.

- 공기업은 어느 정도의 독점적 이윤을 추구하여 설비투자의 비용을 충당하고 향후 설비투자를 확장할 자금을 마련하기 위하여 공공서비스 요금을 결정할 때 가격차별방식, 램지가격방식, 이부가격제, 최대부하가격제 등의 가격결정방식을 사용한다.

- 공기업 요금결정방식 중에는 회계적 비용을 기초로 총괄원가결정, 적정보수결정, 자본원가 결정방식 등이 사용되고 있다.

- 최근에는 수요자들의 최대 지불용의에 초점을 둔 서비스가치요금결정방식, 지불능력에 기초한 지불요금결정방식, 그리고 공기업 혁신을 유도하기 위한 요금상한결정방식 등에 대한 관심이 증대되고 있다.

1. 한계비용가격과 평균비용 가격의 장단점을 사회후생과 비용개념 차원에서 비교하시오.

2. 최대부하가격에 관한 다음의 질문에 답하시오.
   (1) 최대부하가격의 장점이 나타날 수 있는 조건을 규정하시오.
   (2) 최대부하가격의 일반적인 성립 조건이 아닌 경우, 즉 집단 간 수요차이가 작은 반면 고정비용 부담분의 차이는 매우 큰 경우 최대부하가격방식은 어떻게 적용될 수 있는지 그림을 그려 설명하시오.

3. 요금상한결정방식 중 RPI-X 결정방식은 다음과 같이 정의된다.

   요금인상률 = 소매물가지수(Retail Price Index) - X(생산성 향상도)

   여기서 소매물가지수는 물가상승률에 해당하며, X는 규제당국이 예상하는 공기업의 생산성 향상률이다. 이런 조건 하에서 RPI-X 설명방식의 장단점을 설명하시오.

4. 적정보수 원가 방식에서 자본에 대한 보수로서 허용하는 수익률이 일반적인 시장수익률보다 더 높다면, 어떠한 현상이 발생할 수 있는가? 반대로 자본에 대한 허용수익률이 시장수익률보다 더 낮다면 발생할 수 있는 효과와 이로부터 파생할 될 수 있는 사회후생의 변화를 예측하여 보시오.

Modern Public Enterprise

제9장

공기업의
경영성과관리

공기업의 경영성과 관리

■ 제1절 공기업 경영의 의의

1. 공기업 경영의 기반

기업성과 공공성을 동시에 추구해야 하는 일이야 말로 정책결정자와 공기업 경영자가 직면하고 있는 공기업 경영의 핵심적 문제라고 할 수 있다. 이 문제는 공기업의 존재, 공기업의 목적은 물론이고 공기업의 경영실적 평가에도 영향을 미친다.

기업성과 공공성에 관해서는 두 가지 다른 견해가 있을 수 있다. 첫 번째 견해는 기업성과 공공성의 추구[1] 사이에는 상충관계가 있다는 것이다. 이 견해에 따르면, 공공성의 선택은 기업성의 희생으로 이루어지며, 두 목표를 두고 선택을 해야 하는 경우에는 공공성에 대한 고려가 우선되어야 한다는 것이다. 두 번째 견해는 공공성의 추구와 기업성의 추구 간에 반드시 내재적 갈등이 존재하는 것은 아니라는 것이다. 이에 따르면, 수익적으로 운영하면서 동시에 사회적 의무를 다하는 공기업이 얼마든지 존재할 수 있다는 것이다.

두 가지 견해 모두 정당성이 있다. 공공성을 추구하는 모든 공기업들이 필연적으로 재정적 위험에 처하는 것도 아니다. 그리고 수익을 내는 기업들이 공공성을 지향할 수 있다고 가정하는 것도 논리를 너무 단순화 하는 것이다. 사회적 의무를 받아들여 생산비용보다 낮은 가격정책을 채택하는 경우에는 수익성과 갈등을 빚게 된다. 이러한 갈등은 한편으로 공공성의 타당성과 적절성을 강조하면서, 다

---

[1] '사회적 목표'는 그 개념이 모호해서 정의할 수 없을지도 모른다. 그러나 개별 기업에게 적합한 사회적 목표를 구체적으로 제시하려는 노력을 할 수 있도록 독려할 필요가 있다. 그리고 이를 종합한다면 공기업 전반에 관한 국가 차원의 계획을 세우는데 필요한 사회적 목표도 제시할 수 있다. 이처럼 사회적 목표를 구체적으로 제시해야 하는 이유는 공기업의 목적이 다양하고 개별 공기업이 달성해야 할 목표가 각기 다르기 때문이다.

른 한편으로 수익을 내는 방식으로 해결할 수 있다.

결국 공기업의 수익 즉, 기업성은 공공성을 추구하는데 사용되도록 해야 한다. 공기업의 수익이 국가성장 관련 영역을 발전시키고, 생산물의 품질을 향상시키고, 근로조건을 개선하고, 환경보호 행위를 지원하고, 낙후지역을 개발하고, 기술적 수준을 제고하는데 투자된다면, 공기업 수익은 사회발전을 위한 원동력이 될 수 있다. 그러나 행정비용을 부풀리고, 경영자와 직원의 부적절한 처우 개선에 쓰이고, 사회적으로 부적절한 계획사업의 투자에 잉여금이 사용된다면, 자원의 낭비로 인한 비효율성이 초래될 수밖에 없다.

1) 기업성

공기업의 기업성은 공기업의 기업으로서의 성격, 즉 재화나 서비스 생산의 주체로서 수익 또는 이윤을 추구해야 한다는 것이다. 공기업의 기업성은 수익 또는 이윤을 추구하는 점에서 근본적으로 사기업의 기업성과 그 맥락을 같이 한다.

그럼에도 공기업의 기업성은 공공성의 제약을 받는다는 점에서 사기업의 기업성과 다른 측면이 있다. 이와 관련해 다루어야 할 첫 번째 문제는 공기업의 낮은 수익성 또는 손실이 의도된 것인지 아닌지 하는 것이다. 예컨대, 공기업의 낮은 재정적 수익은 공기업에의 투자 시점 또는 경영하는 동안 고려된 공공정책을 근거로 내린 의도적인 정책결정의 결과일 수 있다. 이러한 상황에서는 사회적 편익성과 재정적 수익성의 상충 문제가 문제가 발생한다.

물론 의도하지도 않은 손실을 내는 것은 이와는 다른 경우이다. 이는 비효율적 기업 경영이나 예상치 못한 외적 변수들로 인해 초래된다. 전혀 예상하지 못했던 손실이 초래된 경우에는 그 원인을 철저하게 조사하여야 한다. 특히, 해당 공기업이 경영의 비효율성으로 초래된 손실을 사회적 책임의 수행과정에서 나타나는 불가피한 손실로 호도하지 못하도록 하기 위해서라도 이러한 노력은 반드시 필요하다.

2) 공공성

공기업도 기업이기 때문에 기업으로서 수익 또는 이윤을 추구하는 것이 원칙이다. 그러나 공기업은 그 외에도 공공성, 즉 사회적 목적을 추구해야 하기 때문에 수익 추구라는 기준에만 의존할 수 없다. 즉, 수익을 추구하기 위한 경영을 한다고 하더라도 공기업 경영이 사회 · 경제적 목적에 미치는 효과도 고려해야 한다. 이를 공기업의 공공성이라 한다.

2. 공기업 경영과 성과책임

1) 공기업 경영성과의 핵심 요소

공기업 경영 요소의 핵심은 이미 논의한 것과 같이 수익의 추구를 근거로 하는 것이 원칙이지만, 공기업은 그 외에도 공공성 즉, 사회적 목적을 추구하기 때문에 수익이란 기준에만 의존할 수 없다. 즉, 수익을 추구하기 위한 경영을 한다고 하더라도 공기업 경영이 사회경제적 목적에 미치는 효과도 고려해야 한다. 따라서 공기업의 경영자나 공공정책 결정자들은 공기업 경영의 성과를 제대로 관리하기 위해서 다음과 같은 사항에 대하여 충분히 검토하여야 한다(Ahmed, 1982, 17-20).

첫째, 공기업의 특정 활동이 사회적 측면에서 의의를 가지고 있지만 상업적 의미에서는 관련성이 전혀 없다면, 정책결정자는 공기업이라는 조직적 형태가 정당한 것인지 또는 전통적인 정부 경로를 통해 이들 활동을 수행하도록 하는 것이 보다 적합한 것은 아닌지 고려해볼 필요가 있다.

둘째, 공공정책결정자는 공기업이 생산한 재화와 서비스에 드는 비용을 이를 구입한 소비자가 부담해야 하는 것인지 또는 일반 국민도 부분적으로 부담을 져야 하는 것인지 결정하여야 한다.

셋째, 공기업이 손실을 피할 수 없다면 무슨 의도된 요인이 있는 것인지 또는 그 손실을 국고에서 질 수밖에 없는 것인지 검토해야 한다.

넷째, 계획과 성장 전략을 고려하면 공기업은 투자해야 할 많은 자원을 확보해야 할 필요가 있다. 이와 관련하여 공공정책결정자는 이들 자원을 조세를 통해 조달할 것인지, 차입할 것인지 또는 공기업의 운영을 통해 자원 조달이 가능한 방법이 있는지 등을 고려해야 한다.

다섯째, 공기업의 손실로 누가 이득을 보게 되는지에 대한 문제는 매우 신중하게 검토할 필요가 있다. 이들 손실이 공익과 사회 취약부문의 이익을 도모할 수 있는 것인지 아니면, 자격 없는 수혜자에게 이익이 돌아가는 것은 아닌지 검토해 보아야 한다.

무엇보다 만성적인 손실을 경험하고 있는 공기업들은 사기 저하상태에 빠지게 된다. 효율성은 떨어지고, 능력 있는 전문경영인들은 떠나며, 이는 결국 공기업의 비효율성을 초래하는 요인으로 작용한다. 따라서 공기업의 운영과 관련하여 책임이 있는 의사결정자들은 성공적인 공기업의 운영과 관련된 다양한 요인들을 신중하게 검토하고 정책 및 경영과정에서 활용하여야 한다.

2) 기업성 측면에서의 공기업의 경영성과요소

(1) 재무적 수익

공기업의 재무적 수익의 추구가 공기업이 추구해야 할 가치로 받아들여진 것은 그리 오래되지 않았다. 공기업이 재무적 수익을 추구 한다는 것은 회계적으로 이익을 창출해야 한다는 것인데, 이는 공공부문이 이윤 추구를 한다는 것으로 일반 국민이 받아들이기 어려운 정서였기 때문이다.

그러나 시간이 흘러 공기업이 추구하는 가치에 변화가 생긴다. 공기업이 전통적으로 민간부문의 영역이었던 산업에 진출하고 있으며, 이에 따라 공기업은 수익성 추구를 위해 재무적 수익의 창출을 심각하게 고려하게 된 것이다. 즉, 오늘날의 공기업은 사회적 목적 즉, 공공성뿐 아니라 기업적 목적인 수익성도 추구하게 되었다.

(2) 재정적 수익

재무적 수익의 추구와 재정적 수익은 구별할 필요가 있다. 재무적 수익의 추구는 공기업이 소유하고 있는 순자산(equity)에 대한 순소득을 말한다. 다시 말해, 재무적 수익은 감가상각 규정을 충족시키고, 대출금에 대한 이자와 내야 할 세금을 지불한 후에 남는 잉여금, 즉 순이윤 또는 납세후 순이윤을 말하는 것으로서 적립금으로 비축할 수도 있고, 주주에게 배당금으로서 분배할 수도 있어야 한다. 즉, 사업의 고전적 의미로서 회계적 이윤을 말하는 것이다. 그러나 재무적 수익을 이를 공기업의 운영에 대한 종합적 수익성을 평가하기 위한 지표로 이용하는 것은 적절하지 않다는 의견이 대부분이다.

오히려 공기업 수익의 정확한 측정은 총 투입자본에 대한 수익을 근거로 이루어져야 하는데, 여기에서 '총 투입자본'이란 총 고정 투자에서 감가상각비를 제하고 난 후 운영 자본을 더한 금액을 의미한다. 따라서 총 투입자본은 자본과 차입금의 비율, 즉 부채/자기자본(debt/equity)에 근거해 결정된다. 이를 재정적 수익이라 한다.

재정적 수익성을 평가할 때는 회계계정의 조작가능성이 있을 수 있다는 사실을 고려하여야 한다. 이러한 위험성은 감가상각 계산방식, 수입과 지출의 현가계산, 재고 조사 및 비용 또는 수익의 예외 품목의 설정 등 다양한 요인에 의하여 초래될 수 있다. 공기업의 손실을 경고하는 공공여론의 압력은 결과적으로, '단기 적정소득'의 추구 또는 더욱 솔직하게 '겉만 윤내기(window dressing)'의 유혹을 불러올 수 있기 때문이다. 따라서 공기업의 사회적 책임 중의 하나는, 공기업 경영자 또는 정부당국자들이 공기업의 재산상태를 정확하게 표시할 수 있는 대안을 마련하는 것이고, 이를 위해서는 효과적인 정보 및 회계시스템이 구축되어야 한다.

(3) 재정적 수익성 제고의 기준

① 효율성

경영성과 특히 재정적 수익성의 제고는 주로 경영적·사업적 효율성의 수준에 달려 있다. 공기업이 겪고 있는 난제들은 경영 미숙, 낮은 생산성, 비효율성 등에서 기인하고 있다. 이때 우선 선택해야 할 대안은 효율성의 수준을 높일 수 있는 방법과 수단을 찾고, 이러한 과정을 통해 비용을 절감하려는 노력을 해야 하고, 이를 위해 계획적인 프로그램을 개발해야 한다. 이러한 프로그램의 수행은 공기업의 경영성과를 개선하는데 크게 기여할 것이다. 물론 투입과 산출의 비율에 초점을 두는 효율성과 함께, 목표의 달성정도를 나타내는 효과성의 제고도 경주되어야 한다.

② 생산성

생산성은 수익성에 영향을 미치는 중요한 요인이다. 주로 단위시간당의 산출정도와 불량품의 산출 감소를 나타내는 생산성은 작업 환경여건에 의해 결정되기 때문에 절대적인 것으로 볼 수 없다. 그러나 공기업은 우선 기계, 인력 및 원자재 사용의 생산성을 반영하는 생산성 기준체계를 정립해야 한다. 생산에 있어서의 병목현상이 나타나는 경우에는 생산과정에 사용되는 다양한 기계의 능력에 불균형이 생기게 되고, 이는 생산성에 부정적 영향을 미치는 요인이 된다. 따라서 병목현상의 원인을 규명해 이를 제거하는 것은 비용의 절감을 통한 수익성 제고에 기여하게 된다.

③ 가동율

기계 장비의 낮은 가동율은 비용을 증가시켜 재정적 손실을 초래하는 주요한 요인이 되고 있다. 낮은 가동율의 이유는 다양한데, 예방적 유지보수의 부족으로 인한 공장 및 설비의 잦은 중단, 수입부품의 적시 공급 미흡, 기계의 노후화, 주요 투입 원자재의 부족, 산업 분규, 시장 수요예측의 잘못으로 인한 자원과 설비의 과잉투자 등을 들 수 있다. 이들 문제의 대부분은 필요한 의지와 관리능력만 있으면 치유가 가능한 것들이다. 기업 내에서 할 수 있는 일은 낮은 가동율이란 문제의 해결을 위해 그 원인을 정확히 찾는 것이다. 이 문제를 해결하는데 있어서 정부차원에서의 결정을 필요로 한다면, 해당 기업은 필요한 정책지원을 받기 위해 정부와의 의사소통기술을 제고하는 노력을 해야 할 것이다.

2) 공공성 측면에서의 공기업의 경영성과요소

공기업이 기업으로서 수익을 추구하지만 모든 공기업이 이윤을 내는 것은 아니다. 이윤을 내는 공기업도 있지만 많은 공기업들은 손실을 보고 있거나 낮은 수익성으로 경영상 압박을 받고 있다. 이러한 상황에 관심을 가질 수밖에 없는 이유는 공기업의 지속되는 손실은 국민경제에 견디기 힘든 부담을 주고, 이는 결국 국가목표 달성을 어렵게 하기 때문이다.

한편, 사회적 목적 실현에 대한 고려도 공기업 경영에 있어 매우 중요한 문제이다. 이에 공기업을 경영함에 있어 재정적 수익성에 대한 관심과 함께, 사회적 목적과 재정적 수익성을 조화시키는 공기업 경영을 하도록 해야 할 것이다.

결국 공기업의 경영성과를 개선하기 위해서는 우선 재정적 손실을 가져오는 주된 원인이 무엇인지 파악하는 것이 중요할 것이다. 만약 재정적 손실이 공기업의 낮은 사업 효율성 때문에 발생하는 것이라면 사업수행능력을 향상시킬 수 있는 방법을 고안해야 할 것이다.

만일 공기업의 사회적 목적 실현을 위한 경영방식의 채택으로 재정적 손실이 발생하는 것이라면 이러한 사회적 목적의 실현이 초래하는 비용을 정확히 산정하여 그 비용만큼을 국고로부터 지원을 받아야 할 것이다. 그리고 투자정책으로 인해 재정적 손실이 발생했다면, 투자우선순위, 투자기준, 사업보고서의 내용 등을 재검토해야 할 것이다.

또한 재정적 손실의 원인 및 대책에 대한 분석과 검토를 함에 있어서, 선택 가능한 대응책을 제시해야 하며, 이러한 대책은 위에 제시한 다양한 선택대안을 중심으로 마련되어야 할 것이다. 물론 이러한 중요한 작업은 당연히 공기업 경영자와 정부 당국 간에 협력을 통해 진행되어야 한다.

■ 제2절 공기업의 경영성과 관리

1. 공기업 경영성과 관리의 의의

공기업의 경영성과 관리를 위해서는 기준과 요소의 설정이 필요하며 이러한 기준과 요소는 공기업의 기본 이념인 기업성 및 공공성과 직접적인 관계가 있다. 기업성의 경우 수익의 추구를 의미하므로 관리와 평가가 상대적으로 수월한 편이지만 공공성의 경우 정치적 고려와 같은 문제가 개입될 가능성이 높아 이에 대한 관리와 평가는 매우 복잡한 특성을 보인다(김용우, 2006: 375).

공기업의 경영성과는 기업 내에서 이룬 관리적·사업적 효율성의 수준과 이들 수준이 재정적 수익 또는 손실에 미치는 영향에 대한 조사·분석을 통해 측정할 수 있다. 이외에 낮은 경영성과에 대한 책임이 외부요인, 정부개입, 사회적 책임의 수행이 아닌 내부의 경영성과관리에 있는지를 확실히 할 필요가 있다.

공기업은 공적 책임을 다할 만한 능력과 경험을 갖고 있어야 하고, 관리적 효율성이라는 측면에서도 경영성과를 분석하고 관리할 필요성이 있다. 이를 위해 생산시설 가동율, 생산성, 원자재 관리의 효율성, 재무관리의 효율성, 기술적 효율성, 인적자원 관리의 효율성 등에 대한 관리가 필요하다.

이렇듯 공기업의 경영성과 관리에 있어서 핵심은 기업성과 공공성 측면에서의 성과관리라 할 것이다.

2. 공기업의 경영성과 관리요소

1) 정보관리

정보관리는 각종의 정보를 가장 능률적으로 정확하게 수집·분류·분석·전달하고 활용하는 일련의 관리 과정이며, 정보를 그 목표달성의 수단으로 이용하는 관리방식이라고 할 수 있다. 여기서 조직의 정보관리가 현대조직에서 매우 중요한 항목으로 인정받게 된 이유를 확인할 수 있다. 모든 조직은 변화하는 환경에 대응하기 위하여 올바른 정보를 확보하여야 하고 이를 기초로 적절한 의사결정을 하여야 한다. 따라서 모든 공기업은 효과적인 정보관리체제를 구축할 필요성이 있다.

그러나 공기업의 경우 대체로 의사결정의 지연, 정보의 적시 활용가능성의 미흡 등이 나타난다. 이는 정보관리체제가 제대로 작동하지 못하고 있기 때문이다. 좋은 정보관리체제는 미래를 예측할 수 있어야 하고, 발생 가능한 문제를 경영자에게 미리 알려 이에 대처할 수 있는 행동을 취할 수 있게 해야 한다. 따라서 정보관리체제와 연계해, 단순히 규칙과 규제의 준수라는 관습적인 조사뿐 아니라 실적감사라는 보다 현대적인 사고에 기반을 둔 효과적 외부·내부 감사 제도를 만들어야 할 필요가 있다.

2) 지식관리

지식관리는 단순한 정보관리 이상의 의미를 갖는다. 과거와 달리 정보 접근성이 획기적으로 개선된 상황에서 단순히 불필요한 정보를 제거하는 것 이상으로, 중요한 정보를 조직의 목표 달성과 성공의 맥락에 연계시킨다는 측면에서 지식을 획득하고 창출하며 조직 전반으로 이전하여 활용할 수 있도록 관리하는 지식관리 역량이 중요하다.

3) 성과관리

성과 중심의 경영은 공기업의 행정과 관리의 기본토대이다. 조직의 목표달성을 포괄하는 의미의 성과는 과학적 관리시대 이후 모든 조직운영의 최고 가치라고 할 수 있다. 성과를 보는 시각은 공기업의 상황에 따라 다양하게 해석될 수 있다.

실제로 성과의 의미도 생산성, 효과성, 수월성, 효율성 등의 다양한 지표들로 표현되며, 이들 간의 의미도 다소 차이가 있다. 결국 성과는 조직의 목표달성이라는 궁극적인 조직의 존재 이유라 할 수 있다(유종해·이덕로, 2023: 400-401).

그리고 성과는 객관적인 측정과 평가를 통하여 확인될 수 있다. 따라서 성과의 측정에서 성과의 진전이 시작된다는 주장은 타당하다. 일반적으로 경영평가로 이해되는 공기업의 성과측정과정은 공기업의 의사결정에 필요한 최적의 정보를 제공하여 주기도 하고, 내부적인 성과제고의 기준이 되는 것은 물론 성과제고에 걸림돌이 되는 문제를 발굴하여 해결책을 모색 할 수 있는 계기를 마련해준다. 이것이 공기업의 성과평가 또는 경영평가의 중요성이다.

4) 갈등관리

어떤 조직에서나 갈등(conflict)은 항상 내재되어 있고, 끊임없이 노정된다. 공기업의 경우도 예외라고 할 수 없다. 따라서 갈등관리(conflict management)는 공기업의 존립을 위해 필요한 핵심적인 관리과정이라고 할 수 있다. 일반적으로 갈등은 무익한 것으로 인지되어 왔으나, 갈등의 불가피성은 물론 유용성에 대한 새로운 시각들이 노정되고 있다. 즉, 갈등은 조직을 위해 유익한 것일 수도 있고 해로운 것일 수도 있다는 것이다. 그러나 순기능적 갈등과 역기능적 갈등이 항상 뚜렷하게 구별될 수 있는 것은 아니며, 시간이 흐름에 따라 변동될 수 있다. 즉 순기능적인 갈등이 역기능적인 것으로 될 수도 있고, 역기능적인 갈등이 순기능적인 것으로 될 수도 있다(유종해·이덕로, 2023: 413-415).

따라서 갈등의 관리는 갈등의 해소만을 뜻하지 않는다. 갈등관리는 조직에 해로운 갈등을 해소시키거나 완화시키는 것뿐만 아니라 인지되거나 노정된 갈등을 용인하고 그에 적응하는 조치를 취하는 것, 그리고 나아가서는 조직에 유익하다고 판단되는 갈등을 조장하는 것까지를 포괄한다. 타당성 있는 갈등관리는 공기업의 성공적인 운영조건이 될 수 있다.

5) 위기관리

위기란 갑작스런 변화로 인한 불안정한 상황을 말한다(유종해·이덕로, 2023: 548). 위기는 긴장상태를 만들기도 하며 대응여부에 따라 불안전한 상황을 전환시킬 수 있는 결정적인 기회가 되기도 한다.

공기업을 포함한 조직에게 위기는 일반적으로 어떤 위험이나 위협과 같은 부정적인 함의가 더 강하다. 게다가 위기는 갑자기 찾아온다. 그러나 위기는 조직에게 전환점이 될 수 있는 기회를 제공해 주기도 한다(유종해·이덕로, 2023: 548). 따라서 조직에게는 중대한 전환과 발전의 계기가 될 수 있는 위기에 대한 충분한 숙지와 사전적인, 그리고 사후적인 위기에의 대응과 관리의 필요성이 요구된다. 즉, 위기에 대한 현명한 대응이 위험에 처한 조직을 소망스런 방향으로 전환할 수 있기 때문에 보다 현명한 위기의 대응과 위기관리가 요구된다.

6) 재무관리

공기업의 재정적 건전성을 확보하기 위해 효과적인 재무관리를 강조할 수밖에 없는데, 재무관리 개념을 단지 회계와 부기, 예산의 운용, 경영활동의 재정적 적절성에 대한 감시 등 특정 주제에 한정해 보아서는 곤란하다. 재무관리는 비용절감, 투자분석, 현금흐름의 관리 문제 등과 같은 중요한 사안을 다루기 위한 것이다. 따라서 공기업의 운영에서 차지하는 재무관리의 역할에 대해 새롭게 조명해 볼 필요가 있다.

7) 사무관리

사무관리는 사무를 계획·조직하고, 인원과 물자·장비·방법·금전 및 조직 구성원 사이의 관계를 조정하는 눈에 보이지 않는 힘으로서 조직의 목적을 달성하도록 지휘하고 통제하는 행위이다(G. R. Terry, 1962: 12). 1920년대 레핑웰(W. H. Leffingwell)에 의하여 체계화된 사무관리는 테일러(F. Taylor)에 의해 전개되었던 공장의 과학적 관리의 사상과 기술을 그대로 사무실의 과학적 관리체계로 도입한 것이라 볼 수 있다(유종해·이덕로, 2023: 422). 사무관리의 목적은 행정활동의 전 과정에 존재하는 사무를 과학적이고 합리적으로 관리하여 행정의 효율을 높이는 것이다. 공기업의 경우에도 공공성의 성격을 갖고 있는 공공기관으로서 행정활동을 수행한다는 점에서 사무관리를 효율적으로 운영하기 위하여 불필요한 절차와 방법 등을 제거하고, 다양한 사무의 표준화와 규격화를 통하여 통일성을 확보하는 등의 관리체계 정비가 필요할 것이다.

■ 제3절 공기업의 경영성과 제고

1. 기업성 측면에서의 경영성과 제고

기업성 측면에서의 공기업의 경영성과제고는 공기업이 실제로 어떻게 운영되고 있는지, 공기업의 재정상태가 어떤지, 공기업이 수익을 내고 있는지, 공기업이 수행해야 할 사회적 의무를 다하고 있는지와 관련하여 추구되어야 한다.

따라서 공기업의 경영성과의 제고문제는 공기업 전체의 종합적인 재정적 손익 뿐 아니라, 특정 분야에서의 수익과 손실의 존재여부, 특정기간 동안 재정적 수익의 변화, 손익의 원인과 기원, 처방을 위한 전략, 사회적 수익성과 재정적 수익성에 대한 정부의 일반적인 정책적 접근 등과 같은 주요한 요인들이 같이 검토되어야 한다.

공기업에서 발생하는 재정적 손익의 원인에 대한 조사는 처방을 도출하기 위한 방향으로 이루어져야 한다. 따라서 공기업이 손실을 내고 있다면, 이러한 상황을 타개하기 위해 공기업 경영에 대한 자세한 조사와 평가가 이루어져야 한다. 이러한 조사와 평가 결과 공기업에서 낮은 수익성이나 손실이 발견될 경우 공기업 경영자와 정책결정자는 가능한 한 모든 선택대안을 발굴해 이를 적용할 수 있는 방법을 강구해야 한다. 이때 적절한 대안의 채택을 위해서는 공기업이 처해 있는 구체적인 여건, 국가적 여건, 정책 배경 등이 고려되어야 한다(Ahmed, 1982: 39-43).

1) 가격 측면

공기업이 지속적으로 손실을 보는 경우, 그 원인은 대부분 재화와 서비스의 가격이 너무 낮기 때문이다. 따라서 이에 대한 대응책의 첫 단계는 가격전략을 신중하게 재검토하는 것이다. 이러한 과정에서 가격정책의 타당성 및 적절성, 수혜자, 재정에 미치는 가격정책의 영향 등을 고려해야 한다. 가격정책의 목표는 독점적 지위의 남용, 부당이익 추구행위 등 독점적 폐해를 방지하는 동시에, 기업에게는 투자에 대한 합리적인 수익을 얻을 수 있게 하는 것이다.

공기업이 재화와 서비스 즉, 생산물을 판매함에 있어 공공성의 목적을 달성하면서 동시에 수익의 창출이라는 기업성의 추구를 위한 효과적인 대안은 동일한 재화에 대해 소비자에 따라 다른 가격을 설정하는 것이다.

이를 가격차별 전략이라 하는데, 한국전력공사가 전기를 판매함에 있어 농가 또는 가정 같은 곳에는 싸게 팔고 사업체나 산업에는 비싼 요율을 적용해 판매하는 것을 예로 들 수 있다. 이는 앞장인 공기업의 가격결정 부분에서 자세히 설명하였다.

추가로 가능한 선택 대안은 한 기업 내에서 교차 보조하는 기법이다. 교차 보조란 공기업이 이윤이 나는 사업, 손익 없는 사업, 손실이 나는 사업 등 다양한 사업을 운영하고, 이윤이 나는 사업으로 손실을 보는 사업의 경제적 부담을 덜어주는 것이다. 만약 공기업이 버스와 비행기 같은 교통산업에 참여하고 있다면, 교차보조는 이들 공기업에 적용할 수 있는 적절한 가격결정방법이다. 손해를 보는 노선에서 입은 손실을 이윤이 나는 노선에서 벌어들인 수익으로 그 부담을 완화하거나 없앨 수 있다. 이러한 선택대안은 기업의 종합적인 재정적 건전성을 높일 수 있는 동시에 사회경제적 목적을 달성하기 위한 두 가지 목적을 동시에 달성할 수 있어 공기업의 경영성과를 개선할 수 있는 방법이다.

2) 비용 측면

공기업이 손실을 보고 있고, 그 손실의 원인이 정부 당국이 부과한 사회경제적 목적의 수행에 있다면, 이러한 상황을 해결할 수 있는 합리적이고 적절한 방식은 사회경제 정책의 수행과 관련해 초래된 비용을 구체적으로 산정하고, 다양한 형태의 보상을 통해 이를 충당해 주는 것이다.

이러한 보상은 낮은 이자율과 세금 혜택 등과 같은 비용부담 완화의 형태일 수도 있고, 총액에 근거한 순수한 보조금의 형태일 수도 있다. 이러한 선택대안은 공기업이 사업운영을 통해 생존하고 성장할 수 있게 하는 동시에 국가로부터 비용 부담이 이루어져 사회적 의무도 이행할 수 있게 해준다.

3) 자본 측면

(1) 복구자금의 차입

복구자금의 차입은 공기업의 손실이 과도기적 성질을 가지고 있거나 규정된 기간 안에서 재정적 건전성을 회복하기 위한 조치를 취할 수 있는 경우에 채택할 수 있는 선택대안으로써, 손실을 복구하는 기간에 필요한 자금을 우대이자율로 차입할 수 있도록 보장해 주는 방법이다. 이러한 방법은 기술, 마케팅, 전문성 등의 향상을 통해 공기업의 재무구조를 재편하는 기반으로 채택할 수 있다.

(2) 자본구조 조정

자본구조조정은 자주 채택되는 방법으로써 회계상 조정 즉, 부채·자기자본 비율 변경을 통해 공기업의 자본구조를 조정하는 것이다. 자본구조조정을 통해 자본 중에서 순자산(equity)의 비율이 증가하면 부채 부담이 줄어들고, 이는 실제로 비용을 절감하는 요인으로 작용한다.

(3) 투자회수

투자회수는 민영화라고도 불리는 것으로 공기업에 대한 투자금의 회수를 통해 공기업에 대한 관리권을 민간에 넘기는 방법이다. 공공부문이 민간부문 부실기업의 관리권을 넘겨받는 경우도 있으며, 공공부문의 기업을 민간기업에게 넘기는 경우도 있다. 이러한 선택대안의 변형으로서 경영계약을 근거로 일정 기간을 설정해 그 기간 동안 부실 공기업의 관리를 튼튼한 민간기업에게 맡기는 방법도 있다.

4) 경영 측면

(1) 다각경영

다각 경영은 재정건전성 증진을 위해 공기업이 선택할 수 있는 대안으로 생산물의 혼합(product mix)을 통해, 시장에서 판매할 수 있는 공기업의 생산물을 다양화하는 것이다. 이러한 전략은 기간산업이나 주요 산업과 전방 또는 후방으로 상호연계성을 가지고 있는 분야에서 활용할 수 있다.

(2) 조직구조 조정

조직구조 조정에는 재정상태가 부실한 회사와 건전한 회사를 합병하거나 많은 자회사를 거느리는 지주회사를 설립하거나 기존 기업을 여러 기업(비용/이윤 센터)으로 분리하는 등의 방법이 포함된다. 이러한 형태의 조직구조 조정은 재정적 수익성과 경영효율성의 향상을 동시에 도모할 수 있기 때문에 공기업의 경영성과를 제고할 수 있는 매력적인 방법이 될 수 있다.

(3) 청산·파산

청산·파산은 공기업의 수익성 제고를 위한 방법 중 가장 극단적 대안으로 민간 기업이 파산을 하는 경우와 같이 공기업을 청산하는 것이다. 공기업의 경우 사회적 목적을 추구하기 때문에 기업의 문을 닫는 청산을 채택하는 것은 극히 이례적인 것이다.

만약 공기업이 회생가능성이 있다면 청산·파산의 선택은 바람직하지 않은 방법이지만, 전혀 회생가능성이 없는 공기업의 경우라면 청산을 선택하는 것도 피할 수 없다. 다만 부실 공기업에 대해 청산을 선택할 경우 공기업의 기존 고용 유지와 생산물의 공급 대안을 모색하는 것이 중요하다.

5) 부채 측면

(1) 부채의 발생

기본적으로 공기업 부채의 발생은 투자 및 이익부분에 있어서 기업의 자율적 측면과 정책적 측면 간의 불균형에서 초래된다. 이는 부채 및 자산, 자본의 관리에 있어 공기업의 자율적 통제가 용이하지 않기 때문이며, 이 문제는 다시 공기업 지배구조의 문제로 귀결된다. 즉, 공기업 지배구조는 국민과 주무부처 및 재정당국, 경영진이라는 이중적 대리인 관계이며, 이러한 지배구조하에서는 국민과 경영진의 이익을 동시에 보장할 수 있는 통제가 용이하지 않은 측면이 있다. 물론, 「공공기관의 운영에 관한 법률」을 통해 공기업의 자율경영 및 책임경영을 법적으로 보장하고 있으며, 「물가안정에 관한 법률」 역시 공기업의 공공요금 결정에 대해 총괄원가를 보상하도록 규정하고 있으나, 주무부처의 국가대행사업을 시행하고, 재정당국의 재정지원을 받는 공기업의 현실에서 경영진이 정책적 투자 및 이익구조를 자율적으로 변경하려는 유인 역시 크지 않을 수 있다. 즉, 정책적 투자 및 이익구조로 인하여 부채가 증가한다면, 이에 따른 경영책임이 공기업의 원소유주인 국민에 의해 직접적으로 관리되기보다는 국민의 대리인인 주무부처 및 재정당국에 의해 통제될 가능성이 크다.

(2) 부채와 재무관리

공기업의 부채관리에는 사기업의 부채관리 방식을 그대로 적용하기 어려운 측면이 있다. 물론, 전체 자산 대비 부채의 규모가 적정수준을 넘거나 부채의 질이 좋지 않은 경우 적극적인 부채관리가 필요하다는 것은 사기업과 다르지 않으나, 공기업 부채는 국가대행사업 수행을 위한 정책적 투자와 요금규제에 따른 특수한 원인이 있기 때문에 이를 다루는 데에는 사업의 공공성과 국가적인 정책적 판단에 대한 고려가 함께 이루어져야 한다.

이와 같이 공기업 부채의 형성과 규모, 그 성격은 일정부분 정부의 영향을 받기 때문에 공기업 부채관리를 위해서는 공기업 자체의 부채관리대책만이 아닌 정부차원의 공기업 부채관리대책이 필요하다. 가령, 사회간접자본에 대한 정부투자나 에너지 관련 수급계획 등 정부의 공기업 사업관련 분야의 중장기 계획의 수립은 공기업의 투자계획에 직접적인 영향을 미친다. 또한 정부와 공기업이 공동출자하는 국가사업의 경우, 정부지원율 및 방식에 따라서도 공기업 부채에 영향을 주게 된다. 이에 더하여 공공요금 인상 억제와 같은 정부정책 역시 공기업의 부채에 영향을 주게 된다.

물론, 공기업은 설립근거와 목적에 위배되지 않는 한 법적·제도적 지원으로 인해 단순히 부채의 증가로 파산에 이르는 경우가 드물다. 하지만 오히려 이러한 법적·제도적 지원체계로 인해 민간기업에 비해 공기업의 부채관리에 대해서는 정책적으로 소홀한 측면이 있었으며, 이로 인해 공기업의 방만경영과 비효율성에 대한 비판 역시 꾸준히 제기되어 왔다. 특히, 기업의 재정건전성 측면에서 공기업의 부채관리에 경영진과 정부 양측 모두의 적극적 자세를 요구하는 목소리가 커지고 있다. 효과적인 부채관리를 통한 공기업의 재정건전성 확보는 단순히 기업으로서 미래의 복잡하고 변화하는 환경에 대응하는 역량을 키우는 데만 있지 않고, 공기업 부채의 증가로 인한 공공재정 및 국민경제에 미치는 영향을 최소화하여 원 소유주인 국민의 이익을 최대한 추구한다는 공기업 본연의 목적 달성과도 연계해 볼 수 있을 것이다.

2. 공공성 측면에서의 경영성과 제고

공기업의 경영성과를 높이기 위해서는 우선 공기업의 행태와 활동을 통제하고, 불확실성을 감소시킬 수 있는 체계적인 중·장기계획을 세워야 한다. 또한 이를 위하여 개별 공기업의 기업계획을 준비하며, 여기에 포함해야 할 사업을 개발하고 이를 집행할 수 있어야 한다. 이러한 사업은 편람 또는 지침의 준비단계에서 마련되어야 하고, 목표의 달성에 적합한 활동을 체계화하여 실천해야 한다. 여기에서 논의되는 사항은 공기업의 공공성 제고와 이에 따른 재정적 수익성 저하를 방지 또는 보완하기 위한 방법 등이다.

1) 민간 부실기업의 인수

국가는 민간 부실기업의 인수 및 국유화 과정을 통해 공기업을 설립하기도 한다. 이는 민간기업 운영상 발생한 문제를 정부가 받아들여 공기업으로 전환하는 것을 말하며, 구조적 문제로 인하여 큰 영업 손실을 내고 있는 민간 기업을 국가가 인수하는 것이다. 시장의 원리에 따르면 영업 손실을 내고 있는 부실기업은 시장에서 퇴출되어야 하지만, 기업 구성원에 대한 보호, 생산물의 안정적 공급 등 사회적 필요로 인하여 국가가 부득이 부실기업을 인수하고 이들 기업을 공공부문의 틀 안에 포함시켜 기업 활동을 지속할 수 있도록 하는 것이다. 이러한 부실기업의 인수는 국가의 사회적 책임성과 공공성을 광의로 해석한 결과로 볼 수 있다.

민간기업의 부실은 경영실책, 불법적 업무수행 및 그 밖에 치명적 문제로 인해 발생한다. 국가의 부실 민간기업의 인수에는 다음과 같은 문제에 대한 검토가 필요하다(김용우, 2006: 389). 첫째, 인수과정에서 부실 민간기업의 신용회복기간, 구조조정, 균형투자, 선진 경영제도 도입 등의 고려가 필요하다. 둘째, 부실 민간기업의 인수는 시장 논리에 입각한 결정이 아니기 때문에 국가는 부실기업의 부실 원인에 대한 철저한 조사를 통한 진단결과를 도출해야 한다. 이를 통해 부실기업의 회생 가능성에 대해 알 수 있게 되며 이에 필요한 비용의 도출이 가능하다. 아울러 이러한 부실기업에 대한 조사와 진단을 통해 회생가능성이 없는 기업의 인수를 막고, 국가의 경제적 손실을 피할 수 있다.

2) 사회간접자본의 구축

공기업 투자의 많은 부분은 사회간접자본 구축에 집중되고 있다. 사회간접자본은 통신, 상·하수도, 전력의 생산 및 분배, 교통체계 등과 같은 다양한 분야에 필요하다. 이를 위해서는 철강, 석유, 석유화학, 비료, 전기 등의 기술 산업이 필요하다. 이러한 기술 산업은 자본집약, 긴 생애주기, 고도의 기술 필요, 낮은 수익성을 특징으로 한다. 이와 같은 특성으로 인하여 민간기업은 사회간접자본 구축에 참여하는 것을 꺼리게 되고, 결국 국가가 공기업 설립을 통해 사회간접자본을 구축하게 된다. 이와 같은 사회적 필요성으로 인해 공기업은 낮은 재정적 수익에도 유지되는 것이다.

사회간접자본 구축을 담당하는 공기업은 다음과 같은 특성을 갖는다. 첫째, 산업의 회임기간이 길다(김용우, 2006: 390). 이는 투자가 결정되는 시점으로부터 기업이 안정적으로 산출물을 생산할 수 있는 기간까지가 길다는 것을 말한다. 이럴 경우 사업집행기간 동안 초과비용의 문제가 발생할 수 있고 이는 사업의 지속성 여부에 커다란 영향을 미치게 된다. 따라서 사회간접자본 구축에 있어서 산업의 회임기간을 정확히 산정하는 것이 중요하다.

둘째, 사회간접자본 구축을 담당하는 공기업에 대한 국가의 보호 문제이다. 앞서 설명했듯이 사회간접자본 구축 산업은 긴 회임기간을 필요로 한다. 만약 회임기간 동안 기업이 관련 분야에 경험이 많은 해외기업과 경쟁하게 된다면, 이들의 투자는 성공하지 못할 가능성이 매우 높아진다. 이에 사회간접자본 구축을 시작하는 대부분의 국가에서는 보호정책을 시행하는 것이 일반적이다. 그러나 보호정책의 경우 기업의 비효율성을 유발시켜 국제경쟁력을 떨어뜨릴 수 있으며 이로 인해 수출둔화를 초래하고 궁극적으로 산업발전을 저해하는 결과를 가져올 수 있다. 이러한 문제의 해결을 위해 합리적인 보호기간의 설정이 중요하며, 경쟁과 보호라는 두 가지 목적 달성을 위해 충분한 관세율을 적용하면서 경쟁을 허용하는 정책이 시행되기도 한다.

셋째, 사회간접자본 구축을 담당하는 공기업의 최적규모에 대한 문제이다. 여기서 최적규모란 최저의 비용으로 최고의 산출을 얻는 규모이다. 사회간접자본구축을 시작한 국가에서 생산물을 소비할 만한 충분한 능력을 가진 국내 시장이 있다면 공기업의 최적규모 설정은 어려운 일이 아니다. 그러나 시장규모가 작은 국가의 경우 적정 수준 이하의 규모를 설정한 것인지에 대한 문제에 봉착하게 된다. 이에 대한 해결책으로 여러 국가가 공동으로 공기업을 설립하는 다국적 공기업이 제안되고 있다(김용우, 2006: 392).

3) 사회적 목적의 추구

공기업이 순수하게 기업적 활동만 수행한다고 보는 것은 비현실적이다. 국가적 차원에서 설정한 사회경제적 목표를 달성하기 위해 공기업의 경영정책에 정부당국이 개입하는 것이 일반적이기 때문이다. 즉, 정책결정자는 공기업이 제대로 된 기업구조 형태를 갖추고, 기업의 원칙에 따라 운영될 것으로 기대하는 동시에, 국가적 입장이나 정책방향에 부응하는 다중적 목적을 추구해야 하는 조직으로 인식하고 있다. 즉 공기업은 "국가정책 수단"으로 인식되고 있는 것이다(김용우, 2006: 392).

사회경제적 목적의 성질과 내용은 국가에 따라 다를 수 있으며, 이는 역사적 상황, 경제발전 수준, 문화적 패턴, 발전 전략의 선택 등에 따라 결정된다. 그럼에도 불구하고, 어떤 사회경제적 정책들은 대부분의 국가에서 공통적으로 수행되고 있는데, 이러한 정책의 예로, 분배적 정의 또는 경제성장을 위해 마련된 가격정책, 고용을 창출하고 기술적·행정적·관리적 역량을 제고할 목적으로 수행하는 고용정책, 국가균형발전을 모색하고 낙후지역의 발전을 촉진하기 위한 지역개발정책, 환경과 근로계층의 생활여건을 개선하기 위한 복지정책, 생산능력의 제고를 통한 자립경제의 확립을 목표로 하는 기술정책, 수출촉진·수입대체를 통해 경제발전을 가속화하기 위한 국제수지정책 등을 들 수 있다.

공기업이 이러한 사회경제적 정책의 목적을 달성하기 위해 정부가 이용할 수 있는 정책수단 중의 하나라는 사실을 감안하면, 공기업 설립이나 경영에서 이들 목적의 성질이나 내용을 고려하지 않을 수 없다. 따라서 이들 정책이 공기업의 경영정책과 재정적 건전성에 미치는 영향력을 평가하고, 이들 정책의 선택으로 초래되는 재정적 비용을 산정하며, 기업의 성격을 훼손하지 않고 사회경제적 정책의 취지에 부합할 수 있는 제도를 마련하고, 정책집행으로 바람직한 결과를 끌어내기 위해 정책의 성질과 내용을 적절히 검토하여야 한다. 특히 공기업의 사회적 목적을 달성하기 위해서는 충족되어야 할 몇 가지 요건이 있다.

첫째, 공기업이 정부가 요구하는 사회경제적 목적의 추구를 위해 정상적인 경영방식을 벗어난 기업운영을 함으로써, 손실의 발생 또는 이윤의 감소를 초래했다면, 이러한 사회적 결정으로 공기업이 입게 된 재정적 비용에 대해 일반 국민에게 자세히 설명할 수 있는 방법 및 회계제도를 마련해야 한다. 이를 통하여 사회경제정책의 실상을 국민들에게 정확히 알릴 수 있고, 정부당국도 이러한 정책의 재정적 효과를 충분히 알 수 있는 기회를 갖게 되고, 공기업의 손실이나 이윤감소의 원인이 공기업의 부실경영 탓이 아니라는 사실을 수용할 수 있을 것이다. 이와 같이 공기업의 재정적 손실의 성질 및 내용을 공개적으로 발표하면 공기업 경영에 대한 투명성을 보장할 수 있고, 이는 국고로부터 손실에 대한 보상금이나 보조금을 받는데 필요한 근거로 이용될 수 있다(김용우, 2006: 393).

둘째, 공기업이 제공한 사회적 편익의 수혜자에 대한 확인이 요구된다. 예를 들어, 낮은 수준의 요금은 충분한 구매력을 갖지 못한 사람들에게 낮은 가격에 상품을 구입할 수 있게 하기 위한 것이다. 그러나 그 편익이 사회의 취약계층에게만 전달되지 않고 결국 중상층과 고소득층에게 돌아가는 경우가 많다. 또한 사회하부구조적 재화와 서비스에 낮은 가격을 책정하는 것은, 이러한 기본필수재의 가격을 인상하면 중간재 및 최종재의 가격을 인상시키는 연쇄효과가 나타나기 때문이다. 이러한 저가정책의 의도가 최종소비자가 저가로 재화와 서비스를 확보할 수 있게 하기 위한 것이라면, 편익이 최종적으로 누구에게 귀착되었는지 검토할 필요가 있다.

셋째, 적정한 수준의 요금을 결정하여야 한다. 적정수준의 요금이 결정된다고 해서 공기업이 비수익적으로 운영되어야 한다는 것은 아니다. 공기업의 요금이 민간기업에 적용될 때, 민간기업을 파산으로 몰고 갈 정도의 가격수준이라면 그 가격수준을 고수하는 것은 불가능할 것이다. 만약 동일한 원칙이 공기업에 적용된다면, 공정한 수준에서 가격을 유지하면서도, 생산자에게 합리적 이윤을 허용할 수 있도록, 기술적·사업적 효율성 기준에 따른 계산액을 근거로 하는 가격이 결정되어야 한다.

넷째, 적정한 수준의 고용창출이 확인되어야 한다. 대부분의 국가에서 발전전략의 기본요소는 시민들의 고용기회를 창출하는 것이다. 그러나 국가의 고용정책으로 공기업은 과잉인력상태가 될 수도 있다. 이의 결과는 높은 생산비용, 낮은 생산성으로 인한 비효율을 가져오고 결국 이는 재정적 손실로 연결될 수 있다. 이러한 유형의 과잉고용은 실제로는 위장실업의 한 형태에 지나지 않는다고 할 수 있다. 따라서 이러한 상황을 면밀히 검토해 시정조치를 마련할 필요가 있고, 기업운영에 필요한 적정한 기술·전문·경영 능력을 향상시킬 목적으로 직원들을 훈련시키는 것도 이를 위한 하나의 방법이 될 수 있다. 이러한 점에서 공기업 내에 훈련기관을 설립하는 것은 부담으로 생각할 수 없는 당연한 사회적 의무라고 할 수 있다.

다섯째, 공기업의 사회적 목적 추구에 따른 재정적 손실을 보완하기 위한 지원 정책이 필요하다. 예컨대 지역개발정책을 통해 수행하는 사업은 바람직한 승수효과(multiplier effect)를 초래할 수 있는 것으로서 국가발전전략을 위한 중요한 요소가 되고 있다. 사회하부구조가 없고, 숙련된 인력도 없고, 충분한 원자재 공급이 가능하지 않은 농지에 공기업을 설립하는 것은 많은 재정적 부담을 줄 수밖에 없지만, 지역발전에 미치는 효과는 클 것으로 예상된다. 이러한 경우에는 인센티브 정책이나 직접적 보조금 정책을 통해 재정적 부담을 덜어주는 방법을 모색해야 할 것이다.

보조금의 지원은 공기업의 수출 촉진을 위해서도 필요하다. 공기업이 공통적으로 수행하는 정책 중 하나는 외화를 벌어들이고, 수입대체에 힘쓰는 국가의 노력을 돕는 것이다. 그러나 이러한 노력을 한다고 해서 공기업이 꼭 손실을 보면서 운영되어야 한다는 것은 아니다. 공기업이 생산한 제품의 수출은 수익창출로 이어질 수 있으나, 이 경우에도 공기업은 단기적으로 이익을 취하려고 하기보다 장기적인 수출전략을 세워야 한다. 이 과정에서 민간부문에 적용되는 정부의 수출 유인책과 보조금 정책이 공기업에게도 동일하게 적용되어야 한다.

공기업에 대한 보조금 지원의 또 다른 근거는 기술축적이다. 국가기술정책의 목적은 국내의 생산능력을 향상시키고 자립경제의 기반을 다지기 위한 것으로서 이는 공기업의 경영정책에 영향을 미친다. 이에 따라 공기업 내에 기술개발 부서를 설치해 기술개발에 투자하면, 초기에는 비용이 높아지고 이로 인해 가격이 높아질 가능성이 있다. 그러나 이러한 비용은 부담할 가치가 있는 것으로써 최종적으로는 더 높은 가치가 있는 상품을 생산하게 되고 결국에는 재정적 수익성 제고로 이어진다.

요 약

- 공기업의 기업성과 공공성의 동시 추구는 공기업에 관한 정책결정자와 공기업 경영자가 직면하고 있는 핵심적 문제이다.

- 기업성과 공공성에 관해서는 두 가지 다른 견해가 있는데, 첫 번째는 공공성의 추구와 기업성의 추구사이에는 상충관계가 존재한다는 것이다. 이 견해에 따르면 공공성의 선택은 기업성의 희생으로 이루어지며 두 목표를 두고 선택을 해야 하는 경우에는 공공성에 대한 고려가 우선되어야 한다는 것이다.

- 두 번째는 공공성의 추구와 기업성의 추구 사이에는 반드시 상충관계만이 존재하는 것이 아니라는 것이다. 이에 따르면 수익적으로 운영하면서 동시에 사회적 의무를 다하는 공기업이 얼마든지 존재할 수 있다.

- 공기업 경영 요소의 핵심은 수익 추구를 근거로 하는 것이 원칙이지만, 공기업은 사회경제적 목적을 추구하기 때문에 수익을 추구하기 위한 경영을 기본으로 하면서 공기업 경영이 사회경제적 목적에 미치는 영향도 고려해야 한다.

- 공기업의 경영성과관리는 관리의 효율성에 기반해야 하며, 낮은 경영성과에 대한 책임이 외부적 요인, 정부의 개입, 사회적 책임의 수행이 아닌 내부의 경영성과관리에 있음을 확실히 해야 한다.

- 공기업 경영성과관리의 기반인 관리의 효율성은 생산시설 가동율, 생산성, 원자재 관리의 효율성, 재무관리의 효율성, 기술적 효율성, 인적자원 개발의 효율성 등에 지속적인 조사와 평가로 이루어진다..

- 기업성 측면에서의 경영성과제고는 공기업이 실제로 어떻게 운영되고 있는지, 공기업의 재정상태가 어떤지, 공기업이 수익을 내고 있는지, 공기업이 수행해야 할 사회적 의무를 다하고 있는지와 관련하여 이루어져야 한다.

- 공공성 측면에서의 공기업의 경영성과제고는 공기업의 사회경제적 목적의 달성을 통해 이루어진다. 여기에는 민간 부실기업의 인수, 사회간접자본의 구축, 사회적 목적의 추구가 포함된다.

1. 공기업 경영의 기본원칙에 대해 설명해 보고, 이러한 원칙들이 공기업의 생성 원리 및 기본 이념과 어떻게 연결되는지 논의해 보시오.

2. 공기업 경영성과관리에 있어 기업성과 공공성의 관계에 대해 설명해 보고, 공기업 경영성과관리를 위해 필요한 요소에는 어떤 것들이 있는지를 기업성과 공공성 측면에서 설명해 보시오.

3. 공기업 경영에 있어 기업성과 공공성은 동시에 추진할 수 있는 목표인지, 아니면 둘 중 하나는 포기해야 하는 목표인지에 대해 논의해 보시오.

4. 공기업 경영성과제고는 기업성 측면과 공공성 측면에서 이루어져야 한다. 이러한 경영성과제고를 위한 각각의 측면에 대해 설명해 보고 이것들이 공기업의 기본 이념과 어떻게 연결되는지 논의해 보시오.

Modern Public Enterprise

제10장

공기업 경영평가제도

제10장

공기업 경영평가제도

앞에서 논의한 것처럼 공기업은 기업으로서 효율성을 추구하는 동시에 공공성을 추구하여야 하는 특성을 가지고 있는 조직이다. 따라서 목표와 실적이 이윤과 매출로 명시되는 사기업과 다르게 경영목표에 다양한 가치를 포함하고 있으므로 공기업 경영의 실적이란 그러한 가치들이 얼마나 구현되었는지를 의미한다. 사기업의 이윤과 같은 명시적인 단일 실적과 다르게 공기업이 추구하는 다양한 가치의 구현 여부를 파악하기는 쉽지 않는 일이라 할 수 있다.

또한 성과가 공적 영역으로 귀속되는 공기업은, 명시적 실적(이윤)에 따른 성과의 배분이 명확히 이루어지는 민간기업과는 달리 자발적 경영 동기의 발현이 미약한 편이다. 이러한 이유로 공기업 성과는 의회의 국정감사나 감사원의 감사, 소관부처의 관리 감독 등 다양한 외부통제방법을 통해 관리된다. 그러나 외부통제방법들은 구성원의 동기부여를 유발하기 어려운 근본적인 문제가 있으며, 경영 전반에 대한 전문적인 관리가 어렵다는 한계가 있다. 경영평가제도는 이러한 외적 통제의 문제점과 한계를 극복하고 공기업의 서비스 효과성과 경영 효율성을 증진시키기 위한 방법의 하나로써 주목받고 있다.

■ 제1절 경영평가의 의의와 연혁

공기업은 독립채산제하에서 지속가능한 공익서비스의 공급을 담당하므로, 경영평가에 있어서 수익성을 배제할 수 없다. 그러나 동시에 공공성이라는 측면에서 서비스의 공익성이나 사회적 편익성 역시 중요하다 할 것이다. 따라서 정부 소유의 기업에 대한 경영평가에 있어서 경제적 수익성은 해당 기업의 경영실적을 평가하기 위한 중요한 기준임에는 분명하지만, 가장 중요한 기준은 아니며 유일한 기준은 더더욱 될 수 없다. 즉, 민간기업은 경제적 수익성이 높아질 때 경영이 잘

되고 있다고 할 수 있는 반면, 공기업은 재정적 수익성에 공적 목적의 추구가 동반될 때 서비스 공급체계가 적절하게 작동하는 것으로 볼 수 있다. 따라서 경영실적에도 경제적 수익성뿐만 아니라 국가발전이라는 공적 목적의 달성 수준을 포함하여야 한다. 이러한 특징은 내재적으로 공기업 경영평가의 다면성과 복합성을 요구하게 된다.

1. 경영평가의 의의와 특징

공기업 경영평가는 「공공기관의 운영에 관한 법률」 제48조에 따른 '경영실적 평가제도'를 말하며, 공기업·준정부기관의 자율·책임경영체계 확립을 위하여 매년 경영 노력과 성과를 공정하고 객관적으로 평가한다. 경영평가 제도의 목적은 "공기업·준정부기관의 공공성 및 경영효율성을 높이고, 경영개선이 필요한 사항에 대해 전문적인 컨설팅을 제공함으로써 궁극적으로는 기관의 대국민서비스를 개선하는 것"이라 할 수 있다.

국가가 제정한 법률에 근거하여 설립·운영되는 공기업은 공공성과 기업성(효율성)을 동시에 추구하므로, 이들 공기업의 효율적 경영을 통한 공익의 극대화를 위해서는 경영의 자율성과 책임성, 그리고 독립성을 보장이 요구된다. 공기업에 대한 경영평가는 일정기간 동안 수행한 사업 및 투입자원, 사업활동과 투입의 직접적 결과(output and outcome), 그러한 결과가 사회 전반에 미친 영향을 포괄하는 범위에 걸쳐 이루어진다. 이러한 의미에서 경영평가는 일차적으로 공기업의 공공성 및 경영 효율성을 증진시키고 궁극적으로 대국민 서비스의 양적·질적 개선을 그 목적으로 한다. 이러한 목적을 달성하기 위해 중요한 경영평가 운영원칙은 다음과 같다(김용우, 2006).

1) 기업과 경영진 평가의 병행

공기업 경영평가는 기업 자체의 성과에 대한 평가와 경영진에 대한 평가로 나누어 볼 수 있다. 민간기업의 경우, 경영성과와 기업의 성과가 모두 수익이나 매출 같은 경영실적지표에 대한 평가로 갈음될 수 있다. 기본적으로 민간기업은 수익 창출이나 이윤 증대라는 단일의 목표를 가지고 경영활동을 하기 때문이다. 최근에는 사회적 기여 등이 강조되고 있으나 어디까지 부수적인 목표이며, 기업 이

미지나 사회적 평판과 관련하여 관리되는 수준이다.

그러나 공기업은 경제적 수익성뿐만 아니라, 국가경제발전이나 정부정책의 주요 목표 달성에 대한 기여도 등이 주요한 평가기준을 구성하게 된다. 따라서 공기업 경영평가는 국가경제상황, 기관의 재무상태 그리고 정부의 정책방향 등 다양한 조건하에서 기관이 공익과 경제적 수익을 얼마나 조화롭게 달성하였는지를 객관적으로 정확하게 평가할 수 있어야 한다. 이처럼 공기업의 경우 공익과 경제적 수익의 조화로운 달성이 중요하므로 기관의 성과에 있어서 경영진의 역할이 어떠하였는지에 대한 평가가 보다 중요하게 된다. 경영진이 경제적 수익의 극대화를 위해 공익을 희생시키거나 반대로 공익의 달성을 이유로 적자를 심화시키는 경우 기업 자체에 대한 평가만으로는 문제를 시정하기 쉽지 않게 된다. 공익성 추구를 위해 경제적 효율성 향상에 대해서는 상대적으로 관대한 공기업의 특성상 지나친 후생복리 혜택 등 내부적 이익을 위해 방만한 경영을 하는 경우도 종종 발생하는데, 현실적으로 기업활동 평가만으로 이를 통제하기는 어렵다.

따라서 국가에 의하여 임명되는 경영진이 주어진 조건하에서 얼마나 공기업의 기업목표를 달성하였는지에 대해 노력하였는지를 면밀히 평가할 필요가 있다. 공공성을 추구해야 하는 공기업의 특성상 재무제표상 적자를 보이고 있다 하더라도 경영진의 노력으로 적자폭이 감소하였거나 더 나은 대국민서비스를 제공할 수 있었다면 경영진의 활동은 긍정적으로 평가해야 한다. 반면 재무제표상 흑자인 기업이라 할지라도 지나친 직원 후생복리 제공이나 비용절감 노력 부족 등 방만한 경영으로 흑자 폭이 감소하였다면 경영진의 활동은 부정적으로 평가되어야 한다. 주어진 여건하에서 경영활동의 성과에 얼마나 향상이 있었는지 그리고 더 나아지기 위해 얼마나 노력하였는지를 중심으로 경영평가가 이루어질 때 평가의 공정성이 제고되고 평가결과에 대한 기업 구성원의 수용성도 증진되는 것이다.

이러한 이유로 공기업경영평가는 경영진의 성과를 평가하기 위해 기관장평가와 같은 별도의 제도를 활용하고 있다. 평가 과정에서 경영전략·리더십·조직·인사 등 기관장 역량과 관련된 지표에 대한 평가를 토대로 「기관장 평가보고서」를 별도로 작성할 수 있다(공공기관 경영평가편람, 2019). 기관장 평가는 주로 경영관리 중 전략과 리더십 분야의 지표를 중심으로 평가하고 있으나, 일반적인 조직·인사·재무 관리에 대한 기관장의 관심과 개선노력, 그리고 사회적 가치와 창의 혁신의 추구에 대한 기관장의 적극적 역할 등도 평가시 고려된다.

2) 단기적 목표와 장기적 시각의 조화

단기적인 시각에서 볼 때 가장 정확한 공기업의 경영실적은 해당기간 중 재무제표에 제시된 기관의 객관적인 경영실적이다. 그러나 도로, 철도, 전기 등 산업인프라 구축 등 장기적 자본투자를 이행하는 공기업의 특성상 짧은 기간 내에는 기업의 경영노력 성과가 나타나지 않더라도 중장기적으로는 그 성과가 크게 나타날 수 있는 사업활동이 상당수 있다. 또한 큰 규모의 자본투자의 경우가 아니더라도 기본적으로 경영노력이 시작된 시점과 그 결과가 나타나는 시점 사이에는 일정한 시차가 존재할 수 있다(이시원, 2013). 따라서 공공기관의 경영실적을 평가할 때는 그러한 특성을 감안하여 장·단기적 경영노력을 구분하고 각각 그 실적을 평가하여야 한다. 1~2년의 평가기간 내에 관찰되는 단기적 성과만을 평가하고 중장기적 활동을 경시하게 되면, 공기업 경영에서 단기적인 실적 위주의 근시안적 활동이 우선시되고, 이것은 결과적으로 기업의 건전한 성장과 사회발전을 저해한다. 그러므로 국가경제 차원에서, 중요한 역할을 하는 공기업에 대한 평가는 수익성, 생산성 등 단기적인 지표뿐만 아니라 경영비전과 전략, 경영관리 및 제도 개선, 사회적 가치 추구 등 중장기적인 요소도 동시에 평가되어 한다.

3) 경영외적 요소에 대한 고려

표면상 좋아 보이는 경영실적이 관찰되더라도 경영진의 경영노력이 실제로 그러한 실적에 기여한 바가 없는 경우가 존재할 수 있다. 즉 경영노력과 무관한 경영외적 원인이, 일종의 허위변수로서 경영노력과 실적 사이에 존재하지 않는 인과관계(허위관계)가 있는 것처럼 보이게 할 수 있다. 예를 들어, 경상이익이 발생하는 경우 수익성 지표인 매출액 이익률을 기준으로는 양호한 경영실적으로 평가될 수 있다. 그러나 원재료 품귀현상으로 인해 재화와 서비스의 가격이 인상되어 매출액과 이익률이 상승했다면, 이는 기업 경영진의 경영 노력에서 비롯되었다고 보기 어렵다.

마찬가지로 전기요금과 같은 공공요금이 정부의 정책결정으로 인상된 경우, 이로 인한 한전의 경영수익 증가는 내부적인 경영효율 향상과는 무관하게 발생된 것이다. 따라서 이런 경우 객관적으로 명백한 수익률 상승이 관찰되더라도 경영진의 효율적 경영노력이나 기관의 효과적인 사업활동의 성과로 평가할 수 없다.

공정하고 정확한 평가가 이루어지기 위해서는 경영진의 경영노력이나 직접적인 사업활동으로 창출된 수익과 경영 외적 요인에서 기인한 수익을 명확히 구분하여 평가할 필요가 있다.

4) 기업성과 공공성의 조화

앞에서 살펴본 것처럼 공기업의 사업이 지향하는 가치에는 공공성과 기업성이 모두 포함되어 있다. 따라서 공공성과 기업성 두 가지 차원에서 경영실적이 측정되어야 하고, 두 가지 차원에서 각각 측정된 경영실적에 대한 평가가 이루어져야 한다. 공공성 측면에서는 첫 번째로 사업목적과 성과 사이의 적합성이 평가되어야 한다. 이는 사업목적이 적절한 공익 가치를 포함하고 있는가, 그리고 목적을 달성할 경우 그러한 공익 가치가 충분히 구현될 수 있는가를 검토한다. 두 번째로 사업목적이 이를 만족할 경우 효과성을 기준으로 사전에 설정된 목표가 달성되었는지를 평가한다. 기업성 측면에서는 효율성이 평가 기준이 되는데, 목표한 바를 최소의 비용으로 달성하였는지를 평가한다. 공공성과 기업성이라는 두 가지 차원의 경영평가는 경영성과지표에 비계량적 지표와 계량적 지표 모두가 필요함을 시사한다.

공공기관의 경영은 기업성과 공공성을 동시에 조화롭게 추구하여야 한다. 여기서 기업성과 공공성의 조화로운 추구라 함은 양자(兩者)의 trade-off라기보다는 융합적 가치 추구를 의미한다. 평가시 불가피하게 가치를 구분하여 평가하더라도 두 가치는 공기업의 궁극적인 목표달성에 최대한 기여할 수 있도록 추구해야 한다는 명확한 규범적 방향이 있어야 한다.

기업성과 공공성을 동시에 추구한다는 점에서 경영실적의 평가에는 민간기업과는 다른 접근방법이 요구되기도 한다. 예를 들어 공기업의 공공성 측면의 경영실적을 평가하기 위한 공공비용을 산출할 때 민간기업에서는 고려하지 않는 사회적 비용이 고려되어야 한다. 즉, 공기업의 사업활동이 환경에 미치는 외부효과나 시장에 미치는 구축효과 등에서 비롯되는 사회적 비용은 공공비용으로 고려되어야 한다. 이러한 사회적 비용은 경제적 비용과 공공성 가치를 동시에 함축하고 있기 때문에 계량적 지표만으로는 다루어지기 힘들며, 비계량적 측면에서 폭넓게 평가된다.

2. 공기업 경영평가의 연혁

우리나라의 공기업 경영평가제도는 정부투자기관의 자율경영개선 체제를 구축하고자 제정된 「정부투자기관관리기본법(1983년)」에 근거하여 1984년 24개 정부투자기관에 대한 경영평가를 실시한 것을 시작으로 대략 40여 년간 운영되어 왔다(장지인 외, 2013).

초기의 경영평가제도는 각 부처의 산하 공기업을 평가하는 제도로 도입되었으나, 관계법의 지속적 개정을 통해 기획재정부가 평가운영의 주관부처로서 운영하여 왔고 평가대상도 점차 확대되어 왔다. 구체적으로 2003년 제정된 「정부산하기관관리기본법」에 근거하여 정부산하기관에 대한 경영평가를 2005년부터 실시하였으며, 이후 2007년 「공공기관의 운영에 관한 법률」이 제정되면서 「정부투자기관관리기본법」과 「정부산하기관관리기본법」에 의해 각각 분리되어 시행되어 왔던 '정부투자기관 경영평가'와 '정부산하기관 경영평가'가 공공기관 경영평가 제도로 일원화되기에 이르렀다. 2008년부터는 기관과 기관장에 대한 평가를 분리하여 실시하였으며 경영평가 결과를 임원인사에 반영하였는데, 이원화된 평가의 비효율성이 지적되어 기관평가와 기관장평가를 하나의 체계로 통합하고, 지표의 수도 줄여서 운영하였다. 전체적으로 경영평가의 초점은 평가기간 중 거둔 기관의 성과에 맞춰져 있지만 기관장이 맺은 경영성과협약의 이행실적과 경영진에 대한 평가도 동시에 이루어진다. 한편, 제도적 개편 외에 경영평가의 방향성 면에서 눈여겨볼만한 변화가 나타났는데, 2010년대 이후부터 공기업 경영효율성과 경쟁력 향상 측면에서 방만경영과 부채관리, 그리고 글로벌 경쟁력 분야 등이 강조되는 한편 윤리적 경영 측면에서 비리근절과 안전사고 방지 등이 경영평가에 중요하게 반영되었다. 이와 함께 공공성 측면에서 본연의 서비스 공급 외에도 사회공헌 및 일자리 창출 등이 중시되어 사회적 가치와 상생 협력 등이 경영평가요소로서 추가되기에 이른다.

경영실적평가와 관련된 제도적 내용을 간략히 개관하자면 다음과 같다. 우선 공공기관 경영실적 평가는 「공공기관의 운영에 관한 법률」 제4장 제5절에 명시되어 있는데, 공기업의 경영평가는 「공공기관의 운영에 관한 법률」 제48조에 규정된 "경영실적평가제도"에 근거하여 시행되며, "공기업·준정부기관의 자율·책임

경영체계의 확립을 위하여 매년 그 성과를 객관적으로 평가"하는 제도로 규정되어 있다. 동법 제46조와 제47조에서는 기관장의 경영목표 수립 및 경영실적보고 의무를 명시하고 있으며, 제48조에서는 경영실적평가의 구체적인 범위와 운영방식을 제시하고 있다.

또한「동법 시행령」제27조와 제28조에서는 각각 경영실적 평가의 운영을 위한 편람 작성과 평가 실행을 위한 경영평가단의 구성 및 운영 방식을 규정하고 있다. 이를 구체적으로 살펴보면, 법령에 의한 경영평가기관으로 기획재정부 내에 공공기관운영위원회를 설치하고, 이 위원회가 공공기관 경영평가(제8조 제12호, 제48조)를 주관하고 있다. 그리고 기획재정부 장관은 경영실적 평가의 효율적인 수행과 경영실적 평가에 관한 중 전문적이고 기술적인 분야에 관한 연구용역을 하거나 자문에 응하기 위하여 필요하다고 인정되는 경우에는 교수, 변호사 등 각계의 전문가로 구성되는 공기업·준정부기관경영평가단을 둘 수 있다(동법 제48조 6항, 동법 시행령 제28조). 그 외에 동법 시행령(제27조 1항)에 근거하여 기획재정부 장관은 필요하다고 인정되는 때에는 운영위원회의 의결을 거쳐 전문기관에 공기업·준정부기관의 경영실적평가를 의뢰할 수 있다. 즉, 법령에 의한 경영평가기관 외에도 다른 전문기관에 경영실적평가를 맡길 수 있는 길을 열어둠으로써 상황에 따라 보다 적합한 경영평가 시행주체를 정할 수 있는 여지를 두는 동시에 평가 시행시 경쟁적 구도를 통하여 평가기법을 개선하고, 평가의 객관성을 높이고자 하였다.

■ 제2절 공기업 경영평가의 개관

1. 경영평가의 유형

평가는 평가대상에 따라 과정평가와 총괄평가, 평가주체에 따라 내부평가와 외부평가로 나눌 수 있다. 경영평가 역시 평가의 대상이나 시기에 따라 사업이 진행 중 사업과정에 대한 과정평가와 사업이 마무리된 후 사업결과에 대한 총괄평가로 구분되며, 평가주체에 따라 내부 평가와 외부 평가로 구분된다(노화준, 2006; 정정길, 2010).

1) 평가 대상에 따른 유형

(1) 과정평가

과정평가는 공기업 경영과정 전반에 대한 평가를 의미하며, 과정평가의 절차에 따라 경영활동이 사전에 세운 계획에 따라 차질 없이 진행되고 있는지를 살피고 경영과정에서 문제가 발견되면 경영과정 중에 바로 환류절차를 통해 문제점을 시정하고자 하는 제도이다. 즉, 과정평가는 경영성과를 낮출 것으로 예상되는 경영상 문제나 장애요소를 미리 제거함으로써 경영 효과성 제고에 기여하는 것을 그 목적으로 한다. 세부적으로 살펴보면 경영이 계획에 따라 진행되는지에 대한 검토는 크게 경영이 조직의 목적에 적합하게 진행되는지와 사전에 정해진 일정과 절차에 맞게 진행되는지 여부로 나누어 이루어진다. 일정 시점에서 경영과정을 전체적으로 점검하여 다음 단계에 환류하는 방식과 수시 모니터링을 통해 지속적으로 문제점을 탐색하고 시정하는 방식이 사용된다. 과정평가는 기관 외부의 이해관계자들보다는 기관 내부의 경영 주체의 활동에 관심을 갖는다.

(2) 총괄평가

총괄평가는 해당사업이 끝난 후 사업결과를 검토하여 기관의 사명과 목적을 적절히 달성하였는지 여부를 판정하는 평가이다. 총괄평가는 사업의 종료 후 시행되므로 사후평가라고도 한다. 일정기간에 거둔 수익이나 매출 등 사전에 설정된 경영성과를 평가하는 결과평가(outcome evaluation)와 사업산출과 중장기적 관점에서 경영성과가 사회나 국가에 미치는 직·간접적 영향을 분석하는 영향평가(impact evaluation)로 구분할 수 있다. 결과 평가의 경우 산출이나 경영성과는 비교적 단기적이고, 가시적인 특징을 가지고 있기 때문에 상대적으로 평가를 시행하기 용이하다. 이러한 장점으로 인해 지금까지 공기업 경영실적평가는 결과평가 방식으로 이루어져 왔다. 영향평가는 평가대상의 분포가 너무 광범위하고, 성과 역시 중장기적으로 도출되기 때문에 1년 단위로 실시되는 공기업 경영실적평가가 수용하기에는 어려운 측면이 있다. 다만, 공기업이 추구하는 공공가치는 수익이나 매출과는 달리 실현 여부에 대한 확인에도 많은 시간이 요구되기 때문에 공기업의 공공성이나 사회적 가치의 구현을 적절히 평가하기 위해서는 실적평가제도에 중장기적 사업 영향을 분석하는 영향평가방식을 도입할 필요가 있다.

2) 평가주체에 따른 유형

공기업 경영평가는 평가의 수행 주체에 따라 기관 스스로 수행하는 내부평가와 기관 외부평가자에 의해 수행되는 외부평가로 나눠진다(노화준, 2009; 이윤식, 2010: 58-60).

(1) 내부평가

내부평가는 경영평가 대상인 기관이 내부인적자원을 활용하여 자체적으로 평가팀을 조직하고, 그 평가팀이 경영성과에 대해 평가하는 제도이다. 따라서 업무를 수행하는 조직과 직원들 스스로 하는 평가는 아니며, 해당 경영조직 외에 따로 구성된 평가팀이 평가를 수행하며 평가의 객관성이나 정확성을 위해 외부전문가를 위촉할 수도 있다. 내부평가는 경영활동에 대한 정보가 충분하고 경영상황과 기관의 특성에 대한 이해도가 높기 때문에 경영활동과 성과에 대한 보다 정확한 평가가 가능하며, 이러한 평가주체와 객체가 서로 같은 조직 내에 존재하므로 평가 결과가 환류되기에도 용이하다. 따라서 객관성과 정확성을 확보할 수 있도록 잘 구성된 내부평가체계는 외부평가의 부담을 줄여주고 전체적인 평가의 효율성을 높여준다. 그러나 내부인력에 의하여 주도되는 평가라는 점에서 객관성의 확보가 쉽지 않으며, 신뢰성이 저하되는 한계가 있다.

(2) 외부평가

외부평가는 경영평가의 대상이 되는 기관 외부에서 위촉된 전문가들로 구성된 조직에 의하여 수행되는 평가이다. 기관 외부평가자들이 수행하기 때문에 평가의 객관성과 공정성을 확보하는 데 있어서는 내부평가방식보다 더 용이하다고 할 수 있다. 그러나 외부전문가들은 경영 기관의 사명과 기관이 처한 경영환경 등 경영조직 자체에 대한 이해도가 낮고, 내부직원들과의 신뢰관계가 없기 때문에 피평가자들의 저항과 같은 문제에 직면할 수 있다. 이러한 갈등관계는 외부평가 결과를 경영개선노력에 반영하는 환류 과정에 걸림돌로 작용할 수 있기 때문에 평가결과의 활용성이 저하되는 문제가 발생할 수 있다.

그 밖에도 경영실적에 대한 자료를 피평가대상인 기관으로부터 제공받기 때문에 경영실적자료의 정확성과 신뢰성을 확인해야 하는 부담이 있다.[1) 결국 이러한 문제들은 내부평가조직과 외부평가단의 평가 부담을 크게 증가시키게 된다. 그러나 정확성과 비용 면에서 어느 정도 단점이 있음에도 객관성과 공정성의 확보가 용이하다는 장점 때문에 외부평가방식은 경영실적평가분야에서 널리 이용되고, 그 범위도 확대되고 있는 추세이다.

2. 경영평가기관

경영실적평가를 위한 정부기관은 법령에 따라 정해지며, 주요한 경영평가기관으로는 기획재정부, 공공기관운영위원회, 경영평가단 등이 있다. 경영평가에 관한, 각 기관의 역할과 권한은 다음과 같다.

1) 기획재정부

기획재정부 장관은 공공기관의 관리에 관한 사항을 심의·의결하기 위하여 공공기관운영위원회(공운위)를 둘 수 있고, 공운위의 위원장을 겸한다. 또한 필요하다고 인정하는 경우에는 경영평가단을 구성·운영할 수 있는 권한이 있다. 기획재정부 장관은 경영실적 평가의 효율성과 객관성을 제고하기 위해 대학교수, 변호사, 공인회계사 등으로 평가단을 구성하여 경영실적 평가를 위탁할 수 있다(공공기관운영법 시행령 제28조).

기획재정부 장관은 공공기관이 제출한 경영실적보고서와 기관장 임명시 체결한 계약의 이행에 관한 보고서를 토대로 해당 기관의 경영실적을 평가한다. 이를 위해 해당 기관의 공익성, 경영목표의 달성도 및 능률성을 객관적으로 측정할 수 있도록 투자기관의 평가기준과 평가방법을 정할 수 있다.[2] 그리고 평가를 위하여 필요한 경우 투자기관의 사장에게 관련 자료를 요청할 수 있으며 필요할 경우 현장방문, 임직원 인터뷰 등을 할 수 있다. 기획재정부 장관은 투자기관의 경영실적을 평가해 그 결과를 국회와 대통령에게 보고하고, 경영실적이 저조한 기관에 대해서는 운영위원회의 심의·의결을 거쳐 기관장 및 상임이사의 임면권자에게 그 해임을 건의할 수 있다(공공기관운영법 제48조 8항).

---

1) 내부평가에서는 평가자들이 기관의 내부인들이므로 평가자료가 정확하고 신뢰할 수 있는 것인지 판단하기 용이하다.
2) 공공기관운영법 제48조 및 동법 시행령 제27조.

2) 공공기관운영위원회

기획재정부는 공공기관 경영실적평가를 관장하는 정부최고조직으로 공공기관 운영위원회를 두고 있다(동법 제8조). 운영위원회는 기획재정부 장관, 국무조정실의 차관급 공무원으로서 국무조정실장이 지명하는 공무원 1인, 기획재정부 장관이 지명하는 기획재정부 차관 1명, 대통령령으로 정하는 관계 행정기관의 차관·차장 또는 이에 상당하는 공무원,[3] 주무기관의 차관·차장 또는 이에 상당하는 공무원 그리고 공공기관의 운영과 경영관리에 대하여 학식과 경험이 풍부한 인사 중에서 기획재정부 장관이 추천하여 대통령이 위촉하는 민간위원 11인으로 구성한다.[4] 운영위원회의 위원장은 기획재정부 장관이 맡는다. 11인의 민간위원은 비상근직이며, 임기는 3년으로 한다(동법 제9조 제4호).

공공기관운영위원회는 매년 공공기관의 지정과 변경, 임원의 임면을 포함한 인사조치, 경영공시, 혁신지원 그리고 경영실적의 평가 등 공기업의 주요관리사항을 모두 관장한다. 개별 공기업은 소정의 절차에 따라 기관의 실질적인 운영을 위한 이사회를 구성하고 있다(동법 제17조). 한편 임원의 추천을 위한 별도의 임원추천위원회를 두고 있으며(동법 제29조), 공기업의 장에 대한 임명의 경우 공공기관운영위원회의 심의의결을 거쳐야 한다.[5] 기획재정부 장관은 기관의 경영평가 결과가 부진할 경우 기관장과 상임이사에 대한 해임 또는 경고 등을 임면권자에게 건의하거나 요구할 수 있는데, 운영위원회는 이에 대한 심의·의결권을 갖는다. 그 밖에 운영위원회는 평가의 직접적 요소인 경영평가지표의 구성, 기관장 이하 경영진에 대한 성과급률에 대한 결정, 그리고 경영평가대상이 되는 기관의 범위와 선정 등 경영평가 시행에 관한 중대 사항에 대한 의결권을 가지고 있다. 정리하자면 공공기관운영위원회는 기관의 장과 임원에 대한 임면, 경영실적평가의 운영, 그리고 평가결과에 따른 후속조치 등 공공기관 운영과 관련된 광범위한 권한을 가지고 있다.

---

3) 대통령령으로 정하는 관계행정기관 공무원(동법 제9조제2호)은 행정안전부차관, 국민권익위원회 위원장이 지명하는 차관급 공무원 1명, 인사혁신처장이 포함된다(동법 시행령 11조 제1호~4호).

4) 운영위원회는 민간위원 11인을 포함하여 대체로 20인 이내의 위원들로 구성된다.

5) 준정부기관의 장에 대한 임영의 경우 임원추천위원에서 복수의 후보를 추천하면 공운위의 심의 의결 없이 주무기관의 장이 바로 임명할 수 있다(공공기관운영법 제26조).

3) 경영평가단

경영평가단은 경영실적평가의 효율적 수행과 실적평가에 관한 전문적·기술적인 용역연구 또는 자문을 수행한다(동법 제48조 6항). 공공기관 경영평가단은 평가위원들로 구성되는데 소정의 절차를 걸쳐 각계의 전문가들이 평가위원으로 위촉된다.

공공기관운영법은 동법 시행령 제28조에서 평가위원이 될 수 있는 자격요건을 공공기관의 운영 및 경영관리에 관한 전문지식이 있는 대학의 교수, 정부출연연구기관에 소속된 박사학위 소지자 및 이에 준하는 자격이 있다고 인정되는 자, 5년 이상 실무경력이 있는 공인회계사, 변호사 및 경영자문업무에 관한 전문가, 기타 공공기관의 운영 및 경영관리에 전문지식과 경험이 풍부하다고 인정되는 자등으로 규정하고 있다.

경영평가단에 속하는 전문가들의 인적 구성을 살펴보면 대체로 대학교수와 공인회계사의 비중이 큰 편이며 그 밖에 소수의 변호사, 정부출연기관의 연구위원 및 민간전문경영인들이 평가단을 구성하고 있다. 경영평가단은 경영평가지표를 설정하는 시기와 실제 경영실적평가를 시행하는 시점에 각각 위촉되며 평가지표 설정작업과 경영실적평가 사정이 완료되면 자연스럽게 해촉된다.

3. 경영평가 대상기관

기획재정부 장관은 공공기관을 공기업과 준정부기관, 기타공공기관으로 구분하여 지정하고 있다.[6] 공기업·준정부기관은 직원 정원이 50인 이상(공공기관운영법 부칙 제3조)인 기관 중에서 지정되는데, 시장성이 상대적으로 강한 기관은 공기업으로, 시장성보다 공공성이 강조되는 기관은 준정부기관으로 분류하며 그 외 나머지 기관은 기타공공기관으로 분류된다.[7] 공공기관 경영실적평가의 평가대상이 되는 기관은 「공공기관의 운영에 관한 법률」 제4조 내지 제6조의 공공기관 유형

---

6) 「공공기관의 운영에 관한 법률」 제4조, 5조, 6조 참조. 여기서 기타공공기관은 공기업과 준정부기관을 제외한 공공기관을 포함하기 때문에 매우 다양한 성격의 기관들이 포함되어 있다.
7) 기타공공기관에는 직원 정원이 50인 이상인 기관과 50인 미만인 기관이 공존한다. 공기업과 준정부기관은 직원 정원이 50인 이상인 기관 중에서 지정되므로 이때 지정되지 않은 기관과 직원정원인 50인 미만인 기관들이 기타공공기관에 포함된다.

구분에 따른 공기업과 준정부기관에 한정된다. 공기업과 준정부기관은 「공공기관의 운영에 관한 법률」에서 규정하고 있는 공공기관 유형구분 기준 및 산업별・기능별・규모별 유형 구분 기준에 따라 평가유형을 구분한다. 구체적으로 공기업은 'SOC', '에너지', '산업진흥・서비스 유형'으로 나누고 준정부기관은 「공공기관의 운영에 관한 법률」(제5조 4항)과 동일하게 '기금관리형', '위탁집행형'으로 나누되, 위탁집행형 준정부기관은 다시 SOC・안전, 산업진흥, 국민복리증진 준정부기관의 3개 유형으로 세분된다. 각 유형의 특징은 <표 10-2>와 같다.

표 10-1 경영평가 대상기관의 유형 구분

구 분			기 관
공기업	SOC		공공기관운영법 제4조 내지 제6조에 따라 지정된 공기업 중 사회기반시설(SOC)에 대한 계획과 건설, 관리 등을 주요업무로 하는 기관
	에너지		법률 제4조 내지 제6조에 따라 지정된 공기업 중 에너지의 생산・공급 및 자원개발 등을 주요업무로 하는 기관
	산업진흥・서비스		법률 제4조 내지 제6조에 따라 지정된 공기업 중 특정 분야의 산업에 대한 진흥을 주요업무로 하는 기관, 중소형 SOC기관, 자회사 등
준정부기관	기금관리형		법률 제4조 내지 제6조에 따라 지정된 준정부기관 중 기금을 관리 하거나 기금의 관리를 위탁받은 기관으로서 「국가재정법」에 따라 기금운용평가를 수행하는 기관
	위탁집행형	SOC・안전	법률 제4조 내지 제6조에 따라 지정된 준정부기관 중 SOC 및 안전 관련 업무를 주요업무로 하는 기관
		산업진흥	법률 제4조 내지 제6조에 따라 지정된 준정부기관 중 특정 산업 진흥을 주요업무로 하는 기관
		국민복리증진	법률 제4조 내지 제6조에 따라 지정된 준정부기관 중 국민복리 증진을 위한 대국민 공공서비스 제공을 주요업무로 하는 기관

표 | 10-2 | 유형별 경영평가 대상기관

구 분			기 관
공기업 (32개)	SOC (8개)		인천국제공항공사, 한국공항공사, 한국도로공사, 한국수자원공사, 한국철도공사, 한국토지주택공사, 제주국제자유도시개발센터, 주식회사 에스알
	에너지 (12개)		한국가스공사,한국석유공사,한국전력공사,한국지역난방공사, 대한석탄공사, 한국광해광업공단, 한국남동발전(주), 한국남부발전(주), 한국동서발전(주), 한국서부발전(주), 한국수력원자력(주), 한국중부발전(주)
	산업진흥 · 서비스 (12개)		강원랜드(주), 그랜드코리아레저(주), 주택도시보증공사, ㈜한국가스기술공사, 한국마사회, 한국방송광고진흥공사, 한국부동산원, 한국전력기술(주), 한국조폐공사, 한전KDN(주), 한전KPS(주), 해양환경공단
준정부기관 (55개)	기금 관리형 (10개)		공무원연금공단, 국민연금공단, 국민체육진흥공단, 기술보증기금, 신용보증기금, 예금보험공사, 중소벤처기업진흥공단, 한국무역보험공사, 한국자산관리공사, 한국주택금융공사
	위탁 집행형 (45개)	SOC · 안전 (14개)	국가철도공단, 국토안전관리원, 도로교통공단, 한국가스안전공사, 한국교통안전공단, 한국국토정보공사, 한국농어촌공사, 한국산업안전보건공단, 한국석유관리원, 한국승강기안전공단, 한국원자력환경공단, 한국전기안전공사, 한국전력거래소, 한국해양교통안전공단
		산업 진흥 (16개)	대한무역투자진흥공사, 소상공인시장진흥공단, 우체국금융개발원, 우체국물류지원단, 한국관광공사, 한국농수산식품유통공사, 한국방송통신전파진흥원, 한국산업기술진흥원, 한국산업기술기획평가원, 한국산업단지공단 한국산업인력공단, 한국에너지공단, 한국연구재단, 한국인터넷진흥원, 한국지능정보사회진흥원, 한국환경산업기술원
		국민 복리 증진 (15개)	건강보험심사평가원, 국립공원공단, 국립생태원, 국민건강보험공단, 근로복지공단, 축산물품질평가원, 한국고용정보원,한국국제협력단,한국보훈복지의료공단, 한국사회보장정보원, 한국산림복지진흥원, 한국소비자원, 한국장애인고용공단, 한국장학재단, 한국환경공단

자료: 기획재정부(2024), 「2024년도 공공기관 경영평가편람」

위의 평가기관 유형을 살펴보면 과거 평가기관 유형과 비교하면 공기업과 준정부기관 두 가지로 나눈 것은 동일하나 자본금과 직원 수 등 공공기관 규모에 따라 평가기관을 세분하던 방법과 달리 공공기관의 산업적, 기능적 특성을 기초로 평가기관을 분류한 것이 특징이다.

■ 제3절 경영평가 방법과 절차

1. 경영평가 방법

경영평가를 위해서는 당해 평가기간 이전에 각 기관별로 사전에 협의된 경영평가지표를 부여하는데, 기관은 부여된 지표를 기준으로 자율적인 경영을 이행한다. 그리고 평가기간동의 경영활동이 완전히 종료된 후 경영평가지표에 의거하여 당해 평가기간 중에 거둔 경영실적을 평가한다. 「공공기관의 운영에 관한 법률」은 공공기관 경영평가의 내용 및 방법에 관하여 자세히 명시하고 있다.

경영실적평가의 1단계에서는 공공기관의 경영목표를 설정하고, 그 평가방법을 준비한다. 평가방법은 기획재정부 장관이 정한 다음 공공기관운영위원회에서 의결하여 확정한다. 이때, 운영위원회는 심의·의결사항의 전문적·기술적인 분야에 관한 용역연구를 하거나 자문을 위하여 전문가로 구성된 공공기관 경영평가단을 활용하게 된다.

공기업 경영평가는 기본적으로 전년 대비 경영성과의 개선 여부를 평가한다. 평가의 범주는 크게 경영관리와 주요사업으로 나누고, 각 평가범주는 단위평가지표와 세부평가지표로 구성된다. 이러한 평가지표는 일부를 제외하고는 계량·비계량적인 방법을 혼용하여 평가한다. 계량부문은 객관적 수량화가 가능한 노동생산성, 자본생산성과 같은 재무적인 요소가 포함되고 비계량의 경우는 지배구조, 전략, 리더십, 안전 및 책임운영 등 다소 계량화가 어려운 범주의 지표가 포함된다.[8] 주요사업의 경우 각각의 공기업이 지향하는 지표를 독자적으로 제공하여 평가를 받는다.

이러한 평가범주와 평가방법의 구분은 공기업 유형 구분과 함께 평가단 구성시 하나의 기준으로 고려가 되는데, 실사와 면접, 조정 등 평가 전반을 담당하는 평가단은, 단장과 간사들로 구성되며 전반적인 관리운영을 담당하는 총괄반과 법률 4조 및 6조에 규정한 공기업 기준과 산업별, 기능별, 규모별 특성에 따라 구분된 공기업(SOC, 에너지, 산업진흥·서비스)과 준정부기관(기금관리형, 위탁집행형) 기

---

8) 상생협력소통 등 추상적이고 질적인 특성을 갖는 단위지표도 비계량적 방법뿐만 아니라 계량적 방법으로 측정하여 평가하게 구성되어 있다.

관유형, 그리고 각 기관별 평가유형인 경영관리(계량, 비계량)와 주요사업팀(계량, 비계량) 등의 분류에 따라 구성된 실무평가반으로 구성된다. 실무평가반은 공공기관 자체 경영실적보고서와 근거자료의 진위를 검토하여야 하고, 평가에 필요한 추가자료를 요청하여 전략, 관리, 그리고 주요사업성과 등 다양한 실적에 대한 종합적인 평가를 한 뒤에 평가결과와 근거를 수록한 평가보고서를 작성하여 총괄반에 제출하고, 총괄반은 전체적인 조정을 한 뒤 최종평가보고서를 기획재정부 장관에게 제출한다.

2. 경영평가 절차

공기업의 경영실적평가는 경영목표 설정, 경영평가편람의 작성, 경영실적 평가 등 세 단계를 거쳐 이루어진다.

1) 경영목표 설정

공공기관의 장은 사업내용과 경영환경, 경영성과 계약 내용 등을 고려하여 다음 연도를 포함한 5회계연도 이상의 중·장기 경영목표를 설정하고, 이사회의 의결을 거쳐 확정한 후, 매년 10월 31일까지 기획재정부 장관 및 주무부장관에게 제출하여야 한다. 만약 공공기관이 경영목표를 변경하는 경우에는 당해 기관장은 그 변경된 사항을 30일 이내에 기획재정부 장관과 주무부장관에게 제출하여야 한다.

2) 경영평가편람 확정

공공기관의 경영실적의 평가방법은 기획재정부 장관이 정하되, 공공기관의 공익성, 경영목표의 달성도 및 능률성을 객관적으로 측정할 수 있게 정하여야 한다. 경영실적평가방법은 경영평가편람에 수록되는데, 경영평가편람은 공공기관운영위원회가 발간하는 책자로서 공공기관에 대한 경영평가전반에 대한 소개와 함께, 공통으로 사용되는 지표, 경영지표에 대한 구체적인 평가방법 등이 제시되어 있다. 공정한 평가를 위해 편람에 실린 평가지표와 평가방법을 고려하여 경영관리와 주요사업의 실적을 관리하고 평가를 준비하여야 하므로 경영평가편람은 실적평가대상연도 전년말까지 확정된다.

3) 경영평가실사와 보고서작성

공공기관의 장은 매년 당해 연도의 경영실적보고서와 기관장 임명시 체결한 계약의 이행에 관한 보고서를 작성하여 다음 연도 3월 20일까지 국회, 기획재정부 장관 및 주무부 장관에게 제출하여야 한다. 경영실적보고서에는 결산서 및 재무제표와 그 부속서류를 첨부해야 한다. 기획재정부 장관은 해당기관이 제출한 경영실적보고서와 기관장 임명시 체결한 계약의 이행에 관한 보고서를 토대로 기관의 경영실적을 평가하며 경영실적 평가의 효율성과 객관성을 제고하기 위해 대학교수, 공인회계사 등으로 평가단을 구성하여 경영실적 평가를 위탁할 수 있다.

경영실적 평가를 위해 필요한 경우에는 기관의 장에게 관련 자료를 요청할 수 있으며, 공기업과 준정부기관은 관련 자료의 제출요구에 성실히 응하여야 한다. 또한 기획재정부 장관 또는 경영평가단장은 공기업·준정부기관이 제출한 실적보고서 및 관련 자료를 기초로 하여 공기업, 준정부기관의 경영실적을 평가하며, 필요한 경우 현장방문, 공기업·준정부기관 임직원의 인터뷰 등을 할 수 있다. 경영실적평가는 평가단의 실사 및 보고서 평가 이후 평가결과에 대한 피평가기관의 이의나 의견을 수렴한 후 이에 대한 평가단의 최종판단(수정 또는 수정거부)을 거쳐 최종 평가보고서가 작성되게 된다.

기획재정부 장관은 이러한 과정을 모두 포함한 공공기관 경영실적평가를 6월 20일까지 종료하고, 공공기관운영위원회의 심의·의결을 거쳐 그 결과를 확정한 다음 대통령에게 보고한다. 공공기관의 경영실적을 평가한 결과 경영실적이 저조한 기관에 대하여는 기관장 및 상임이사의 임면권자에게 그 해임을 요구할 수 있다. 한편, 확정된 경영평가결과는 경영실적보고서로 작성되어 각 기관 및 일반국민에게 공개된다.

■ 제4절 경영평가지표

경영평가지표는 기관의 경영활동에 의해 기관의 목적이 얼마나 달성되었는지를 측정하기 위해 고안된 기준을 의미한다. 평가대상은 당연히 경영실적이지만 실제 평가시에는 실적을 대변하는 것으로 사전에 설정된 평가지표의 측정치를 기준으로 경영활동이 목적의 달성에 어느 정도 기여하였는지를 판단한다. 앞에서 논의한 것처럼 공기업은 공공성과 기업성을 동시에 추구하므로, 그 목적 역시 두 가지 속성을 모두 내포하게 되며 목적달성수준을 측정하는 경영평가지표 역시 공공성과 기업성을 적절히 반영할 수 있도록 설계된다.

1. 경영평가지표의 의의

경영평가지표는 공기업의 경영목표와 목표의 효율적 수행 여부를 판단하기 위한 척도라고 할 수 있다. 공기업은 경영상 의사결정과정에서 가장 직접적인 평가대상(target)인 지표를 고려하지 않을 수 없기 때문에 공기업의 경영진은 경영평가지표에 따라 자신의 조직을 운영하려는 경향을 갖는다. 이러한 이유로 만약 지표가 잘못 선정되었다면 이러한 지표는 공기업 경영을 왜곡하고 빗나간 방향으로 유도함으로써 공기업 경영의 비효율성을 초래할 수 있다.

또한 평가지표 확정 또는 개선과정에서 피평가기관은 자신에게 유리한 방향으로 평가지표로 변경하기 위해 로비·설득, 기타 여러 가지 수단을 동원하는 경향이 있다. 이처럼 지표가 경영성과를 평가하는 기준의 역할을 하는 것이기 때문에 신뢰성 있고 타당성 있는 지표의 선정이 올바른 경영평가의 관건이라고 할 수 있다(윤성식, 2003: 297). 따라서 매년 계속하여 최고점수를 받는 지표나, 최하점을 받는 지표 또는 경영환경의 변화에 따라 측정편차가 적은 지표들은 수정작업을 거쳐 더욱 적실성 있는 지표로 전환될 수 있도록 관리되어야 한다.

2. 경영평가 범주와 지표

경영평가에서 가장 중요한 첫 번째 작업은 경영실적을 대변하는 변수들을 선정하고, 이를 측정하기 위한 지표를 선정하는 일이다. 경영실적을 나타내는 성과는 효과성, 효율성, 성장률 등 여러 가지 속성을 가지고 있으며 이를 반영하기 위한 변수와 지표의 개발이 꾸준히 개발되어 왔다. 우리나라에서 경영평가가 처음 실시된 1984년 이래 경영실적 평가는 종합경영, 주요사업, 관리효율, 경영관리 등 4~5개 영역으로 분류된 평가체계를 통해 시행되어 왔다. 평가영역은 매년 조금씩 변경되다가, 2010년에 이르러 공기업의 실적을 체계적으로 파악하기 위해

PDA (plan계획, do집행, see성과) 과정에 따라 리더십과 전략, 경영시스템, 경영성과의 3개 영역으로 나누어 경영성과를 평가하게 되었다. 2011년에는 PDA과정에 따라 평가하되, 리더십·책임경영, 주요사업별로 영역을 구분하여 경영실적 평가가 이루어졌다. 그리고 이들 평가영역은 다시 계량부문과 비계량부문으로 나누어 실적평가가 이루어졌는데 각 평가영역과 계량 및 비계량지표에 부여되는 배점은 기관의 특성을 고려하여 기관별로 다르게 부여되었다.

2024년 현 제도하에서는 경영관리와 주요사업의 2대 범주에서 각각 계량과 비계량 부문으로 구분하여 지표를 설정하고, 기관별 특성에 적합한 맞춤 평가를 위해 각 범주 내 지표별 가중치를 조정하여 기관별로 지표별 배점을 서로 다르게 부여한다. 경영평가의 평가 범주는 앞에서 소개한 것처럼 지배구조 및 리더십, 안전 및 책임경영, 재무성과관리, 조직 운영 및 관리 등으로 요약되는데, 지배구조 및 리더십은 "리더십, 전략, 윤리 및 소통," 안전 및 책임경영은 "일자리, 안전·환경, 창업·상생협력," 재무성과관리는 "재무예산 및 효율성," 조직 운영 및 관리는 "조직, 노사, 보수 및 복리후생" 등의 세부 영역으로 평가된다. 주요사업 범주의 경우, 기관이 사전에 선택한 주요사업별로 사업계획, 활동, 성과 등을 종합적으로 평가받는다. 이 외에 경영관리 및 주요사업과 별도로 공공기관 혁신 노력과 성과가 가점을 받는 평가범주로 존재한다.[9]

<표 10-3>에는 평가범주와 평가대상 기관유형에 따라 주요 평가내용과 단위 평가지표들을 보다 세부적으로 정리해 놓았다. 각 영역의 가중치는 괄호 안에 표현되어 있는데 이는 상황에 따라 매년 또는 수년에 걸쳐 평가환류에 기초한 개선의 일환으로 바뀌어 왔기 때문에 고정된 것은 아니나, 평가시점에서의 상대적 중요성을 보여준다고 할 수 있다.

먼저 평가방식에 따른 계량지표와 비계량지표 영역의 가중치를 살펴보면, 경영성과 범주에서는 전체적으로 계량영역과 비계량영역의 비중이 동일하지만 세부 범주별로는 대체로 비계량영역의 가중치가 더 높은 것을 알 수 있는데, 이러한 구성은 공공성과 중장기적 성과를 보다 강조하는 한편, 결과 외에 과정적 요소를 포괄하여 공공기관의 실적을 보다 공정하고 합리적으로 평가하기 위한 노력의 결과이다. 다만 경영관리 부문의 세부범주 중 재무성과관리는 그 특성상 계량가중

---

9) 이전 평가 범주(2021년 기준)에는 혁신 노력 및 성과는 경영관리 범주에 포함되어서 평가되었다.

치가 현저히 높기 때문에 경영관리 부문의 계량가중치 합과 비계량가중치의 합은
동등한 수준으로 파악된다.

표 10-3 평가범주·평가유형·평가방법에 따른 지표의 상대적 중요성

평가범주	주요평가내용	공기업 (공통)		준정부기관			
				기금관리형		위탁집행형	
		계량 가중치	비계량 가중치	계량 가중치	비계량 가중치	계량 가중치	비계량 가중치
경영관리	지배구조 및 리더십	2	7	2	7	2	7
	안전 및 책임경영	5.5	8.5	5.5	5.5	5.5	5.5
	재무성과관리	17	4	15	4	11	3
	조직 운영 및 관리	3	8	3	8	3	8
	소계	27.5	27.5	25.5	24.5	21.5	23.5
	범주 계	55		50		45	
주요사업	주요사업 계획·활동·성과의 종합평가	24	21	26	24	31	24
	범주 계	45		50		55	
합계	100	51.5	48.5	51.5	48.5	52.5	47.5
가점	공공기관 혁신 노력과 성과 가점	5		5		5	

자료: 기획재정부(2024), 「공공기관 경영평가편람」, 세종: 기획재정부

　　반면, 주요사업 범주의 경우, 성과 측정이 용이하여 계량적 지표를 사용하기
적합할 뿐만 아니라 주요사업의 자체에 이미 각 공공기관의 공공성과 차별성이
반영되어 있다 보니 상대적으로 계량적 지표의 비중이 높게 설정되어 있다. 결과
적으로 경영관리와 주요사업 전체에 걸쳐 합산하면 공기업과 준정부기관 모두 계
량지표의 비중이 비계량지표의 비중보다 다소 높은 편이고, 혁신노력과 성과를
가점으로 비계량요소로 포함시켜 비계량적 평가를 보완하는 체계를 갖추고 있다.
　　한편, 경영관리와 주요사업의 평가 비중을 살펴보면 공기업의 경우 공통적으로
경영관리의 평가비중이 다소 높은 반면, 준정부기관의 경우 기금관리형은 경영관
리와 주요사업의 비중이 동일하고, 위탁집행형의 경우 주요사업의 비중이 더 크

다. 공기업의 경우 준정부조직에 비하여 주로 대규모 조직이며 시장성이 강조되므로 경영관리 부문의 비중을 다소 높게 배정한 반면, 준정부기관의 경우 상대적으로 규모가 작고 공공성을 중시하기 때문에 주요사업 부문이 좀 더 중시되고 있다.

3. 경영평가 지표체계

1) 비계량지표

앞에서 언급한 것처럼 공기업은 수익성만을 추구하는 민간기업과는 달리 공공성과 기업성을 동시에 추구하여야 하는데, 공공성은 다양하고 추상적인 정책가치들이 내재되어 있기 때문에 수익성 이윤, 매출 같은 지표로는 공공성 달성 성과를 평가할 수 없다. 따라서 공기업경영 실적을 위한 별도의 측정지표로 비계량지표를 개발하여 계량지표로 측정할 수 없는 추상적이고 질적인 경영성과를 평가하고 있다. 이러한 비계량지표의 등급·평점방식은 추상적이고 질적인 성과를 점수화함으로써 계량지표의 성적과 합산하여 최종 경영평가 등급을 산출하기 위해 고안된 것이다.

비계량지표는 각 지표별 세부평가내용을 대상으로 전반적인 경영실적과 전년대비 개선도를 고려하여 등급을 부여하는데, C등급(보통)을 기준으로 5개 등급(A~E)으로 구분하고, C등급을 제외한 나머지 등급의 경우 각각의 기본 등급보다 우수한 성과를 낸 경우 +점수를 부여하여 총 9등급의 평가등급체계를 가지고 있다(<표 10-4> 참조). 평가편람에 따르면, 지표별 세부평가항목 중에서 외부기관 등으로부터 도덕적 해이 등의 사례로 지적되었음에도 불구하고 기관의 개선노력이 극히 미흡하거나, 중대한 도덕적 해이 사례인 경우에는 해당지표를 최하위 등급으로 평가할 수 있다. 또한 보수 및 복리후행지표에 있어서 방만경영 정상화 여부 평가와 관련하여 감사원 등 외부기관 및 경영평가 과정에서 지속적으로 지적되는 경우에는 비계량 성과평정에 최하위 등급이 부여될 수 있다.[10]

---

10) 기획재정부, 2024년 공기업·준정부기관 경영실적평가편람 참조.

표 10-4 비계량지표의 평가

등 급	평 점
A^+	100
A^0	90
B^+	80
B^0	70
C	60
D^+	50
D^0	40
E^+	30
E^0	20

자료: 기획재정부(2024), 「공공기관 경영평가편람」

  비계량지표는 추상적이고 질적인 성과를 평가하는 것이기 때문에 평가위원들의 가치관이나 시각에 따라 전반적인 운영상황을 폭넓게 보지 못하고 특정 부분에 초점이 맞추어질 가능성이 있다. 기관 역시 비계량적 요소를 제시하는 데에 있어서 유리한 측면은 명확히 보이게 하는 반면, 불리한 측면은 감추는 경향이 존재한다.[11] 따라서 비계량평가에서는 질적, 주관적 요소에 의한 평가 왜곡을 최소화하기 위한 접근방법이 요구된다. PDCA(Plan계획, Do실행, Check점검, Act조치) 관점에서의 경영실적 평가방식이 그러한 예이다. 여기서 계획(Plan)은 사업(업무)의 목적과 목표를 설정하고, 그 목표를 달성하기 위한 활동 계획을 세우는 단계이며, 실행(Do)은 수립된 체계(규정, 지침, 표준, 계획 등)에 따라 실제로 세부적인 활동을 수행하는 단계, 점검(Check)는 업무를 수행하고 있는 과정에서 일이 정확하게 잘 되어 가는지를 점검하고 사전 목표와 실제 도출되는 결과의 비교분석을 통해 개선점을 찾아내는 단계, 조치(Act)는 개선된 바에 따라 업무를 다시 수행하는 단계로 순환적(cycle) 활동체계이다.

  2010년까지는 비계량지표 평가의 기준으로 맬컴 볼드리지의 ADLI(Approach 접근, Development 개발, Learning 학습, Integration 통합) 관점을 사용하여 왔으나, 지표 중심의 관리활동이 이루어지게 한다는 장점에도 불구하고, 기획보다는 집행의 역할을 하는 공기업의 특성에 잘 맞지 않는 접근방법이었기 때문에 개선이 요청되었다. 이러한 요청에 따라 PDCA 관점에서 경영활동과 주요사업의 질적 영역을

---

11) 이러한 이유로 평가단은 피평가기관이 평가받는 경영활동에 관한 모든 자료가 제시되었는지, 즉 자료의 완결성을 확인할 필요가 있다.

검토하는 방식이 도입되었다. 이 접근방법은 원래 품질관리를 위한 한 방법으로 활용되어 왔었는데, 효과적인 학습과 개선을 가능케 한다는 점에서 경영평가에도 적용되고 있다. 궁극적으로는 모든 관리활동은 성과로 이어져야 한다는 점에서 PDCA 접근방법은 주요사업 영역 평가를 위한 계획(Plan)−실행(Do)−성과(See) 체계에 연결되며, 실제로 주요사업 비계량지표 영역의 세부평가요소들을 개발하는 데에 활용되었다.

2) 계량지표

계량지표의 경우 대체로 3년 주기로 개편이 되나, 필요할 경우 더 짧은 주기로 개편될 수 있으며, 실적평가를 위한 목표설정시 목표부여(편차)방법이 원칙적으로 적용되고 있으나 상황에 따라 글로벌 실적 비교방식이나 목표대비실적 등 다양한 방식이 사용된다. 계량지표와 비계량지표에 대한 가중치는 대체로 양자가 균형을 이룰 수 있도록 50% 내외에서 결정되어 왔지만 최근에는 비계량지표의 비중이 다소 높아지는 추세이다.

목표설정의 원칙이 되는 목표부여방법은, 최고목표와 최저목표를 정의하고, 기준치에 일정비율을 곱하여 최고치와 최저치를 계산하는 단순 목표부여 방식과 기준치에 과거 일정 기간의 표준편차를 가감하는 목표부여(편차)방식으로 나누어진다. 단순 목표부여 방식의 경우, 생산성처럼 수치를 증가 또는 높여야 하는 상향목표를 정할 때는 최고목표는 기준치×110%, 최저목표는 기준치×80%로 부여하고, 사고율처럼 낮춰야 하는 하향목표를 정할 때는 최고목표는 기준치×90%, 최저 목표는 기준치×120%로 부여한다.[12] 표준편차를 고려하여 목표를 부여하는 방식의 경우, 상향목표 설정시 최고목표는 기준치+1×표준편차(과거 5개년 평균), 최저목표는 기준치−2×표준편차(과거 5개년 평균)로 설정하고, 하향목표 설정시 최고목표는 기준치−1×표준편차(과거 5개년), 최저목표는 기준치+2×표준편차(과거 5개년)로 설정한다.

---

[12] 주요사업인 경우 상향목표의 최고목표는 기준치×120%로 적용하고, 하향목표의 최고목표는 기준치×80%로 적용한다.

표 10-5 계량지표의 평가

평가방법	개 요	비 고
목표부여 (편차)	당해연도 실적과 최저목표와의 차이를 최고목표와 최저목표의 차이로 나누어 측정하되, 최고·최저목표는 5년간 표준편차를 활용하여 설정	평가대상 실적치가 5년 이상 축적되고 신뢰할 만한 경우
목표부여	당해연도 실적과 최저목표와의 차이를 최고목표와 최저목표의 차이로 나누어 측정하되, 최저목표와 최고목표는 기준치에 일정비율을 감안하여 설정	평가대상 실적치가 3년 미만인 경우 또는 5년 이하 실적치가 있으나 신뢰하기 곤란한 경우
글로벌 실적 비교	글로벌 우수기업의 실적치, 세계적 수준 등과의 격차, 비중 등을 활용하여 최고목표와 최저목표를 설정하되, 목표부여(편차) 방법 등을 적용	글로벌 우수기업의 실적과 직접 비교하는 지표, 국제적으로 공인된 기관에 의하여 평가·인증되는 국제기준의 성과지표 또는 이를 활용하여 개발된 지표 등의 경우
중장기 목표 부여	주무부처 중장기계획 또는 선진국 수준 등을 활용하여 최종 목표를 설정하되, 연도별 목표는 사업수행 기간과 최종목표를 활용하여 단위목표를 산출하고 목표부여 방법 등을 준용하여 설정	주무부처 중기계획 등을 통해 관리되고 있거나 선진국 대비 하위수준인 공공서비스 등의 신속한 개선이 필요한 경우
목표 대 실적	편람에 목표수치를 제시하고 그 달성여부를 평가	평가대상 실적치가 5년 미만인 경우
β분포	최상·최하·직전년도 실적치를 감안, 표준치와 표준편차를 구하고, 실적치가 표준치로부터 어떤 확률 범위 내에 있는지 평가	평가대상 실적치가 5년~10년 이하로 축적되고 신뢰할 만한 경우
추세치	회귀분석을 활용, 표준치와 표준편차를 구하고, 실적치가 표준치로부터 어떤 확률 범위 내에 있는지 평가	평가대상 실적치가 10년 이상 축적되고 신뢰할 수 있는 경우

자료: 기획재정부(2024), 「공공기관 경영평가편람」

목표부여편차방식은 성과의 추가적 향상을 위한 기관의 노력을 유도하는 데에는 효과적이나 내재적 특성으로 해를 거듭할수록 도달하기 어려워지기 때문에 어느 정도 시점에 이르러서는 상향목표 달성이 매우 어렵게 된다. 또한 극단치가 발생할 경우와 기저효과의 영향이 강한 경우 평가결과의 신뢰성이 훼손될 여지가 있다. 따라서 목표부여편차방식의 적용은 시간이 어느 정도 흐른 뒤에는 목표부여방식이나 글로벌 실적비교 방식으로 전환되어 평가하는 것이 바람직하다.

글로벌 실적비교에 의한 목표설정 방식의 경우 우선 글로벌 우수(선도)기업의 실적, 국제적으로 공인된 기관에 의하여 평가·인증되는 실적 등을 사용하여 세계 수준과의 격차, 세계 시장 점유율 등의 지표를 비교하는 방식으로 기관의 실적을 측정하고, 실적 평가기준이 되는 최고·최저목표는 원칙적으로 목표부여편차방식을 사용하여 부여한다.

중장기 목표부여방식은 중장기적 성과관리 관점에서 바람직한 수준의 목표치와 목표달성 연도를 정하고 이를 기초로 장기 추세선을 추정한 다음 이를 기준으로 최근 1~3년간 기관의 목표이행실적을 비교, 평가한다. 구체적으로 중장기 목표부여 방식은 장기 추세선상의 값을 기준으로 일정값을 가감하여 최고목표와 최저목표를 설정하고, 두 목표 사이의 구간 위치에 따라 점수를 부여한다.

추세치 지표의 평가방법은 과거 실적 자료에 대한 회귀분석을 실시하여 구한 기준치와 표준편차를 사용하여 다음 평가연도의 실적치를 표준화하고, 표준화된 값의 분포를 계산하여 구한 누적확률에 따라 등급을 매긴다.[13] 한편, β분포 평가방식은, 추세치 평가를 준용하지만, 기준치와 표준편차 계산시 과거실적의 최상위값, 최하위값, 평가직전년도의 실적치를 사용한다.

목표 대 실적평가방법은 목표 대 실적의 백분율로 측정되는 목표달성도를 기준으로 실적을 평가한다. 목표는, 예를 들어 TEU(선박물동량단위)와 같은 구체적인 물량 또는 비율 등으로 표시되어야 하며, 편람에서 각 기관별로 별도의 평가방법을 정해둔 경우가 아니라면 목표의 달성도는 "실적/목표"로 계산한다.

3) 평가결과의 종합

기획재정부의 평가편람은 계량실적평가와 비계량실적평가를 합하여 종합평가등급을 산정하는 방식을 제공하고 있다(기획재정부, 2024). 각 지표별 평가점수는 지표별 평점에 지표별 가중치를 곱하여 산출하고, 비계량지표와 계량지표 평가점수를 합산하여 기관의 종합평가결과와 범주별(경영관리 및 주요사업) 평가결과를 산출한다. 다만, 일부 지표의 점수산출을 할 수 없는 기관의 경우에는 해당지표에 대한 배점은 제외하고 합계를 산출하고, 이를 100점으로 환산하여 종합 평가결과와 범주별 평가결과를 산출한다. 기관의 평가결과는 종합 평가결과와 범주별 평가결과로 구분하여 산출하며, 기관 유형별로 각각 6등급으로 구분한다. 등급구간은 비교평가 등급구간과 기관단위 개별평가 등급구간으로 각각 구분한다.

---

13) 해당 누적확율 구간에 포함되는 표준화값에 대한 등급 부여는 2024년 공공기관 경영평가편람 47페이지 참조하였다.

비교평가 등급구간은 당해연도 경영실적 평가점수 및 분포 등을 활용하고, 기관단위 개별평가 등급구간은 기관의 과거 경영실적 평가점수 및 분포 등을 활용하며, 평가결과는 공공기관운영위원회의 심의·의결로 확정한다.

표 10-6 종합평가등급

등 급	수준 정의
탁월(S)	모든 경영영역에서 체계적인 경영시스템을 갖추고 효과적인 경영활동이 이루어지고 있으며, 매우 높은 성과를 달성하고 있는 수준
우수(A)	대부분의 경영영역에서 체계적인 경영시스템을 갖추고 효과적인 경영활동이 이루어지고 있으며, 높은 성과를 달성하고 있는 수준
양호(B)	대부분의 경영영역에서 양호한 경영시스템을 갖추고 있고 양호한 성과를 달성하고 있는 수준
보통(C)	대부분의 경영영역에서 일반적인 경영시스템을 갖추고 있고 일반적인 경영활동이 이루어지고 있는 수준
미흡(D)	일부 경영영역에서 일반적인 경영시스템을 갖추고 있지만 성과는 다소 부족한 수준
매우 미흡(E)	대부분의 경영영역에서 경영시스템이 체계적이지 못하고 경영활동이 효과적으로 이루어지지 않으며 개선 지향적 체계로의 변화 시도가 필요한 수준

🐾 제5절 경영평가의 활용과 개선

경영평가는 일정기간 얻어진 공기업의 경영실적과 운영상황에 대한 평가이며, 이와 같은 정기적인 평가는 공기업의 합목적성 제고에 큰 역할을 하고 있다. 경영평가의 결과는 기관장을 포함한 공기업의 임직원에 대한 인사조치, 예산상의 조치, 그리고 성과급의 지급과 같은 후속조치의 근거가 된다. 지방공기업의 경우도 중앙정부의 공기업 경영평가의 활용에 준하는 결과활용을 하고 있으며, 특히 경영평가가 부실한 경우 심층적인 경영진단을 통해 향후의 개선방안을 모색하게 한다.

1. 경영평가의 결과 활용

1) 포 상

경영평가의 결과는 공공기관의 차등적인 상여금 지급의 근거가 된다. 경영평가 성과급은 「공기업·준정부기관 예산편성지침」에 따라 편성된 예산범위 내에서 경영평가 결과에 따라 차등적으로 지급한다. 공공기관의 경영실적 평가결과에 따라 기관별로 차등상여금을 지급하는 것은 기관 간의 경쟁을 유발하고 경영의 효율성과 효과성을 진작하는 방법이 된다. 또한 기관장과 상임이사과 같은 임원의 보수는 조직의 경영성과는 물론 자신들의 성과계약실적에 따라 영향을 받게 된다(공공기관의 운영에 관한 법률 제33조). 이들 규정은 공공기관의 임원들의 보수를 경영실적과 연계시킴으로써 경영성과에 따라 임원의 인사 및 보수를 관리하겠다는 정부의 공공기관 관리 원칙을 보여주는 것이다.

한편, 경영실적 평가결과에 따라 우수기관에 대해서는 기획재정부 장관이 표창 등을 수여할 수 있는데, 이는 일종의 비금전적 인센티브로서 경영실적이 우수한 기관에 대하여는 자긍심과 사기를 앙양시키고, 우수하지 않은 기관에 대해서는 경영을 개선할 수 있는 동기를 부여할 수 있다. 아울러 경영관리 범주에서 2년 이상 연속으로 우수 등급(A^+ 또는 A^0)을 받은 지표는 해당 지표에 대해서는 다음 연도의 평가를 면제하여 준다. 이러한 면제를 통해 기관은 노력과 성취에 대한 보람을 느낄 수 있고 해당지표에 대해 평가준비를 위한 부담을 줄이고 (평가준비를 위한) 자원을 절약할 수 있는 장점이 있다.

2) 벌 칙

경영평가의 결과는 임원의 인사조치의 근거가 되는데, 「공공기관의 운영에 관한 법률」은 "기획재정부 장관은 경영실적 평가 결과 경영실적이 부진한 공기업·준정부기관에 대하여 운영위원회의 심의·의결을 거쳐 기관장 및 상임이사의 임면권자에게 그 해임을 건의하거나 요구할 수 있다(공공기관의 운영에 관한 법률 제48조 5항)"고 규정하고 있다. 기획재정부 장관은 피평가기관이 매우 미흡(E등급)에 해당하는 평가등급을 받았을 경우 또는 미흡(D등급)이 두 해 이상 반복될 경우 해임을 건의할 수 있다. 단, 평가대상 연도말 기준으로 기관장 상임이사의 재임기간이 6개월 미만의 경우 해임 건의 대상에서 제외한다.

3) 환류와 개선

마지막으로 공공기관 경영실적 평가 결과는 평가에 대한 환류기능을 통하여 경영활동을 개선하고 성과를 증진시키는 데에 활용할 수 있다. 즉 전년도 지적사항에 대한 조치와 전년도 대비 실적의 평가 등을 통하여 지난 평가결과가 미래의 경영에 반영될 수 있는 장치를 담고 있다. 특히 평가결과 경영활동과 성과가 미흡한 것으로 판단된 공공기관에 대해서는 경영개선이 필요한 사항에 대해 전문적인 컨설팅을 제공함으로써 향후 경영성과를 향상시키고 궁극적으로는 기관의 대국민서비스를 개선할 수 있도록 조치하고 있다.

2. 경영평가의 문제점과 개선방향

공기업은 공적 서비스를 공급하기 위하여 존재하는 것이므로 수익성과 효율성 중심의 경영을 평가하는 동시에 공공 서비스 제공과 강화를 위해 해당 기관이 효과적으로 운영되고 있는지를 평가하여야 한다. 그러한 목적을 달성하기 위해 오랜 기간 제도의 개선을 통해 직접적인 사업 목표달성과 재무적 성과 외에도 사회적 기여, 상생협력, 고용 등의 요소가 경영평가에 반영되었으며, 방만과 비리를 줄이기 위한 책임경영이 강조되고 있다.

그럼에도 불구하고 현재의 경영평가는 몇 가지 측면에서 개선되어야 할 문제들이 존재한다. 그러한 문제점들 중 일부는 경영평가시스템의 내재적인 특징과 결부되어 오랜 기간 지적되어 왔음에도 개선이 지체되고 있다.

가장 먼저 경영평가제도의 지향점과 실제로 지향하고 있는 방향의 불일치 문제를 들 수 있다(김태일, 2019). 공기업 경영평가의 근거가 되었던 「정부투자기관 관리기본법」(1984)은 공기업의 자율경영과 책임경영이라는 두 가지 정책방향을 지향하고 있었으며 이는 지금도 유효하여 매년 경영평가제도는 두 가지 원칙을 천명하고 있다. 그러나 이러한 원칙과 별개로 경영평가제도는 기관사업에 정부정책방향을 효과적으로 반영하기 위한 기관 통제수단으로 활용되는 측면도 있다. 즉, 조직인사재무제도에 대한 정부방침과 경영관리를 연계시킨 것은 사실상 자율적 운영의 기초가 되는 자원배분과 활용에 정부의 개입을 강화하는 결과를 가져

오고 있다(국회예산정책처, 2015).[14]

이러한 모순은 경영평가제도의 존재 이유와 관련된 본질적 문제로 해결이 쉽지 않다. 이에 대한 현실적인 대책 중 하나는 경영평가와 관련된 주요한 의사결정을 하는 공운위의 독립성과 자율성을 강화하는 것이다. 즉, 경영평가 및 공기업 운영에 대한 권한과 공기업 평가제도의 예산은 보장해주고 공정하고 국민지향적인 방향으로 공기업 경영평가제도를 추진할 수 있는 중립적인 위상을 갖출 수 있도록 개혁할 필요가 있다.

두 번째로, 현재의 경영실적평가는 1년 주기로 진행되는데, 이와 같은 단기적 경영평가는 중장기적인 경영의 능률성 제고에 기여하기 어렵다. 또한 1년 주기의 경영평가일정으로는 경영평가결과를 종료하고 이를 정리하여 적시에 경영개선에 반영하기가 어려우며,[15] 조직에 대한 경영평가와 함께 진행되는 기관장과 상임감사에 대한 평가주기가 일치하지 않아 총체적인 조직의 경영능력 제고를 꾀하기 어렵다. 따라서 사업특성에 따른 다양한 평가기간 도입, 조직과 임원의 평가 일체화 등 중장기적이고 총체적인 평가가 가능한 제도개선이 요구된다.

세 번째로, 현재 경영평가단의 구성은 평가기관에 의한 평가위원 포획을 우려하여 다년간의 평가를 유보하고 있는데, 이는 전문성 확보와 적용에는 부정적인 영향을 주고 있다. 따라서 포획의 방지와 전문성을 동시에 확보할 수 있는 적절한 제도적 장치의 도입이 요구된다. 이를 위해서 공공기관 평가단의 경영평가위원에 대해 일정한 임기를 부여하고 평가분야를 보장하는 한편, 스웨덴, 프랑스, 영국과 같이 평가전담기구를 상설화시켜서 평가자원들이 충분한 경험과 지식을 쌓을 수 있도록 지원하는 체제를 마련할 필요가 있다. 또한 평가전담기구 내에 전략수립, 위기관리, 회계·재무관리 등의 전문조직을 두어서 주기적 평가와 별도로 공기업 경영에 대한 상시적 감독을 수행케 하여 경영평가시 필요한 기본지식과 정보를 산출할 수 있도록 운영할 필요가 있다(민병찬, 2014).

---

14) 예를 들어 「공기업·준정부기관 예산편성지침」상의 주요 내용이 공공기관 경영평가의 평가지표에 대부분 반영되고 있다(국회예산정책처, 2015: 76).

15) 구체적으로 경영평가는 6월 20일 경에 종료되나 실제 평가결과보고서는 7~8월에야 작성·공개되기 나오기 때문에 사실상 당해 사업의 진행이 반 이상 진행된 시점에 이르러서야 전년도 경영실적평가결과의 환류가 이루어진다. 평가결과에 대한 심층분석과 개선안 마련에도 상당한 시간이 소요된다는 점에서 사실상 경영평가의 환류는 사분기(4/4분기)에 가까운 시점에 이르러서야 가능한 실정이다

　마지막으로 공공기관 경영평가 초창기부터 큰 규모의 공공기관이 작은 규모의 기관에 비하여 더 나은 평가를 받는 기관규모의 효과가 오랫동안 지적되어 왔다. 큰 규모의 공공기관은 다양한 사업들을 운영하며, 평가지표를 관리하기 위한 인적자원이 풍부하기 때문에 규모가 작은 기관에 비하여 경영평가에서 우수한 점수를 획득하기에 유리하다. 이러한 경향은, 계량화하기 어려운 비계량평가 영역에서 강하게 나타나 왔다. 규모에 따른 평가의 편차는 기관의 노력과는 무관하게 발생하기 때문에 평가의 공정성에 대한 논란과 수용성을 저하시켜 왔다. 이러한 문제점을 개선하기 위해서는 규모가 큰 공기업에 대해서는 규모를 감안하여 사회공헌사업이나 고용성과 등을 평가함으로써 규모의 효과를 통제하여 공정한 평가가 이루어지도록 제도를 개선할 필요가 있다.

요 약

- 공기업 경영평가는 「공공기관의 운영에 관한 법률」 제48조에 따른 '경영실적 평가제도'을 의미하며, 공기업·준정부기관의 자율·책임경영체계 확립을 위하여 매년도 경영 노력과 성과를 공정하고 객관적으로 평가하기 위하여 실시된다.

- 경영평가 제도의 목적은 "공기업·준정부기관의 공공성 및 경영효율성을 높이고, 경영개선이 필요한 사항에 대해 전문적인 컨설팅을 제공함으로써 궁극적으로는 기관의 대국민서비스를 개선하는 것"이다.

- 경영평가제도는 공공성 측면에서 첫 번째로 공적 가치를 내포한 사업목적과 성과 사이의 적합성과 두 번째로 이를 만족할 경우 목표-효과성을 기준으로 목표한 대로 달성되었는지를 평가한다.

- 경영평가제도는 기업성 측면에서 효율성을 평가 기준으로, 목표한 바를 최소의 비용으로 달성하였는지를 평가한다.

- 공기업 경영평가는 기업 자체의 성과에 대한 평가와 경영진에 대한 평가로 나누어 볼 수 있다.

- 경영평가는 법률에 따른 정의상 일정기간의 경영활동에 대한 사후적, 총괄적 평가에 해당한다.

- 평가는 평가대상에 따라 과정평가와 총괄평가, 평가주체에 따라 내부평가와 외부평가로 나눌 수 있다.

- 경영실적평가를 위한 정부기관은 법령에 따라 정해지며, 주요한 경영평가기관으로는 기획재정부, 공공기관운영위원회, 경영평가단 등이 있다.

- 기획재정부 장관은 공공기관을 공기업과 준정부기관, 기타공공기관으로 구분하여 지정한다. 공기업과 준정부기관은, 「공공기관의 운영에 관한 법률」에서 규정하고 있는 공공기관 유형에 공기업의 기능과 서비스의 특성을 반영하여 'SOC 유형', '에너지 유형', '산업진흥·서비스' 공기업과 '기금관리형', '위탁집행형 SOC·안전', '위탁집행형 산업진흥', '위탁집행형 국민복리증진' 준정부기관 등 7개 유형으로 구분된다.

- 공기업 경영평가는 기본적으로 전년 대비 경영성과의 개선 여부를 평가한다. 평가의 범주는 크게 경영관리와 주요사업으로 나누고, 각 평가범주는 단위평가지표와 세부평가지표로 구성된다.

■ 평가지표 중 계량부문은 객관적 수량화가 가능한 노동생산성, 자본생산성과 같은 재무적인 요소가 포함되고 비계량의 경우는 경영전략, 리더십, 기관의 사회적 책임 준수 등 다소 계량화가 어려운 범주의 지표가 포함된다.

■ 경영평가의 결과는 기관장을 포함한 공기업의 임직원에 대한 인사조치, 예산상의 조치, 그리고 성과급의 지급과 같은 후속조치의 근거가 된다.

■ 현행 경영평가제도는 통제중심의 평가에 치우쳐 환류 기능이 부족하고, 경영평가단의 전문성이 부족하다는 문제점이 있다.

■ 따라서 공기업평가제도는 본래의 목적대로 자율성과 책임성이 조화를 이루고 경영 개선을 위해 가치 있는 조언을 주는 기능에 초점을 맞추어 개편될 필요가 있다.

연습문제

1. 공기업 경영평가 체계를 살펴보면 경영관리와 주요사업 등의 각 부문에 각각 계량지표와 비계량지표가 설정되어 있으며 이들의 비율을 50:50을 중심으로 매년 또는 수년에 걸쳐 점진적으로 변화하고 있다. 여기서 계량지표와 비계량지표의 역할을 각각 설명하고, 비계량지표의 비율이 높아진다는 것은 어떤 의미를 갖는지 추론하시오.

2. 공기업 평가는 평가주체에 따라 내부평가와 외부평가로 나누어진다. 내부평가와 외부평가의 장단점을 비교 설명하시오.

3. 공기업 기관장 평가와 공기업 경영 평가를 분리해서 실시하는 이유를 설명하시오.

4. 평가는 평가 자체의 정확성과 객관성도 중요하지만, 평가의 궁극적 목적이라 할 수 있는 평가결과의 활용도를 높이는 것이 매우 중요하다. 우리나라 경영평가제도의 문제점을 평가의 활용 차원에서 지적하고, 개선방안에 대해서 논하여 보시오.

Modern Public Enterprise

제11장

공기업의 혁신과 민영화

공기업의 혁신과 민영화

공기업은 단순히 기업성만 추구하지 않고 공공성을 동시에 추구하도록 만든 제도적 장치이다. 따라서 공기업이 제공하는 공공서비스는 정부의 제공과 같은 맥락에서 이해된다. 이로 인하여 정부의 정책이 공기업에 투영되어 집행되는 경우가 많고 이와 같은 특성 때문에 공기업은 비효율적인 경영이 초래되기도 하지만 이로 인한 파산도 면할 수 있다.

물론 이러한 공기업의 비효율성과 방만경영에 대한 비판과 개혁에 대한 요구는 항상 강조되어 왔다. 특히, 1980년대 이후 전 세계적으로 정부혁신에 대한 변화의 흐름이 거세지면서 우리나라 역시 행정개혁의 일환으로 공공부문에서 큰 비중을 차지하고 있는 공기업을 개혁하기 위한 일련의 정책적·제도적 노력을 기울여 왔다. 이러한 공기업 혁신의 움직임은 크게 두 가지로 나누어 볼 수 있는데, 하나는 공기업을 기존의 공공부문의 틀 내에 존치시켜 공기업의 공공성을 보존하되, 대내외적인 경영의 자율성과 독립성을 개선시키려는 정책적·제도적 노력으로서 공기업의 지배구조와 조직관리측면에 대한 변화유도라고 할 수 있다. 다른 하나는 공기업을 공공부문으로부터 완전히 분리시키는 민영화이다.

■ 제1절 공기업 혁신

1. 공기업 지배구조 혁신

1) 소유주로서 국가 전문성 강화

공기업의 소유주인 국가가 높은 수준의 전문성을 갖추지 못하는 경우, 흔히 국가와 공기업 사이에 대리인 문제가 발생할 가능성이 크다. 이에 국가는 공기업의 지배구조가 투명하고 책무성 있게(accountable) 수행될 수 있도록 높은 수준의 효율성과 전문성을 확보하여 공기업 운영을 감시·감독할 책임을 지닌다. 이를 위한 주요한 수단으로는 명확하고 일관된 소유권 정책의 개발, 공기업에 대한 광범위한 의무사항과 표준화된 목표의 설정, 체계적인 이사회 후보 선정과정 유지와 확립된 소유권의 효과적인 행사 등을 들 수 있다.

일반적으로 국가는 공기업에 대해 지배적인 소유권을 가지는 경우가 많은데, 이러한 소유권의 행사는 단일의 행정주체에 집중되는 것이 바람직하다. 이는 공기업 및 공기업 관련 이해관계자, 시장에 대해 공기업의 소유권 기능을 명확히 식별될 수 있도록 만든다. 나아가 이러한 소유권의 명확화는 소유권 정책과 공기업과 관련된 정부정책의 지향성을 명확하게 하며, 일관성 있는 정책실행을 보조한다. 한편, 이러한 명확한 소유권 기능의 설정은 공기업의 재무 보고나 이사 임명과 같은 사안에 있어 전문인력과 지식을 활용할 때 그 역량을 강화시키는 효과를 가져온다.

2) 최고경영자와 상근 임원의 책임 경영 강화

공기업의 최고 경영자와 임원은 민간기업과 동등하거나 더욱 높은 수준의 기업 책임경영과 관련된 규범을 준수해야 한다. 이는 곧 국가를 비롯한 모든 주주에 대한 공평한 대우, 이해관계자 및 이들의 권리에 대한 존중, 윤리 경영의 강화를 의미한다.

우선, 공기업은 모든 주주에 대한 공평한 대우를 보장해야 한다. 특히, 국가를 제외한 비정부주주들은 국가의 공기업을 통한 권력남용으로부터 보호받아야 하며, 부당한 대우가 시정될 수 있는 실질적 구제 수단이 마련되어야 한다. 이는 주식의 내부자거래나 자기거래의 남용과 같이 주주의 권리를 침해하는 행위가 발생하지 않도록 성실한 의무를 수행한다는 의미이다. 즉, 주주의 권리침해가 발생한 경우에는 이를 시정할 수 있는 소액주주 보호조치와 같은 권리구제 방법을 적극적으로 고려해야 한다. 나아가 공기업은 모든 주주에 대해 균등하게 기업정보 공시를 제공하여야 하며, 소액주주 역시 이사 선임과 같은 공기업의 핵심 의사결정에 참여할 수 있도록 제도적 장치를 마련하여야 한다.

마찬가지로 법률 혹은 상호합의에 의해 성립된 이해관계자의 권리 역시 적극적으로 인정되고 존중받아야 한다. 여기에는 일반적인 이해관계자들의 정보접근권과 부당한 의사결정에 대한 권리구제 수단의 확보가 포함되는데, 특히 근로자를 포함하는 내부 이해관계자에 대해서는 적극적인 경영 참여의 보장을 위하여 근로자 대표회의의 구성 및 근로자의 이사회 참여 혹은 의견 진술권 등이 확보될 수 있어야 한다. 또한 채권자나 지역사회와 같은 외부 이해관계자에 대해서는 기업의 평판유지 및 신뢰제고를 위해 공시제도의 활용 외에도 지속적인 소통의 수단을 마련하고 활성화할 필요가 있다.

마지막으로 엄격한 윤리기준의 적용을 통한 윤리 경영은 장기적인 측면에서 공기업 경영의 대내외적 신뢰를 제고함으로써 공기업의 지속가능한 경영을 가능하게 한다. 이를 위해서 윤리강령을 경영가치체계에 내재화 하고, 적절한 내부통제 수단을 확립하며, 윤리 및 준법감시 프로그램을 운영하는 것이 중요하며, 무엇보다 이러한 윤리 통제의 결과를 공개하여야 한다.

3) 이사회의 책임 강화

공기업 이사회는 공기업의 지배구조를 형성하는데 있어 가장 중요한 의사결정 기구이나 이러한 이사회의 독립성과 효율성에 따른 내부 견제기능에 대해서는 그동안 많은 의문과 비판이 제기되어 온 것도 사실이다. 특히, 모든 공기업 이사는 이해관계의 충돌 문제에 관여되거나 정치적 개입으로부터 자유롭지 못할 가능성이 크다.

이러한 문제를 해결하기 위해서는 공기업 이사회의 구성이 객관적이고 독립적인 판단을 행사할 수 있도록 이루어져야 할 것이다. 후보선정 절차 자체의 투명성 확보는 가장 기본적인 전제조건이며, 성별이나 연령, 출신지역, 전문성 등 이사의 이력에 따른 구성 역시 다양성을 갖추는 것이 이사회의 객관적이고 독립적인 판단 수행에 도움을 줄 수 있다.

나아가 이사회의 독립성을 강화하기 위한 수단으로 일정 수 이상의 이사를 독립된 사외이사로 구성하는 방안도 고려할 수 있다. 이는 미국에서 발달한 전문위원회와 같은 형태로 이사회 내에 특정한 기능과 역할을 담당하는 소위원회를 설치하여 운영하는 제도를 말한다. 특히, 감사나 위험관리 및 보수 등의 전문화된 영역에 있어 전체 이사회 기능을 보완하는 전문위원회를 구성할 수 있으며, 이러한 전문위원회의 운영으로 전체 이사회의 책임이 축소되지 않아야 한다.

2. 조직관리 전략으로서 공기업 혁신

공기업 역시 많은 조직이 차용하고 있는 다양한 조직관리기법을 상황에 맞게 활용하여야 한다. 이와 같은 조직관리의 방법은 항상 새롭게 나타나고 조직의 관리자는 자신의 조직과 부합하는 방법으로 운영하여야 한다.

1) 리더십

공기업 운영의 총괄적 효율성 및 능력을 결정하는 것은 리더십에 달려있다. 입증된 능력, 경험 및 열정을 갖고 있는 최고경영자가 공기업에 대한 막대한 투자 및 공기업 경영에 대한 책임을 확실하게 하는 것은 필수적인 일이다. 그들은 기업 내에 확신감이 넘치고 팀 정신을 고조할 수 있는 분위기를 조성해야 할 뿐만 아니라 정부당국을 상대로 의사소통의 수준을 높이기 위한 노력을 해야 한다. 이를 위해 효과적인 리더십이 요구되고 있는 만큼 공기업의 최고경영진에 대한 임명이 능력주의에 근거해 이루어져야 한다. 이에 따라 최고경영자의 선출 및 임명을 위한 다양한 장치를 검토해 가장 효율적인 제도를 마련해야 할 것이다.

2) 전략적 관리

전략적 차원의 조직관리는 조직의 목표와 비전을 보다 장기적이고 체계적으로 접근하는 것을 의미한다. 즉, 단순히 일상적 업무에 매몰되지 않고 비일상적 상황과 미래의 변화 혹은 바람직한 상황에 대한 목표를 달성하기 위한 일련의 비상한 상황을 고려하여 이를 체계적으로 관리하는 것이 이에 해당한다.

공기업의 경우, 법적 설립 근거가 명확하고 이에 따른 각종 제도적 보장장치들로 인해 조직관리의 측면에서 전략적 관리가 취약할 수밖에 없는 구조를 지니고 있다. 이를 개선하기 위한 전략적 관리 방법으로는 공기업의 주요 고객이자 환경인 시민과 환경의 수요분석을 실시하거나, 조직 내의 다양한 활동을 통합하여 이들 간의 상승작용을 기대하는 수직적 통합, 반대로 권한 위임을 통한 다원화 전략, 마지막으로 복수의 외부 조직 및 전문집단, 경쟁 조직과의 업무제휴 등을 통한 전략적 제휴를 들 수 있다.

3) 정보관리

모든 조직의 의사결정과 운영은 일련의 정보의 흐름으로 볼 수 있다. 이때, 정보란 특정한 사실이나 상황에 관해서 유통되거나 또는 전달받은 지식을 말한다 (Lebreton, 1969). 이런 점에서 정보관리는 조직관리 전략의 하나로서 조직 내외의 각종 정보를 가장 능률적으로 수집·분류·가공·확산하는 일련의 과정이자, 이를 통해 정보를 조직의 목표달성 수단으로 활용하는 관리방식이라 할 수 있다(유종해·이덕로, 2023).

공공서비스를 제공하는 공기업의 특성상 일반국민의 일상생활과 관련된 수많은 공공정보를 수집하고 보관하는 공기업에 있어 정보관리의 필요성은 매우 크다고 할 수 있다. 그럼에도 관료제적 조직의사결정구조와 공공정보의 중요성에 대한 인식부족, 전문인력의 부족 등의 문제로 인해 효과적인 정보관리가 제대로 이루어지지 못하는 것이 현실이다.

이에 공기업 혁신의 측면에서 효과적인 정보관리를 위해서는 전체 구성원에 대한 주기적이고 전문적인 정보교육을 통해 공공정보관리의 중요성을 상기시키며, 공기업 조직 내에 통합적인 고도의 정보처리센터를 설치·운영하여 시장 및 정부정책에 대한 효과적인 대응이 가능하도록 하여야 하고, 수평적 정보활용도를 높여 조직 내부의 의사소통을 활성화시켜야 할 것이다.

4) 지식 관리

지식은 앞서 살펴 본 정보의 가공된 형태로 이를 재해석하고 학습하여 새로운 가치를 창출해 내는 것을 목적으로 한다. 특히, 현대사회와 같이 지속적이고 역동적으로 변화하는 환경에서 조직은 기존에 성립된 지식에만 의존하여서는 당면한 복잡한 문제를 해결하는데 있어 한계를 느낄 수밖에 없다. 이런 점에서 지식관리는 지식을 끊임없이 소비하고 재해석하는 학습조직을 기본 단위로 한다.

공기업은 전통적으로 관료제적 조직운영방식과 절차에 의존하는 조직으로 주어진 정책조건과 지시에 대응하는데 초점을 맞추어 왔다. 그러나 새롭게 변화하고 있는 공기업 환경은 다양한 고객 및 시민의 수요에 기반한 공공 서비스의 제공을 요구하고 있으며, 이에 대응하기 위해서는 단순히 정보처리 절차의 변화만이 아닌 지식의 습득과 활용, 재가공에 있어 과거와는 전혀 다른 관리적 접근이 요구되고 있다.

이런 점에서 지식관리를 촉진하기 위해서는 학습조직의 특성에 따른 조직 구성원들의 지속적인 토론과 학습을 통해 자신들의 능력을 제고할 수 있는 조직 환경이 형성되어야 하며, 창의적이고 광범위한 사고능력과 집단적인 조직의 열정을 배양할 수 있는 실험적 조건들이 갖추어져야 한다.

5) 성과관리

모든 조직은 주어지거나 스스로 설정한 목표를 달성하기 위한 단위로서 이러한 목표 달성도는 성과로 측정되고 관리된다. 결국, 성과는 조직관리의 가장 궁극적 목표라 할 수 있으며, 공기업 역시 예외가 아니다. 공기업은 공공성과 기업성이라는 민간 기업에 비해 다소 복잡한 성과 목표를 추구하며, 이는 다시 정성적 성과와 정량적 성과로 구분할 수 있다.

일반적으로 공공서비스 제공 외에도 다양한 정부정책 수행역할을 하는 공기업의 특성상, 이들의 성과관리를 일괄적으로 표준화하는 것에는 어려움이 있으나 대체적으로 성과제고의 요건으로 다음을 들고 있다.

(1) 최고관리층의 관심과 지원

성과에 대한 최고경영자 및 경영진의 관심과 지원은 공기업 조직의 성과제고와 성과관리의 기반이다. 경영진의 관심과 지원은 기존의 비효율적이던 성과관련 조직문화를 변화시키고, 계층제의 저변에까지 성과제고의 문화를 전달한다.

(2) 고객과 시민 중심

공기업의 궁극적 소유자는 일반 국민으로서 이들이 성과관리의 중심이 되는 것은 당연한 것이다. 그럼에도 과거 고객과 시민은 주어진 대상으로 인식되는 경향이 강했던 것 역시 사실이다. 이러한 공기업－시민의 관계에서 시민은 존경받는 시민이자 주권자의 지위를 지닌 고객으로 전환되어야 한다.

(3) 장기적인 전략기획

공기업은 공공부문에 속해 예산감축과 정치권의 영향, 예산이 주어지지 않은 정부 업무의 부과와 같은 환경에서 생존해 왔다. 그러나 이와 같은 환경에서의 조직관리와 유지는 물론 이에 대응하기 위한 장기적인 전략기획을 모색하고, 변화를 주도적으로 유도하여야 한다.

(4) 구성원의 능력발전

공기업의 근로자는 조직성과 제고를 위한 가장 큰 자산이다. 훌륭한 인재를 충원하고 이들에 대한 적극적인 교육훈련을 통해 조직 전체의 성과를 제고해야 할 것이다.

(5) 성과의 측정·평가·환류

공기업 조직 내외부적으로 적절한 측정과 평가가 수반되지 않는다면 성과의 수준과 향상을 확인할 수 없다. 나아가 평가된 성과결과를 적절하게 환류하여 성과관리체계를 재구조화하는 것 역시 성과제고를 위한 방안이다.

6) 갈등관리

갈등은 어느 조직에서나 나타나는 현상이다. 갈등관리는 조직의 존립을 위해 필수적인 과정으로서 이때 관리는 단순히 갈등을 해소한다는 의미가 아닌 갈등을 용인하고 적응하며 때로는 조장하는 것을 포괄하는 활동을 의미한다.

공기업 활동을 둘러싸고 있는 다양한 이해관계자 간에는 언제나 갈등의 소지가 있다. 가령, 이사회와 최고경영진, 근로자와 최고경영진, 채권자와 이사회 등의 관계에서 공기업의 전반적인 사업 및 운영과 관련한 문제에 대한 갈등이 첨예하게 나타나기도 한다.

이때 갈등을 관리하는 방안은 먼저, 갈등상황이나 원인을 그대로 놓아둔 채로 사람들로 하여금 그러한 상황에 적응토록 만드는 것이다. 둘째, 조직상의 배열을 적극적으로 변화시켜 갈등상황을 제거하는 것이다. 셋째, 조직에 순기능적 역할을 한다고 판단되는 갈등을 조장하는 것이다.

7) 위기관리

끊임없이 외부 환경에 대응하는 조직은 환경의 변화나 조직 내부의 대응기제의 변화로 인해 언제든지 위기 상황에 봉착할 수 있다. 과거 이러한 위기는 항상 회피되거거나 해소되어야 하는 대상으로 간주되었으나, 때로는 이러한 위기 자체가 조직발전에 새로운 기회로 작용하기도 한다.

공기업의 경우, 이러한 위기상황으로는 대외적인 정치적 요인이나 경제적 요인, 사회적 요인 및 자연적 요인을 들 수 있으며, 대내적으로는 공기업 조직 구조 혹은 인적 자원의 변동, 조직운영절차의 변동 등을 들 수 있다.

이러한 위기를 관리하기 위해서는 우선 위기관리가 일회성이 아닌 지속적인 과정이라는 점을 인지하여야 한다. 또한 문제를 예측하고 이에 대한 실현가능한 대안을 모색하기 위해 최대한 불확실성을 감소시키려 노력할 필요가 있다. 나아가 조직 구성원 및 위기관리 전문가들에 대한 위기상황의 정의 및 대응방안에 대한 교육훈련을 지속적으로 시행하여야 하며, 마지막으로 위기를 사전에 감지하고 예측할 수 있는 조기경보시스템을 운영할 필요가 있다.

8) 변화관리

공기업을 포함한 모든 조직에서의 성패는 환경변화에의 적절한 적응과 대응에 달려 있다고 해도 과언이 아니다. 특히, 현대사회의 역동적인 환경변화는 공기업에게도 무거운 도전이 아닐 수 없다. 외부환경의 변화에의 대응은 공기업의 목표는 물론 전략, 조직구조, 업무과정, 인적구성의 변화 등 총체적인 차원의 접근이 요구된다. 특히, 조직발전으로 일컬어지는 계획된 변화는 조직의 지도자의 적극적인 지도와 전문가의 개입, 조직구성원의 적극적 참여가 담보되어야 하는 어려운 과정이다. 또한 모든 조직에서 나타나는 변화에의 저항을 극복하고, 구성원의 새로운 창발성을 포괄하는 조직의 내적혁신은 매우 중요한 조직변화의 핵심요소라 할 것이다.

■ 제2절 공기업의 민영화

가장 극단적인 공기업의 혁신방법은 민영화라고 할 수 있다. 민영화는 다양한 방법이 있을 수 있지만 궁극적으로는 소유권을 민간의 영역으로 이전시키는 것이며, 이때 정부는 상법을 통하여 시장의 질서를 유지하는 과정에서 해당 기업을 통제할 뿐 해당 기업의 운영과 성과에 관하여 일체의 통제를 가할 수 없다. 우리 나라의 경우 정부 수립 이후 역사적 이유로 국유화된 많은 기업들이 정부 정책에 발맞추어 국가발전에 많은 기여를 하였으나, 1990년대 경제위기와 함께 세계적인 시장질서를 수용하는 과정에서 대거 민영화될 수밖에 없었다. 공기업의 민영화는 일정정도 좋은 점과 나쁜 점이 있다고 할 수 있다. 민영화를 전제로 생각한다면 이의 공과를 인지하고 어떤 방법이 우리 경제와 국민에게 유리한지 숙고하여야 한다.

1. 민영화의 의의

1) 민영화의 정의

공기업의 민영화에 관한 정의는 다양하지만, 일반적으로 민영화(Privatization)는 공공부문에 속한 기업의 소유권이나 관리·감독권을 민간부문으로 이전하는 것을 의미한다(IFC, 1995; Manzetti, 1993). 형식적 요건의 측면에서 본다면 소유권의 이전이 가장 간결하면서도 완전한 민영화라고 할 수 있다. 그러나 실절적 측면에서 본다면 공기업의 기능을 민간으로 이전하여 운용하게 한다는 측면에서 외주(Outsourcing)를 포함하여 규제완화, 탈규제 등도 민영화의 범주에 포함할 수 있다.

결국 민영화는 국가 주도의 공기업의 운영을 민간 주도로 전환한다는 측면을 강조하는 것이 더욱 바람직하다고 할 수 있다. 민영화는 장기적으로 폐해를 수반하기도 한다. 이런 예는 시장의 논리에 따른 가격의 상승을 대표적으로 상정할 수 있고, 실제로 그런 예는 많다. 이미 소유권이 민간의 영역으로 이전된 상황에서는 공공서비스의 효과성을 담보하고자 하는 국가의 노력은 제한적일 수밖에 없고, 이미 국민의 수요에 부응하는 적정한 공공서비스의 질과 양의 질을 담보할 수 없다면 국가의 존재 자체에 의문이 생길 수밖에 없는 상황에 봉착할 수 있기 때문이다.

2) 민영화의 원인

공기업의 민영화가 요구되는 배경과 원인은 다양하다. 우리나라의 경우 공기업의 민영화는 완전한 시장경제로의 편입을 요구하는 외부적 압력이 주원인이었다고 할 수 있다. 우리나라의 공기업은 식민지에서 해방될 때 자연스럽게 지배국가가 장악하였던 다양한 자산을 국유화하면서 성립되었는데, 이런 연원을 가진 많은 공기업들이 외환위기로 인하여 타의에 의하여 민영화되었다는 것은 역설적이기도 하다. 이는 시장의 확대와 정부의 축소라는 측면으로 이해될 수도 있다. 우리나라의 경우 1980년대 이후 정부의 축소와 시장의 확대를 표방하는 신자유주의와 신공공관리의 물결에 동조할 수밖에 없었으나, 이 계기가 우리나라의 외환위기가 아닌 자발적인 선택이었다면 좀 더 성숙한 태도로 공기업의 민영화를 주도할 수 있었을 것이라는 면에서 다소 아쉬움이 있다.

둘째, 공기업의 민영화는 기업경영의 효율성을 추구하기 위하여 필요하다. 공기업은 많은 경우 시장 내 독점적 지위로 인하여 경쟁을 통한 서비스 혁신의 동기가 부족하고, 조직 전반적으로 이윤동기화가 낮으며, 조직성과에 대한 관심이 떨어져 경영효율을 추구할 동기수준이 낮을 가능성이 높다. 이에 반발하여 소비자인 국민들이 다양한 선택과경쟁, 높은 효율성, 혁신이 반영되는 시장기제를 통해 이윤을 얻을 수 있도록 공공부문의 규모를 축소시키려는 움직임이 공기업의 민영화 배경이 되기도 한다(Ott and Hartley, 1991).

셋째, 정부의 재정운영이 방만하여 국가적 차원의 채무가 과도해지고, 이로 인하여 정부가 일반적인 재정운영의 차원에서 국가채무를 상환할 수 없는 상황에 처한다면, 정부가 가진 자산을 매각하는 구조적인 처방을 채택할 수밖에 없고, 공기업은 매우 매력적인 매각의 대상이 될 것이다. 이는 채권자의 입장에서라면 당연히 요구할 수 있는 채권확보의 대안이고, 채무자는 피할 수 없는 차선책이 되지 않을 수 없을 것이다.

이처럼 공기업 민영화의 원인을 경제적 측면에서 설명하는가 하면, 이를 정치적 관점에서 설명하기도 한다. 대표적으로 Vickers and Wright(1988)는 민영화의 원인을 국가개입에 대한 반발과 사적 소유에 대한 민주주의적 요구나 보수적 이념의 확산에서 찾고 있다. 또한 Ott and Hartley(1991) 역시 민영화를 공적 재화에 대한 소유권의 공유 및 공유 민주주의에서 찾기도 한다.

2. 민영화의 이론적 논거

1) 주인-대리인 이론

주인-대리인 이론(Principal-Agent theory)은 주인과 대리인 간의 정보비대칭으로 인해 대리인의 자기이익 추구행위가 발생한다고 설명한다. 즉, 자신의 이익을 극대화하려는 대리인의 입장에서 주인과의 계약관계로 인한 정보의 비대칭성이 대리인의 도덕적 해이를 발생시켜 주인의 이익 보다는 자신의 효용을 극대화하려는 전략을 구사한다는 것이다.

이를 공기업에 적용하면, 기본적으로 주인－대리인 관계를 소유권을 중심으로 국민－경영자로 볼 수 있다. 그러나 보다 구체적으로 공기업의 소유권 기능구조를 들여다보면, 이러한 관계는 원 소유주인 국민이 소유권을 정부에 위탁한 이중의 지배구조를 지니고 있음을 알 수 있다. 따라서 대리인의 위치에 있는 공기업 경영자는 이러한 다단계의 주인－대리인 구조에서 국민이나 정부의 이익을 극대화하기보다는 자신의 혹은 공기업의 사적 이익추구에 동기화되기 쉽다는 것이다(Bös and Peters, 1991). 나아가 이러한 복대리인 구조에서 발생하는 공기업의 비능률성을 감시하기 위한 비용은 상대적으로 매우 높다고 할 수 있다(Yarrow, 1989).

따라서 주인－대리인 이론을 공기업 민영화 논리에 적용하면, 국민－정부－공기업 경영자라는 높은 감시 비용을 수반하는 다단계 구조를 민영화를 통해 민간기업과 같이 주주－기업 경영자의 형태로 변경하여 소유권 위임 구조를 단순화함으로써 공기업에 대한 정부의 감독비용을 절감하고, 공적 소유로 인한 공기업의 도덕적 해이 문제도 해결하며, 궁극적으로 공기업의 도덕적 해이로 인해 발생하는 기업 비능률성을 타파하는 데에도 도움이 된다는 것이다(Bös and Peters, 1991; Yarrow, 1989).

2) 재산권 이론

재산권 이론(Property right theory)은 사적 소유권을 강조하는 이론으로 사적인 재산권의 설정을 통해 시장의 불완전성이 극복될 수 있다는 가정에 기초하고 있다(Coase, 1937). 이는 곧 국가가 개인의 재산권을 제한하면 사적 소유에 기초한 이윤동기가 약해지며, 이에 따라 효율적 행위동기가 약해진다는 이론에 근거한다.

이를 공기업 민영화 논리에 대입하면, 공기업에 대한 재산권으로서의 소유권을 국가로부터 공기업의 개별 주주에게 환원할 경우, 공기업의 경영 효율성과 기업성과가 제고될 것이라는 설명이 가능하다. 즉, 민영화된 공기업은 공공성이라는 모호한 목적가치를 제외하고 기업성이라는 이윤극대화 원칙만을 기업의 목적가치로 남겨두게 되면서, 그동안 공기업에 대한 비판의 중심이었던 방만경영이나 정치적 영향력으로부터 탈피하게 될 것이라는 주장이다(Ott and Hartley, 1991).

3) 공공선택론

공공선택론(Public choice theory)은 개인이 정치시장에서 자신의 효용극대화를 위해 정치적 교환(Political exchange)을 하며, 정부의 관료와 정치인과의 이러한 교환을 통해 정부의 공공서비스 방향성과 질이 결정된다고 주장한다(Buchanan and Tullock, 1962). 즉 시장실패의 교정을 위한 정부의 개입이 공공선을 추구하는 방향으로 공공 서비스를 제공하는 것이 아니라 정치적 협상에 의해 이루어진다는 측면에서 정부실패를 비판하고 있다.

이러한 공공선택론을 공기업 민영화 논리로 보면, 공기업의 방만한 예산사용이나 비효율적 경영 및 서비스 제공이 정치적 비효율성으로부터 비롯되므로 이러한 공적 소유구조를 민영화함으로써 정치인과 관료들의 공기업을 통한 정치적 이익 추구를 방지할 수 있다는 것이다.

4) 거래비용 이론

거래비용 이론(Transaction cost theory)은 외재성과 불확실성으로 인해 발생하는 거래비용을 절감하기 위한 기제를 구축하는데 초점을 두고 있다(Williamson, 1985). 이에 따르면, 모든 재화와 서비스의 교환에는 거래비용이 발생하는데, 시장기제를 통한 개별적인 교환이 가격 합리적이라는 것을 검증하고 감시하는데 드는 총 거래비용이 기업을 만들어 이러한 비용을 내부화하는데 드는 비용보다 크다면, 결국 기업의 조직화를 통한 교환이 보다 합리적이라는 전제에서 출발한다(Coase, 1937).

이러한 거래비용 이론을 공기업 민영화 논리에 적용하면, 공기업을 통한 공공 서비스의 제공 자체는 시장 전체 개별 소비자 및 고객으로서의 국민들의 거래비용의 합보다 작아야 하지만, 공기업이 지니고 있는 복잡한 경영 및 관리·감독구조, 정치적 영향력으로 인해 또 다른 형태의 거래비용이 발생하며, 장기적인 관점에서 이로 인한 공공 서비스의 질적 저하를 고려할 때 오히려 민영화를 통해 공기업이 지니는 거래비용을 제거하는 것이 보다 합리적이라는 것이다.

3. 민영화의 유형

민영화의 유형은 소유권 이전의 수준, 인수자의 규모에 따른 구분, 인수자의 국적에 따른 구분 등으로 나누어 볼 수 있다.

1) 소유권 이전의 수준에 따른 민영화 유형

공기업의 소유권을 국가로부터 민간으로 이전하는 수준에 따른 분류방법으로서 완전히 민간에 매각되었는지 또는 부분적으로 매각되었는지에 따라 완전민영화와 부분민영화로 구분할 수 있다(박영희 외, 2018: 306; 유훈 외, 2010: 533; 김용우, 2006: 443-444).

(1) 완전민영화

정부가 공기업의 소유 및 지배근거가 되는 모든 수단을 민간에 이전하는 것으로 민영화의 원형이라고 할 수 있다. 우리나라에서 진행된 민영화의 대부분이 이에 속한다.

(2) 부분민영화

완전민영화와 달리 공기업 소유권의 일부만을 민간에 이전하는 형태를 말한다. 우리의 경우 포항제철(1988), 한국전력(1989)의 민영화가 이에 해당한다. 이와 같은 부분민영화의 경우 소유지분의 과반을 유지하여 지배권을 확보하는 경우도 있다. 그러나 정부의 소유지분이 과반이 되지 않더라도 실질적인 통제가 가능한 경우도 있다. 다만, 이런 부분민영화의 경우도 정부가 민영화의 의지를 표방하여 장기적으로는 완전민영화를 지향할 수 있다는 점에서 민영화의 범주에 속한다고 할 수 있다.

2) 인수자의 규모에 따른 민영화 유형

공기업의 인수자가 단수의 개인이나 기업인가, 복수의 경우인가, 또는 국민 전체를 대상으로 하는가에 따라 민영화의 영향은 다를 수 있기 때문에 인수자의 규모에 따른 민영화의 구분도 의미가 있다(박영희 외, 2018: 307-308; 유훈 외, 2010:

534; 김용우, 2006: 445-447).

(1) 단수의 인수

공기업을 특정한 개인이나 기업에 매각하여 인수자가 독점적 지배권을 행사할 수 있는 경우를 말한다. 우리나라가 1960-70년대 진행하였던 민영화의 경우에 해당한다. 공기업이 많은 경우 독점성을 가진다는 측면에서 경제력의 집중을 유발할 수 있다는 측면의 비판이 제기되기도 한다.

(2) 복수의 인수

단수의 개인이나 기업에의 이전에 따른 독점성이나 부의 집중을 방지하기 위한 방법으로 우리나라의 경우 2002년에 완전민영화된 한국통신의 1994년 주식매각이 이에 해당한다고 하겠다.

(3) 국민 전체의 인수

이 방법은 국민 전체가 인수자가 될 수 있어 단수나 소수의 인수자에 대한 이전에 따른 부작용을 최소화하고, 국민 전체가 소유권을 확보하여 국민들에게는 재산 형성의 기회를 제공하는 동시에 진정한 소유권의 주체가 될 수 있는 계기를 제공한다는 측면에서 의의가 있다고 할 수 있다. 1988년 포항제철과 1989년 한국전력을 대상으로 한 민영화가 이에 해당한다.

3) 인수자의 국적에 따른 민영화 유형

공기업 인수자의 국적에 따른 분류는 국부의 유출과 관련하여 의미가 있는 분류라고 할 수 있다(박영희 외, 2018: 308; 유훈 외, 2010: 534-535; 김용우, 2006: 451-452).

(1) 국내기업

인수자가 내국인이나 국내기업인 경우 국부의 유출문제가 제기되지 않아 일면 바람직한 측면이 있으나, 내국인이나 국내기업의 자본력이 취약한 경우, 즉 개발도상국의 경우에는 가능하지 않은 방법이다.

(2) 외국기업

국내기업의 자본력이나 관리능력이 부족한 경우에는 외국기업에게 공기업을 매각하게 된다. 공기업은 국민에게 필수적인 공공서비스를 제공할 뿐 아니라 독점성이 있어 이 경우 외국에의 경제적 종속 우려가 있다고 할 수 있다.

(3) 합작기업

국내기업의 자본력이나 관리능력이 취약한 경우, 그리고 외국기업에 대한 매각에 따른 경제적 종속 등의 문제를 최소화하기 위한 방법이다. 이때 합작기업은 국내기업들만으로 또는 국내기업들이 외국기업과 함께 구성할 수 있다.

4. 주요국의 민영화 사례

1) 영국의 민영화 사례

1980년대 영국을 비롯한 서유럽 국가들의 공공부문 민영화 추진은 기본적으로 심각한 경제위기에 따른 강력한 우파정부의 집권에서 비롯되었다. 영국의 경우 보수당 정부는 집권 이후 철도를 비롯하여 우체국, 수도, 전기 등 거의 모든 국영기업과 공공사업을 민영화하였다.

영국정부는 이러한 공공부문 민영화 정책과 더불어 민영화된 독점기업에 대한 규제를 함께 시행하고 있는데, 민영화 이후에도 보편적 서비스 제공의 의무를 부과함과 더불어 경쟁도입을 통한 고객 선택권의 확장 및 가격 인하효과의 도모, 민영화된 기업에 대한 정부 개입을 위한 황금주(Golden share)의 도입, 국민주 발행을 통한 매각 등이 포함되고 있다. 이를 위해 영국 정부는 새로운 개별규제기구를 설립하여 규제의 초점을 가격과 사업허가라는 기제를 통한 소비자보호와 경쟁의 촉진에 두고 있다. 이를 통해 정책적 목적에 맞게 다양한 형태의 민영화가 추진되었는데, 가령 영국통신은 일괄 민영화의 방식으로 추진이 되었던 것에 반해, 전력산업은 분할매각을 통한 민영화가 추진되었다.

2) 독일의 민영화 사례

독일도 미국식의 시장주도형 민영화가 아닌 영국과 유사한 형태의 국가주도형 민영화를 추진하였다. 영국이 대국민주 보급을 통해 보수당의 민영화 정책에 대한 정치적 지지기반을 확대한 것과는 달리, 독일은 보다 적극적인 형태의 노동참여적인 방식으로 전개되었다는 특징이 있다. 또한 독일에서는 민영화의 결정 및 실행과정에서 정부와 해당 공기업 노조 간의 정책협의와 같은 관련 협상이 원활하게 이루어져 최종적으로 민영화 단계에 이르렀다는 점이 특징적이다.

이러한 독일의 민영화 방식은 "상세한 협상계약방식"으로 불리는데, 이는 곧 구매를 원하는 주체가 기업 개념을 제시하도록 하고, 노사협상을 통해 가급적 고용을 유지·승계하도록 하였다. 이를 위해 행정기관은 경쟁 입찰 가격에 따른 소유권과 경영책임의 이전을 판매자로서가 아닌 공기업의 대리자로서 구매자의 기업 개념을 심사하고, 투자계획과 고용승계를 위해 필요할 경우 보조금을 지급하며, 계약이 성사된 이후에는 계약서를 통제수단으로 하여 기업의 가장 좋은 주인을 찾아주는 역할을 수행하였다.

또한 철강과 조선과 같은 기간산업 및 대규모 산업의 경우에는 시장기제에 따른 일괄적인 민영화가 아닌 숙의제도를 거치도록 하였으며, 이를 위해 중앙 및 지방정부, 노동조합, 고용협의회를 대표하는 합의체를 구성하여 민영화에 따른 기업 및 정부의 책임을 규정하였다.

3) 프랑스의 민영화 사례

프랑스의 경우, 1986년부터 공공부문 민영화가 추진되었으나 국가의 공공서비스 제공의무에 대한 사회적 전통과 공공부문에 대한 사회적 애착이 고려되어 주된 민영화 대상을 자동차와 철강, 전자부문과 같이 시장화 기능을 수행하는 기업에 한정하였다.

프랑스의 민영화 추진정책의 배경으로는 가속화되고 있는 세계화에 따른 국내산업의 적응성과 신축성을 높이고, 국영기업 경영진에 대한 정치적 영향력을 감소시키며, 수익성을 고려하지 않는 국가의 간섭을 배제하기 위함이라 할 수 있다 (박재성·심창학, 2000). 이와 함께 유럽통합의 움직임으로 인한 정부의 재정부담을 줄이려는 재정적 목표 역시 프랑스 민영화를 설명하는 요인으로 거론된다.

프랑스 민영화의 특징으로는 민영화의 개념을 협의의 민영화, 즉 공기업의 소유권을 정부에서 민간으로 이전하는 것을 의미한다는 점을 들 수 있다. 또한 상술한 것과 같이 민영화의 대상 산업은 시장경쟁산업에 국한되어 1986년 민영화

관련 기본법에 명시된 65개 대상 기업은 모두 여기에 해당하였다.

5. 우리나라의 공기업 민영화

1) 문민화 이전의 민영화

문민화 이전 우리나라의 공기업 민영화는 1968년, 1980년, 1987년의 총 4차례에 걸쳐 추진되었으나 그 실질적 효과는 미미하였다. 이 시기의 공기업 민영화는 주로 제조업 분야 부실 공기업의 경영합리화 및 전략산업 육성(1968), 시중은행의 경쟁력 제고(1980), 정부투자기관 및 정부출자기관의 완전·분할·국민주 매각을 통한 저소득층의 재산형성 및 공기업 경영효율성 제고(1987), 정부산하기관 및 정부투자기관의 자회사 매각을 통한 경쟁원리 및 책임경영제 도입이 주된 추진 목적이었다.

그러나 협소한 국내의 증시여건과 경제력 집중 문제, 정치적 동기로 인한 실행수단의 부족, 이해당사자 및 공기업 임직원의 반발로 인해 이러한 민영화 추진정책은 제한적인 효과만을 냈을 뿐이다.

2) 문민정부 시기의 민영화

1993년 문민정부의 수립으로 정부의 정책기조는 이전의 정부와 다양한 차별화를 시도하였다. 물론 당시의 시대적 조류가 신자유주의 신보수주의를 지향하고 있었다는 점에서도 영향을 받았으나 당시까지의 군부정부와는 차별화하려는 노력이 다양하게 나타났다. 특히 중앙정보부와 함께 한국 근대화의 한 축이라 할 수 있는 경제기획원이 재무부와 통합되어 재정경제원으로 전환된 것이 중요한 단초의 하나라 할 수 있다.

문민정부는 공기업의 경영효율화와 민영화를 추진하면서 133개 공기업중 61개 공기업을 완전민영화하려고 하였다. 이에 따라 데이콤과 SK텔레콤이 1993년과 1994년 각각 민영화되는 등의 성과가 있었으나, 문민정부 종료시 까지 16개 기업만 민영화를 완료할 수 있었다(라영재, 남궁근, 2023).

3) 국민의 정부 시기의 민영화

IMF 외환위기에 집권한 김대중 정부는 신자유주의적 패러다임에 따른 공공부문 개방과 민영화에 대한 국제사회의 요구와 그동안 누적되었던 공공부문의 비효율적 경영과 관료주의적 문제점 해소라는 정책적 필요성에 의해 다른 정권에 비해 적극적인 공기업 민영화 정책을 추진하였다.

이 시기의 공기업 민영화는 두 차례에 걸쳐 추진되었는데, 1차 공기업 민영화는 '제1차 공기업 민영화 및 경영혁신계획'에 따라 금융 관련 공기업을 제외한 총 108개의 모기업 및 자회사가 대상으로 검토되었다. 이 중 기업성이 강한 공기업은 원칙적으로 민영화하고, 조기 민영화가 어려운 공기업은 강도 높은 구조조정을 추진한 후 단계적으로 민영화하도록 하였다. 또한 원활한 민영화 추진을 위해 공기업민영화추진위원회와 공기업민영화실무추진팀을 새롭게 구성하여 관련 법령의 정비 및 제도 개선, 세부 사항에 대한 집행업무를 수행하도록 하였다. 이러한 1차 공기업 민영화 추진계획을 보완하기 위해 1998년 8월 '제2차 공기업 민영화 및 경영혁신 계획'을 수립하였으며, 2차 계획은 19개 모기업의 55개 공기업 자회사에 대한 민영화 추진계획을 담고 있었다.

이러한 두 차례에 걸친 보완을 통해 김대중 정부는 26개 정부투자기관 및 정부출자기관 중 5개는 완전 민영화, 6개는 단계적 민영화를 추진하며, 82개 자회사를 민영화 및 통폐합을 통해 15개로 줄이는 것으로 하였다. 이러한 김대중 정부 시기의 민영화 원칙은 공기업 민영화를 통해 책임경영과 효율성을 증대시키고 민간부문의 창의와 활력을 증진시켜 민간부문의 효율성을 제고하는 것으로 정의할 수 있다.

그럼에도 이러한 공기업 민영화 추진 정책은 불완전하게 완료되어 11개 민영화 대상 공기업 중 8개만이 민영화가 완료되었고, 다른 민영화 대상 공기업은 정치권의 반발 및 노조의 반발, 국부 유출 및 공공요금 인상의 우려로 인해 결국 무산되었다.

4) 참여정부 시기의 민영화

김대중 정부를 이어 집권한 참여정부 시기의 공기업 민영화 추진 정책은 종합적으로 평가할 때 대부분 이전 정권에 비해 후퇴했다고 할 수 있다. 이는 이전

정권에서 민영화된 공기업의 혜택이 일반 국민이 아닌 소수의 대기업 및 재벌에 집중되었다는 비판과 함께 국가 기간산업으로서 네트워크 산업의 공공성에 대한 새로운 검토가 이루어지면서 공익성이 높은 산업에 대한 민영화 추진이 가져올 수 있는 국민경제에 대한 부정적 영향에 대한 우려가 컸기 때문으로 볼 수 있다. 다만, 「공공기관의 운영에 관한 법률」(2007)의 제정을 통하여 공공기관 전체에 대한 통합적인 관리체제를 갖춘 것은 큰 의미가 있다고 할 것이다.

5) 이명박 정부 시기의 민영화

경제 살리기를 정권의 목표로 내건 이명박 정부 시기의 공기업 민영화는 공공기관 선진화 정책으로 요약할 수 있다. 2007년 제정된 「공공기관의 운영에 관한 법률」에 근거하여 공공기관의 정원, 기관 통폐합, 민영화 및 출자회사 정리, 기능조정, 경쟁 도입을 강력하게 추진하였으며, 3차에 걸친 공공기관 선진화 계획에 따라 완전 민영화 대상 19개, 지분 일부 매각 대상 5개 등 총 24개 기관 131개 출자회사가 민영화의 대상이 되었다.

이명박 정부 시기의 공기업 민영화의 원칙은 작은 정부 큰 시장을 기반으로 하여 공공기관에 투입되는 공공재정을 감축하는 방향으로 선진화를 추진하며, 민영화 과정에서의 고용승계 및 노사합의를 원칙으로 하였다. 그럼에도 불구하고 총 24개의 민영화 대상 기관 중 결과적으로는 7개의 공공기관만 민영화할 수 있었다.

6) 박근혜 정부 시기의 민영화

박근혜 정부 시기의 민영화 정책은 공공기관 정상화 계획으로 정의할 수 있으며, 이를 위해 주로 공공기관의 부채감축 및 관리개선에 초점을 두었다. 2014년 총 293개 공공기관에 대한 정상화대책을 통해 부채중점관리 대상 기관에 대해서는 자산매각 및 경영효율화 대책을 수립하여 방만경영 개선을 이행토록 하였다. 나아가 2차 정상화 방안을 통해 공공기관의 재무건전성 제고와 성과중심의 운영체계를 정착시키도록 하였다.

7) 문재인 정부 시기의 민영화

문재인 정부의 공공기관 민영화 실적은 전무하다. 오히려 문재인 정부의 경우

2003년 민영화 되었던 한전산업개발의 재공영화를 추진한 바도 있다. 이는 문재
인 정부의 공공기관에 관한 정책기조가 민영화보다는 공공기관의 사회적 가치 실
현에 있었기 때문이다. 이에 따라 공공기관은 양질의 일자리 창출을 위한 정책수
단이 되었고, 공공기관의 경영평가과정에서 일자리 창출 등이 사회적 가치 구현
의 평가지표로써 운영됨으로써 공공기관의 정원은 2016년 328,479명에서 2021년
442,776명으로 34.8%가 증원되었다(라영재, 남궁근, 2023).

■ 제3절 공기업의 과제

공기업이 정부가 제공해야 하는 공공서비스를 대신하여 제공한다는 면에서는
물론이고, 국민경제에 미치는 영향 면에서도 공기업의 중요성은 간단히 규정하기
어렵다. 그만큼 공기업은 우리의 정치·경제·사회·문화부문 등 국가 전체에 큰
영향을 주고 있다. 따라서 공기업이 좀 더 바람직한 방향으로 발전하는 것은 공
기업 자체뿐 아닌 우리 국가 전체의 중대사라고 할 것이다.

1. 경영진의 전문성 제고와 책임경영의 강화

최근 리더십에 관한 연구와 관심은 그 어느 때보다 강렬하다. 그 이유는 조직
의 규모와 관계없이 조직의 리더가 갖는 위상은 물론 조직의 성패, 궁극적으로는
조직의 생존에 직접적이고 결정적인 영향을 미치는 상수이기 때문이다.

주지하고 있는 것처럼 공기업은 공공성과 기업성을 동시에 갖는 독특한 조직
이기에 국가와 정부가 그 지배권을 가지고 있는 것이 상례이다. 정부가 그 지배
권을 가지고 있다는 것은 마치 정치-행정간의 관계에서 나타나는 병폐에도 취약
할 수 있다는 의미이기도 하다. 행정의 정체성이 정치로부터의, 직접적으로는 엽
관주의의 폐해로부터 벗어나 국민에게 일관되고 공정한 공공서비스를 제공하려는
시도에서 찾아지기 시작했다는 것은 이미 상식이다. 그러나 행정부의 영향권에
있는 제3의 조직으로서의 공기업의 경영진에 대한 정치적 엽관의 폐해가 나타나
고 있는 것은 정치-행정의 관계에서 보였던 그것에 다름 아니다.

이와 같은 경영진 인사에 대한 정치적 영향력은 궁극적으로 공기업의 특성중

의 한 축을 차지하는 기업성에 부정적인 영향을 주게 되고, 궁극적으로는 공기업 자체의 존재 가치를 훼손하는 결과를 초래하게 된다. 이미 행정부의 정책을 집행하는 도구로 전락하는 공기업의 실상을 목도하고 있는 현실에 비추어 보더라도 공기업의 경영진에 대한 정치적 영향력을 배제하고 경영진의 전문성을 제고시킴으로써 공기업의 궁극적인 존재이유를 보전하는 것이 국민에 대한 국가의 의무라고 할 것이다.

이와 같은 경영진의 인사에 대한 정치적 영향력을 배제하고 전문성을 제고한다면 이에 따른 경영의 책임성은 자연스럽게 제고될 것이고, 이는 국민에 대한 양질의 공공서비스를 제공하는 첩경이 될 것이다.

2. 기업가 정신의 함양

기업가 정신(Entrepreneurship)은 기업이 추구하는 궁극적 가치인 이윤 창출과 기업의 사회적 책임을 다하기 위하여 기업가가 갖추어야 할 기본적인 덕목이라고 할 것이다. 이를 정부를 포함한 공기업 등 공공부문에 적용하여 공공기업가 정신 (Public entrepreneurship)으로 치환한다면 공공기관의 리더로서 공익과 기관의 공적 책임을 다하기 위하여 공공기관장이 갖추어야 할 소양과 자세라고 할 수 있다.

공공기업가 정신은 이미 오래 전부터 회자되어 온 개념으로 생소한 관념이라고 하기는 어렵다(Schneider et al., 1995). 그러나 공공기업가 정신은 경제적 이윤이 궁극적 가치인 민간의 기업가가 추구하는 그것과는 다르다. 정치적 상황에 부합하고, 공익이라는 매우 추상적인 가치를 현실화 하여야 하기 때문에 이해관계자의 범위가 민간의 기업가가 대응하여야 할 수준을 훨씬 뛰어넘기 때문이다(금현섭 · 곽채기, 2017). 이는 공기업의 리더가 마땅히 갖추어야 할 덕목이 아닐 수 없다.

3. 기관간 중복기능의 조정

우리의 공기업은 2007년 「공공기관의 운영에 관한 법률」의 제정 이후 현재의 공공기관 유형으로 구분되고 있다. 300여개가 일반적으로 넘는 공공기관은 기획재정부가 총괄하여 운영하고는 있으나, 업무의 실제는 관련 주무부처와 직접 연결되어 있고, 이런 이유로 주무부처에 대한 명확한 업무영역의 구분이 없을 경우 이 역시 관련 공기업에 투영되어 공기업간의 기능과 업무영역의 중첩현상이 나타나게 된다. 이는 국가 자원의 비효율적 배분과 운영을 초래하여 궁극적으로 국민에게 폐해를 입히게 된다.

이와 같은 사례는 정책금융기관의 설립과 운영에서 확인할 수 있다. 한국수출입은행, 한국무역보험공사, 신용보증기금과 기술신용보증기금 등의 신용보증과 수출신용제도의 중복업무 수행이 대표적인 예라고 할 수 있다. 일본의 경우 이와 같은 문제를 2008년 기관의 통폐합을 통하여 해결한 사례가 있다. 또한 이와 같은 중복사례는 중앙부처 산하의 공기업 뿐 아니라 중앙정부의 공기업과 지방정부의 공기업의 경우에도 확인된다. 상하수도사업, 농수산업과 유통사업, 교통 및 에너지 사업 등이 그 사례가 될 것이다(곽채기, 2012). 이와 같은 중앙부처 소관의 기능 중복과 중앙·지방정부의 공기업간의 중복기능을 조정한다면 보다 효율적인 국가 자원의 활용을 통한 공익제고의 기회가 될 것이다(김준기, 2009).

4. 협업과 윤리경영의 제고

협업이란 다수의 조직이 공동의 목표를 달성하기 위하여 협력하여 업무를 수행하는 방식을 말한다. 이미 공기업의 중복된 기능의 조정이 요구된다고 논의하였지만 중첩되는 기능의 조정만큼이나 개별적인 조직이 자신의 목표를 달성하는 과정에서 부족한 지식과 자원을 공유하는 협업은 참여자 모두에게 이익이 될 뿐 아니라 공익의 추구에 부합한다. 이와 같은 논의는 이미 1990년대 유럽을 중심으로 이루어 졌을 뿐 아니라 우리나라에서도 문재인 정부의 중요한 일하는 방식으로 통용되었다. 다만, 협업이 수평적 연계를 강조한다는 면에서 계급제적 명령과 이의 실행에 익숙한 관료제에서는 다소 실행에 어려움이 있을 것이나 조직학습, Task force 등 다양한 방법을 통하여 유관 기관간의 협력을 숙련할 필요가 있다(금현섭·곽채기, 2017).

이미 논의하였던 어떤 주제보다 중요한 것은 윤리경영이라고 생각된다. 이미 윤리경영은 2011년부터 시행된 기업의 사회적 책임(Corporate social responsibility)을[1] 규정한 국제표준인 ISO 26000에서도 가장 중요한 요건이라 할 수 있다. 이러한 공기업의 윤리경영에 대한 관심과 강조는 이미 1997년 OECD가 주도한 부패라운드가 출범하면서 시작되었고, 2000년 UN이 주도한 Global compac의 반부패 강조와 ISO 26000으로 확장되었다(윤태범, 2013). 이와 같은 국제적 관심으로 윤리경영이 공기업의 생존을 위한 요건이 되어야 한다는 것은 물론이고, 공공부문의 구성원으로서 국가와 국민에 대한 당연한 의무로 고려하여 이를 지키려는 노력을 해 나가야 할 것이다.

---

1) 기업의 사회적 책임은 기업활동에 영향을 주거나 받는 직·간접적 이해관계자레 대하여 법적·경제적·윤리적 책임을 다하는 경영기법으로, ISO 26000의 준수는 ESG(Environment, Social, Governance) 경영의 기본이라고 할 수 있다.

요 약

- 공기업의 혁신과 관련하여 가장 중요한 주제는 지배구조의 혁신이라고 할 수 있다. 특히 최고 경영자와 상근 임원, 그리고 이사회의 전문성을 확보하고 책임성을 강화하는 방향으로 전개되어야 한다.

- 내부적 운영체계의 강화를 위하여 정보관리, 성과관리, 갈등관리, 위기관리, 지식관리 등 다양한 관리체계의 강화 그리고 지속적인 보완이 요구된다.

- 공기업의 혁신과 관련하여 민영화가 시장과의 관계 속에서 매우 중요한 수단으로 인식되고 있고, 실제로 많이 활용되고 있다.

- 소유권의 민간으로의 이양을 의미하는 민영화는 다양한 방법이 존재한다. 실제로 우리나라도 다른 나라의 경우도 민영화를 공기업의 변화방법으로 활용한 바 있다. 다만 이 민영화는 공과 과가 동시에 존재하고 있음을 인식하여야 한다.

- 공기업의 발전과 적절한 운영을 위한 과제로는 경영진의 전문성과 윤리의식을 포함한 책임성의 강화를 들 수 있다.

1. 공기업 혁신은 다양한 시각에서 정리될 수 있다. 이때 지배구조의 혁신을 실현하는 방법을 설명하시오.

2. 공기업은 여러 가지 이유로 민영화를 개혁의 방법으로 차용할 수밖에 없는 상황에 직면할 수 있다. 민영화의 원인을 설명하시오.

3. 민영화의 이론적 논거는 여러 가지로 구성된다. 다음의 이론을 간략히 서술하시오.
   (1) 공공선택론
   (2) 주인–대리인 이론

Modern Public Enterprise

제12장

지방공기업

지방공기업

▪ 제1절 지방공기업의 특징과 종류

1. 지방공기업의 특징

1) 지방공기업의 범위

　지방공기업은 "지방자치단체가 직접 설치·경영하거나, 법인을 설립하여 경영하는 기업"을 말한다(지방공기업법 제1조). 상기한 정의대로라면 지방공기업은 지방자치단체가 직접 설치·경영하는 기업(직접경영)과 지방자치단체가 법인을 설립하여 경영하는 기업(간접경영) 두 종류로 구분할 수 있다. 그러나 실제로 지방공기업의 통칙법인 「지방공기업법」에서 직접 규정하고 있는 지방공기업은 총 3종류로 지방직영기업, 지방공사, 지방공단이 이에 해당한다. 지방자치단체가 일부 출자하거나 출연한 지방법인기업들을 지방출자·출연법인이라고 부르는데, 이 역시 간접경영의 한 형태로 볼 수 있으므로 넓은 의미로는 지방공기업이라 볼 수 있다. 그러나 본문에서는 지방공기업법에서 명시적으로 규정하고 있는 3종류만을 지방공기업으로 보고 이들에 대해서만 설명하고자 한다. 실제로 지방출자·출연법인들은 지방공기업법이 아니라 「지방자치단체 출자·출연 기관의 운영에 관한 법률」(약칭: 지방출자출연법)에서 별도로 규율하고 있다.

2) 지방공기업의 사업영역

　지방공기업은 "민간인의 경영 참여가 어려운 사업으로서 주민복리의 증진에 이바지할 수 있고, 지역경제의 활성화나 지역개발의 촉진에 이바지할 수 있다고 인정되는 사업"을 수행하도록 하고 있다(지방공기업법 제2조). 또한 지방공기업은 항상 기업의 경제성과 공공복리를 증대하도록 운영하여야 한다(지방공기업법 제3조). 이상을 통해 민간인의 경영참여가 어렵고, 주민복리 혹은 공공복리를 증진시

킨다는 점에서 '공공성'을, 지역경제나 지역개발에 도움이 된다는 점에서 '지역성'
을, 기업의 경제성을 강조한다는 점에서 '기업성'을 지방공기업의 특징으로 볼 수
있다. 이러한 세 가지 특징을 모두 가지고 있는 사업에 대해 지방공기업법에서는
지방공기업으로 운영해야 하는 다음 9가지 의무 대상 사업을 제시하고 있다. ①
마을상수도 사업을 제외한 수도사업, ② 공업용수도사업, ③ 도시철도사업을 포
함한 궤도사업, ④ 자동차운송사업, ⑤ 지방도로사업 중 유료도로사업, ⑥ 하수도
사업, ⑦ 주택사업, ⑧ 토지개발사업, ⑨ 주택·토지 또는 공용·공공용건축물의
관리 등의 수탁사업과 이 이외에도 ⑩ 체육시설업, ⑪ 여행업 및 카지노업을 제
외한 관광사업 등도 경상경비의 50% 이상을 경상수입으로 충당할 수 있으며, 조
례로 지정된 경우에 지방공기업으로 취급받게 된다(지방공기업법 제2조).

① 마을상수도 사업을 제외한 수도사업과 ② 공업용수도사업은 생활 용수(1일
1만 5천톤 이상) 혹은 공업 용수(1일 1만톤 이상)를 공급하는 상수도 사업을 의미하
며, 서울특별시 상수도, 수원특례시 상수도, 홍천군 상수도 등 특별광역시, 일반
시, 군 단위 자치단체에서 운영하고 있다. 2024년 9월 현재 총 122개 자치단체가
이를 다루는 지방공기업을 운영하는 중이다. 마을상수도 사업이 지방공기업의 상
수도 사업에서 제외되는 이유는 그 규모가 작아서 기업성을 띄기 어렵기 때문이
다. 마을상수도 사업이란 일반수도가 공급되지 않은 지역의 마을에서 주민들이
자체적으로 운영하거나 관리하고 있는 수도시설로서 시설규모에 따라 "마을상수
도"와 "소규모 급수시설"로 구분한다. 참고로 마을상수도 및 소규모급수시설은
2020년 기준으로 전국에 107개소가 있다. 이들은 소규모이므로 지방공기업의 형
태가 아니라 자치단체에서 직접 관리하고 있다.

③ 도시철도사업을 포함한 궤도사업은 지하철 운영사업을 의미한다. 보유 차량
이 50량 이상이어야 하며, 지하철을 운영하는 특·광역시 지방자치단체들이 도시
철도공사의 형태로 이 사업을 운영하고 있다. 2024년 현재 총 6개 광역자치단체
가 운영하고 있으며, 서울교통공사, 부산교통공사, 대구교통공사, 인천교통공사,
광주광역시도시철도공사, 대전교통공사가 이에 해당한다.

④ 자동차운송사업은 공영버스 사업을 의미한다. 보유차량이 30대 이상이어야
하며, 2024년 현재 제주특별자치도공영버스가 유일한 이 유형의 지방공기업이다.

⑤ 지방도로사업 중 유료도로사업은 도로관리연장 50km이상 혹은 유료터널·
교량 3개 이상을 관리하는 사업을 의미한다. 광안대로, 남항대교, 영도대교, 영도

고가교 등을 모두 관리하는 부산시설공단이 이 유형의 사업을 수행하는 지방공기업으로 볼 수 있다.

⑥ 하수도사업은 더럽혀지거나 오염된 물을 깨끗하게 처리하여 하천으로 되돌려 보내는 하수처리장을 운영하는 사업이다. 1일 하수처리능력이 1만 5천톤 이상인 경우 지방공기업으로 운영해야 하며, 대구광역시 하수도, 춘천시 하수도, 화순군 하수도 등 상수도와 마찬가지로 특·광역시, 일반시, 군 단위 지방자치단체에서 운영하고 있다. 2024년 9월 현재 총 104개 지방자치단체가 이를 다루는 지방공기업을 운영하는 중이다.

⑦ 주택사업, ⑧ 토지개발사업, ⑨ 주택·토지 또는 공용·공공용건축물의 관리 등의 수탁사업은 토지를 개발하고 주택을 건설하며 이들을 관리하는 사업으로서 주로 광역자치단체들은 도시개발공사, 기초자치단체들은 공영개발이나 도시공사의 형태로 담당하고 있다. 도시개발공사는 2024년 9월 현재 서울주택도시공사, 부산도시공사 등 세종특별자치시를 제외한 16개 광역자치단체 모두에 하나씩 총 16개가 있다. 공영개발은 성남시공영개발, 의정부시공영개발 등 25개 기초자치단체들이 운영하고 있다. 도시공사는 수원도시공사, 안산도시공사 등 23개 기초자치단체들이 운영하고 있다.

⑩ 체육시설업은 자치단체가 설치하여 운영하는 체육관이나 수영장 등을 관리하는 사업을 의미하며, 주로 시설관리공단의 형태로 운영된다. 용산구시설관리공단, 평창군시설관리공단 등 일반적으로 해당 자치단체 명칭을 그대로 붙여서 사용하고, 2024년 9월 현재 88개 자치단체가 운영하고 있다.

⑪ 여행업 및 카지노업을 제외한 관광사업은 경기관광공사, 경상북도관광공사와 같이 광역자치단체에서 운영하거나 단양관광공사, 통영관광개발공사 등 기초자치단체에서 운영하고 있다.

상기한 사업 외에도 "민간인의 경영 참여가 어려운 사업으로서 주민복리의 증진에 이바지할 수 있고, 지역경제의 활성화나 지역개발의 촉진에 이바지할 수 있다고 인정되는 사업"은 모두 다 지방공기업의 대상사업이 될 수 있다. 서울농수산식품공사, 대전마케팅공사, 장수한우지방공사, 영양고추유통공사 등이 이에 해당한다. 단, 이 경우 지방공기업으로 설립하기 위해서는 경상경비의 50% 이상을 경상수입으로 충당할 수 있어야 하고, 조례로 지정해야만 한다.

표 12-1 지방공기업의 사업영역

사업영역	세부사업	적용유무	
		당연적용	임의적용
당연 적용사업	① 마을상수도 사업을 제외한 수도사업 ② 공업용수도사업 ③ 도시철도사업을 포함한 궤도사업 ④ 자동차운송사업 ⑤ 지방도로사업 중 유료도로사업 ⑥ 하수도사업 ⑦ 주택사업 ⑧ 토지개발사업 ⑨ 주택·토지 또는 공용·공공용건축물의 관리 등의 수탁사업	일정 규모 이상의 9가 지 의무사업	일정규모에 미달하지만 경상경비의 50% 이상 을 경상수입으로 충당 할 수 있으면 가능
임의 적용사업	⑩ 체육시설업 ⑪ 여행업 및 카지노업을 제외한 관광사업	경상경비의 50% 이상을 경상수입으 로 충당할 수 있으면 가능	
	민간인의 경영참여가 어려운 사업으로 주민 복리증진과 지역 경제활성화나 지역개발촉진 에 기여할 수 있는 사업		

출처: 행정안전부(2022) p.13 일부 수정

2. 지방공기업의 종류

1) 지방직영기업

지방직영기업은 지방자치단체가 공기업특별회계를 설치하여 직접 경영하는 지방공기업을 의미한다. 2024년 9월 현재 상수도, 하수도, 공영개발, 자동차운송의 4가지 업무를 다루는 지방공기업들이 직영기업으로 운영되고 있으며, 415개의 지방공기업 중에서 252개가 이에 해당한다.

직접경영방식의 장점은 다음 3가지로 요약된다(박영희 외, 2018: 363). 첫째, 공기업특별회계로 운영하기 때문에 공공서비스의 연속성을 확보할 수 있다. 즉, 채산성이 없더라도 공공서비스를 지속적으로 공급할 수 있다. 둘째, 지역주민의 의사가 경영에 반영되기 쉽다. 지방직영기업은 직접 경영방식이므로 지방공기업이 지방자치단체장 및 지방의회의 통제하에 있기 때문이다. 셋째, 일반회계로부터 전출을 통해 도움을 받을 수 있으므로 장기저리의 자금조달이 쉽다.

반면 단점도 분명하다(박영희 외, 2018: 363). 첫째, 관료조직에 의해 운영되므로 경직성과 비능률성을 배제하기 어렵다. 공기업 운영의 장점인 시장성이 제대로 발휘되기 어려운 환경이 되는 것이다. 둘째, 행정구역과 생활권역이 일치하지 않으면, 지방공기업의 경영이 행정제도에 의해 제약되게 된다. 예컨대, 상수도 업무는 생활권역에 맞추어 서비스가 제공되는 것이 효과적이지만, 행정구역이 달라지게 되면 타 행정구역으로의 서비스 제공이 곤란해진다. 셋째, 경영악화에 대한 위기의식 및 책임의식이 결여되기 쉽다. 지방자치단체장 및 지방의회의 통제 하에 있으므로 경영상황에 대한 자율적인 대응이 어렵고, 이에 따라 성과에 대한 책임의식도 낮을 수밖에 없다. 또한 일반회계로부터 전출을 통해 도움을 받을 수 있으므로 경영악화에 대한 위기의식도 낮다. 이에 대해서는 지방공기업의 미래 부분에서 후술하기로 한다.

2) 지방공사

지방공사는 "지방자치단체가 지역주민의 공공복리를 증진하고, 그 행정 운영에 협력하게 하기 위해 스스로 출자하여 지방자치단체구역 내에 설립하여, 재정적·행정적 원조를 제공하면서 그 경영에 관여하는 법인"을 말한다(행정안전부, 2022). 2024년 현재 도시철도, 도시개발, 관광 등의 업무를 다루는 지방공기업들이 지방공사의 형태로 운영되고 있으며, 415개의 지방공기업 중에서 76개가 이에 해당한다.

지방공사의 특징은 다음과 같이 3가지로 요약된다. 첫째, 지방자치단체와는 별개의 법인격을 가지고 있다는 점이다. 지방직영기업은 공기업특별회계를 통해 운영되므로 지방자치단체 소속이고, 구성원들도 공무원이다. 그러나 지방공사는 일종의 회사로서 지방자치단체와 별개의 법인격(지방공기업법 제51조)을 갖게 되며, 구성원도 공무원이 아니다. 예컨대, 서울지하철을 운영하는 서울교통공사의 직원은 민간인 신분이다. 둘째, 지방자치단체가 설립한 법인이라는 점이다. 지방공사는 대부분 지방자치단체가 전액(100%) 출자하여 설립한다. 경기평택항만공사와 같이 필요한 경우, 자치단체 이외의 자로부터 50% 미만의 출자를 받아 설립하기도 한다. 따라서 지방공사는 지방자치단체가 50% 이상의 출자를 통해 설립하는 별도 법인이라 할 수 있다(지방공기업법 제53조). 셋째, 지방자치단체가 출자·대부·보상·채무보증·손실보상 등의 재정적 원조를 제공함과 아울러 대주주의 자격으로 경영에 직·간접적으로 관여하고 있는 점이다. 독립된 법인이라고 하지만 지방공사는 지방자치단체가 대주주이므로 지방자치단체의 영향을 크게 받는다. 지방공사가 일반회사와 같이 재화나 서비스의 판매 수입(요금)을 통해 운영하고 있지만, 지하철요금인상 등이 쉽지 않은 이유도 이 때문이다. 이에 대해서는 지방공기업의 미래 부분에서 후술하기로 한다.

3) 지방공단

지방공단은 지방자치단체의 고유업무를 전문성과 기술성을 살려 전담하는 공공업무대행기관이다(행정안전부, 2022). 2024년 현재 주차시설, 체육시설 등 주로 공공시설관리 분야의 업무를 다루는 지방공기업들이 지방공단의 형태로 운영되고 있으며, 415개의 지방공기업 중에서 87개가 이에 해당한다.

지방공단은 자본금의 주식분할이 허용되지 않는 법인이다(지방공기업법 제76조). 지방공단의 자본금은 전액 지방자치단체가 출연하여야 하며, 지방자치단체 이외

표 12-2 지방공사와 공단의 특징·차이점

구분	지 방 공 사		지 방 공 단
구분	지방자치단체 전액출자	민관공동출자(50%이상)	
임원	사장, 이사, 감사		이사장, 이사, 감사
출자와 자금조달	현금 또는 현물에 의한 전액 전액 지방자치단체출자 (법 제53조①)	지방자치단체가 2분의 1이상 출자(법 제53조②)·자금은 주식으로 분할발행 가능(법제53조③)	지방자치단체 전액출자 (법 제76조②)
손익금 처리규정	적용	적용	미적용
사업형태	법인격(법 제51조) 기업성 강함 상법 중 주식회사에 관한 규정 준용(법 제75조)	상법준용(법 제75조)	비용부담규정(법 제77조) 법인격(법 제76조)
성격	회사		공공업무 대행기관
설립주체	자치단체 단독 또는 민관 합작		자치단체 단독
업무	단독사업 경영(융통성)		특정사업 수탁(한정성)
수입원	판매수입		수탁금
자본	사채발행, 증자(민간출자가능)		공단채 발행, 증자 (민간출자불가)
영업수지	수익≠비용(당기순이익 또는 순손실 발생)		수입＝비용(사업종료시 정산)

출처: 행정안전부(2022) p.37 일부 수정

의 출자 출연은 인정되지 않는다(지방공기업법 제77조). 지방공단의 경우, 지방공사와 달리 독립 사업을 운영하는 것이 아니라 지방자치단체의 공공업무를 대행해주는 역할을 수행한다. 따라서 그 수입원이 지방자치단체로부터 수령하는 수탁금이라는 차이가 있다.

4) 지방공기업의 형태 결정

지방공기업법에서 다루고 있는 지방공기업의 종류는 상기한 지방직영기업, 지방공사, 지방공단의 3가지이다. 이들은 앞서 살펴본 개별 특징을 통해 구분할 수 있지만, 보다 명확하게 구분되는 방식이 있으므로 이를 소개하기로 한다. 모든 지방공기업은 지방공기업을 설립할 때 다음 두 가지 방식에 따라 구분된다(행정안전부, 2022). 첫째, 운영주체가 공무원인가의 여부이다. 지방공기업의 운영주체가 공무원이라면, 지방직영기업으로 설립된다. 공무원이 아니라면, 지방공사 또는 지방공단의 형태를 취하게 된다. 둘째, 수익금 및 손익금의 자체 처리가 가능한가의 여부이다. 영업이익이나 영업손실이 발생하고 이를 결산하여 자체처리가 가능한 경우, 지방공사의 형태로 설립된다. 반면, 손익금 처리가 불가능하여 수탁업무를 대행하는 형태로만 운영되는 경우에는 지방공단의 형태로 설립하게 된다.

▌그림 12-1▌ 지방공기업의 분류기준 및 체계

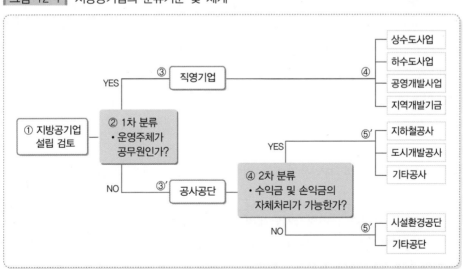

출처: 행정안전부(2022), 8면

지방공사와 지방공단의 핵심적 차이는 지방공단의 경우는 지방공기업법상 손익금 처리규정이 없으므로 수익성 위주의 사업 추진이 사실상 곤란하다는 점이다. 공단은 일반적으로 시설관리공단, 환경관리공단 등으로 운영하고 있으며, 공단의 대부분은 업무 중 일부를 수탁받거나 또는 대행하는 형태로 운영된다. [그림 12−1]을 통해 지방공기업들의 분류기준 및 해당 지방공기업의 종류를 살펴볼 수 있다.

제2절 지방공기업의 관리

1. 지방직영기업

1) 관리자

지방자치단체는 지방직영기업의 업무를 관리・집행하게 하기 위하여 관리자를 임명한다. 관리자는 사업마다 두도록 되어 있으며, 조례로 정하는 바에 따라 성질이 같거나 유사한 둘 이상의 사업에 대하여는 관리자를 1명만 둘 수 있다(지방공기업법 제7조). 지방직영기업의 가장 중요한 특징이 운영주체가 공무원이라는 것이므로 당연히 관리자는 지방자치단체의 공무원이다. 관리자는 지방직영기업의 경영에 관하여 지식과 경험이 풍부한 공무원 중에서 지방자치단체의 장이 임명하며, 임기제로 할 수 있다(지방공기업법 제7조). 임기제로 하는 경우 그 임기는 2년이며, 경영성과에 따라 연임이 가능하다(지방공기업법 시행령 제3조).

관리자는 다음과 같은 업무를 주로 수행한다(지방공기업법 제9조).

① 지방직영기업에 관한 조례안 및 규칙안을 작성하여 지방자치단체의 장에게 제출
② 지방직영기업의 사업운영계획 및 예산안을 작성하여 지방자치단체의 장에게 제출
③ 결산을 작성하여 지방자치단체의 장에게 제출
④ 지방직영기업의 자산을 취득・관리・처분
⑤ 계약을 체결하는 사항

⑥ 요금이나 그 밖의 사용료 또는 수수료를 징수

⑦ 예산 내의 지출을 하는 경우 현금이 부족할 때에 일시 차입하거나 그 밖에 예산집행

⑧ 출납이나 그 밖의 회계 사무

⑨ 증명서 및 공문서류 보관

⑩ 지방직영기업의 조직 및 인사 운영, 그 밖에 법령이나 해당 지방자치단체의 조례 또는 규칙에 따라 관리자의 권한에 속하는 사항

관리자가 부득이한 사유로 업무를 수행할 수 없을 때에는 해당 지방자치단체의 규칙으로 정하는 바에 따라 해당 지방직영기업에 종사하는 상위 서열의 공무원이 그 업무를 대행한다. 관리자는 그 권한의 일부를 해당 지방직영기업에 종사하는 공무원에게 위임하거나 위탁할 수 있다. 또한 지방자치단체 장의 승인을 얻은 후에, 관리자 권한의 일부를 지방자치단체의 기관 또는 지방자치단체가 경영하는 다른 지방직영기업의 관리자에게 위임하거나 위탁할 수 있다(지방공기업법 제12조).

관리자는 조례로 정하는 바에 따라 사업연도마다 두 번 이상 지방직영기업의 업무 상황을 설명하는 서류를 지방자치단체의 장에게 제출해야 하고, 지방자치단체의 장은 지체 없이 이를 공표하여야 한다. 관리자는 결산서, 재무제표, 연도별 경영목표, 경영실적 평가 결과, 그 밖에 경영에 관한 중요 사항을 대통령령으로 정하는 바에 따라 지역주민에게 공시하여야 한다. 행정안전부장관은 지방직영기업이 공시하는 사항 중 주요 사항을 표준화하고, 이를 통합하여 공시할 수 있다(지방공기업법 제46조).

2) 직 원

지방직영기업의 직원 역시 지방공무원이다. 단, 지방직영기업 운영을 전문화하기 위하여 필요한 경우에는 「지방공무원법」에서 정하는 바에 따라 지방직영기업 소속 공무원에 대한 전문직렬을 둘 수 있다(지방공기업법 제10조의2).

2. 지방공사 · 공단

1) 임 원

지방공사와 지방공단의 임원은 조직의 장의 명칭에 차이가 있을 뿐 나머지는 동일하므로 함께 설명하도록 하겠다(지방공기업법 제76조). 지방공사의 장은 "사장" 이라고 부르며, 지방공단의 장은 "이사장"이라고 부른다. 지방공사와 지방공단의 임원은 조직의 장을 포함한 이사 및 감사로 하며, 그 수는 정관에서 정하는 바에 따른다(지방공기업법 제58조). 임원의 임기는 3년이고, 1년 단위로 연임될 수 있다. 지방자치단체의 장은 임원의 임기가 만료된 경우에도 그 후임자가 임명될 때까지 직무를 수행하게 할 수 있다(지방공기업법 제59조).

조직의 장은 지방공기업의 경영에 관한 전문적인 식견과 능력이 있는 사람으로 임원추천위원회가 추천한 사람 중에서 지방자치단체의 장이 임면한다(지방공기업법 제58조). 지방자치단체의 장은 조직의 장과 경영성과계약을 체결하여야 한다. 경영성과계약에는 임기 중 수행하여야 할 경영목표, 권한과 성과에 따른 보상 및 책임이 포함되어야 한다. 조직의 장은 그 조직을 대표하고 업무를 총괄하며, 임기 중 해당 공사나 공단의 경영성과에 대하여 책임을 진다(지방공기업법 제59조). 지방자치단체의 장은 사장이나 이사장의 경영성과에 따라 임기 중에 해임하거나 임기가 끝나더라도 연임시킬 수 있다. 다만, 연임시키려는 경우 임원추천위원회의 심의를 거쳐야 한다(지방공기업법 제58조).

지방공사와 지방공단은 그 업무에 관한 중요사항을 결의하게 하기 위해 이사회를 두어야 한다. 이사회는 조직의 장을 포함한 이사로 구성한다(지방공기업법 제62조). 이사는 상임이사와 비상임이사로 구성하고, 조직의 장을 포함한 상임이사의 정수는 이사 정수의 1/2 미만으로 한다(지방공기업법 시행령 제55조). 이사회 의장은 비상임이사 중에서 호선하며, 의장의 신분과 관련된 사항은 감사가 소집하고 그 의장이 된다. 이사회는 분기 1회 이상 개최를 원칙으로 한다. 비상임이사에 대해서는 보수를 지급하지 않지만 회의참석수당 이외에 이사활동에 필요한 실비와 수당 등에 대해서는 자체경비지급 기준에 따라 월정액으로 지급할 수 있다.

상임감사는 정원이 500명 이상이거나, 최근 3년간 예산 및 연평균 배출액이 1,000억원 이상인 경우에 한하여 설치할 수 있으며, 지방자치단체의 장이 임면한다. 비상임감사는 외부전문가로 임명하거나 지방자치단체의 공무원이 겸임할 수 있다. 사장이나 이사장은 그 조직의 이익과 자신의 이익이 상반되는 사항에 대하여는 조직을 대표하지 못한다. 이 경우 감사가 조직을 대표한다.

지방공사와 지방공단의 임직원은 공무원이 아니다. 그러나 형법의 뇌물죄 적용과 관련해서는 공무원으로 의제하여 판단한다(지방공기업법 제83조). 지방공사와 지방공단의 임직원은 그 직무 이외의 영리를 목적으로 하는 업무에 종사하지 못하며, 임원은 지방자치단체장의 허가없이 다른 직무를 겸할 수 없다(지방공기업법 제61조). 임직원의 보수는 행정안전부의 지침과 이사회가 정하는 바에 따른다.

2) 직 원

지방공사 및 지방공단의 직원은 정관으로 정하는 바에 따라 사장이나 이사장이 임면한다. 지방공사 및 지방공단의 직원은 시험성적, 근무성적, 그 밖의 능력의 실증에 따라 임용되어야 한다. 사장이나 이사장은 직원의 채용절차와 방법 등에 관한 사항을 사전에 규정하고, 직원의 채용 시에는 공고 등을 통하여 구체적인 절차와 방법 등을 공개하여야 한다. 직원을 채용하는 경우 공개경쟁시험으로 채용하는 것을 원칙으로 하고, 임직원의 가족 또는 임직원과 이해관계가 있는 등 채용의 공정성을 해칠 우려가 있는 사람을 특별히 우대하여 채용하여서는 아니 된다(지방공기업법 제63조).

3) 손익금의 처리

지방공사는 결산 결과 이익이 생긴 경우에는 그 이익금을 다음 순서에 따라 처리한다(지방공기업법 제67조). 첫째, 전 사업연도로부터 이월된 결손금이 있으면 결손금을 보전한다. 둘째, 이월결손금을 보전하고 남은 이익금의 10분의 1 이상을 자본금의 2분의 1에 달할 때까지 이익준비금으로 적립한다. 셋째, 이익준비금으로 적립하고 남은 이익금의 10분의 5 이상을 감채적립금으로 적립한다. 마지막으로 이익을 배당하거나 정관으로 정하는 바에 따라 적립한다.

지방공사가 결산 결과 손실이 생긴 경우에 그 결손금을 상기한 절차의 마지막 적립금으로 보전한다. 그 적립금으로도 보전하지 못한 결손금은 두 번째의 이익준비금으로 보전하거나 이월 처리한다.

지방공단은 상기한 손익금 처리 규정이 적용되지 않는다(지방공기업법 제76조).

지방공단은 지방자치단체의 장의 승인을 받아 해당 사업의 수익자로 하여금 사업에 필요한 비용을 부담하게 할 수 있다(지방공기업법 제77조). 그러나 이는 운영원가에 미치지 못하며, 운영원가에 미치지 못하는 금액에 대해서는 사업을 위탁한 지방자치단체에서 위탁금으로 정산한다. 따라서 지방공단은 손익금이 생기지 않는다. 이것이 지방공사와 지방공단의 가장 큰 차이이다. 이를 제외하고는 공사와 공단의 운영방식이나 규정은 동일하며, 따라서 공사와 공단은 사업의 효율적 운영을 위하여 필요한 경우에는 청산절차를 거치지 아니하고 공사는 공단으로, 공단은 공사로 조직변경을 할 수 있다(지방공기업법 제80조).

■ 제3절 지방공기업의 미래

1. 요금현실화

지방공기업의 설립목적은 기업성을 추가하여 공공성 및 지역성과 조화를 이루는 것이다. 지방자치단체에서 직접 사업을 시행하면 공공성과 지역성은 충분히 확보가 가능하다. 지방공기업의 형태를 통해 사업을 진행함으로써 여기에 기업성을 추가할 수 있고, 이를 통해 보다 효율적인 공공서비스 생산이 가능할 것으로 예측되었다. 결과적으로 주민편의를 향상시킬 수 있다고 판단하여 지방공기업을 설치하여 운영해온 것이다. 그러나 기대와 달리, 지방공기업의 경영성과는 악화되고 있는 추세이다. 2023년 지방공기업의 당기순이익은 -2조 6,216억원으로 나타나 5년 연속 적자를 기록하고 있다.

주요 원인은 낮은 요금현실화율이다. 요금현실화율이란 요금 평균단가를 총괄단위 원가로 나눈 것을 말한다. 따라서 100% 요금 현실화율은 평균단가와 원가가 동일하다는 의미이며, 100%에 미치지 못한다면 요금보다 공급비용이 더 많다는 것을 뜻한다. 쉽게 말해 100%에 미치지 못한다면, 손해를 감수하면서 공급하고 있다는 뜻이다. 지방직영기업의 경우에는 상하수도 요금이 원가에 미치지 못하고 있으며, 지방공사 중에서는 도시철도 요금이 원가에 미치지 못하고 있는 상황이다.

표 12-3 지방공공기관 경영성과(2019~2023)		(단위: 억원; 2023.12.31기준)				
구분		2019	2020	2021	2022	2023
계	계	−13,193	−21,362	−9,525	−19,813	−26,216
직영기업	소계	−10,109	−13,081	−3,807	−14,625	−22,894
지방공사·공단		−3,085	−8,281	−5,718	−5,188	−3,322
직영기업	상수도	−1,370	−3,675	−4,832	−4,480	−4,143
	하수도	−11,233	−14,860	−13,962	−15,383	−17,356
	공영개발	2,481	5,475	15,000	5,248	−1,381
	자동차운송	13	−22	−13	−9	−14
지방공사·공단	도시철도공사	−10,756	−18,235	−16,092	−13,448	−12,622
	도시개발공사	7,451	9,169	9,490	8,623	8,559
	기타공사	212	779	882	−367	739
	지방공단	8	6	2	3	3

출처: 지방공공기관통합공시 클린아이.

지방직영기업들의 상·하수도 요금현실화율은 과거에 비해 개선되고 있지만, 상수도가 80%대, 하수도는 50%에도 못 미친다(행정안전부, 2020). 상황은 더욱 악화되어 2023년 상수도 요금 현실화율은 74.5%이며, 2023년 하수도 요금 현실화율은 44.7%에 불과하다.

표 12-4 상하수도 요금현실화율(2019~2023)					
	2019	2020	2021	2022	2023
상수도	78.2%	73.6%	72.9%	72.8%	74.5%
하수도	47.9%	44.5%	45.3%	45.6%	44.7%

자료 출처: 환경부 2023 상수도 통계, 2023 하수도 통계

지방공사 및 공단의 경우 <표 12-3>에서 보이듯이 도시개발은 안정적 경영이익을 창출 중이다. 하지만, 도시철도는 무임수송손실 증가 및 낮은 요금현실화율로 경영개선 효과가 미미한 것으로 나타났다(행정안전부, 2020). 무임수송손실이란 1984년 당시 정부가 노인·장애인·유공자의 보편적 이동권을 보장하는 취지에서 도시철도 승차요금을 면제하는 무임승차제도로 인해 발생하는 손실을 의미

한다. 특히, 노인인구가 지속적으로 증가하는 추세이므로 손실은 갈수록 커질 것으로 예측되고 있다. <표 12-5>에서 2014년 4,052억원이었던 무임수송손실은 2018년 5,112억원으로 해마다 증가하고 있는 것을 확인할 수 있다. 2023년 전국 지하철 운송기관의 무임수송 손실은 약 6,174억원으로 집계되었으며, 이 중 서울교통공사의 손실은 약 3,663억원으로 전체의 약 59.3%를 차지했다.[1] 더구나 노선 광역화와 환승요금제도가 도입됨에 따라 도시철도의 요금현실화율은 50%대를 벗어나지 못하고 있다.

표 12-5 도시철도 무임수송손실과 요금현실화율(2014~2018) (단위: 억원, %)

	2014	2015	2016	2017	2018
무임수송손실	4,052	4,479	4,760	5,032	5,112
요금현실화율	58.4%	59.2%	56.5%	49.5%	53.1%

공기업경영평가에서 광역하수도 직영기업들의 요금현실화율은 2019년 평균 70.67%로 전년(72.48%)보다 1.81%p 하락한 것으로 나타났다. 광역하수도 지방자치단체들의 노력에도 불구하고 일부 광역하수도의 요금현실화율 감소가 원인으로 분석된다. 광역 지방자치단체 하수도 직영기업들은 요금인상을 통해 요금현실화율 개선을 위한 노력을 경주하고 있으나, 원가 역시 지속적으로 상승하고 있어 요금현실화율 개선효과가 두드러지게 나타나지 않는 실정이다(지방공기업평가원, 2020: 845). 계속적인 요금인상과 원가절감노력으로 현실화율이 지속적으로 높아지고 있으나, 향후 하수처리장의 현대화, 노후관로 교체, 총인처리비용 등 원가 상승요인이 존재하여 성과가 크게 개선되기는 어려울 전망이다.

요약하자면 도시철도공사는 낮은 원가보상율(요금현실화율, 54.9%), 무임승차환승손실의 확대로 인하여 당기순손실이 발생하고 있으며, 당기순손실의 규모 역시 지속적인 증가추세에 있다(지방공기업평가원, 2020: 65).

---

1) 서울시 의회 교통위원회 자료 2024년 8월 7일 발표분.

| 표 12-6 | 도시철도공사 당기순손실 주요 원인(2015~2019) | | | | | | |

구 분	단 위	2015년	2016년	2017년	2018년	2019년	평 균
요금현실화비율	(%)	57.8%	58.7%	53.8%	53.1%	52.0%	54.9%
무임승차자	(천매)	69,015	71,172	74,521	75,836	77,419	73,592
경로우대자	(천매)	52,335	54,794	58,105	59,778	61,689	57,340
경로우대비중	(%)	75.8%	77.0%	78.0%	78.8%	79.7%	77.9%

출처: 지방공기업평가원(2020) p.65

요금현실화는 지방공기업의 수익성을 결정하므로 지방공기업의 미래를 위해 중요한 과제이다. 이와 관련하여 주민 혜택의 증대 및 공공서비스 제공 차원에서 원가 이하로 공급하는 것이 오히려 바람직하다는 견해도 있다. 그러나 지방공기업의 적자는 결국 지방자치단체의 부담으로 이어지게 되며, 지방자치단체의 부담은 주민들의 조세부담 증가로 귀결된다. 극단적인 사례로 도시철도를 전혀 이용하지 않는 주민이 낸 세금으로 도시철도를 이용하는 주민에게만 혜택을 주는 것은 조세 정의의 관점에서 바람직하지 않다. 요금은 이용자부담이라는 원칙을 지키기 위해서라도 요금현실화는 이루어질 필요가 있다. 그러나 지방공기업은 지방자치단체의 영향력에서 자유로울 수 없다. 요금현실화 시 주민들의 불만이 표로 연결될 것을 의식하는 자치단체장이나 지방의회 의원들이 요금현실화에 적극적이지 않을 것을 예상할 수 있다(이덕로 외 2019). 따라서 요금현실화는 단기간에 해결이 어려운 장기적인 과제가 될 것으로 보인다.

2. 미래 정책방향

1) 지방공기업의 법령상의 차별 해소

지방공기업의 경우 국가공공기관 위주의 법령체계로 인해서 지방공기업들이 상대적으로 불이익을 받는 경우가 있는데, 이는 시정되어야 한다. 가령, LH공사의 경우에는 자산관리회사(AMC)의 겸영이 허용되는데 비해 지방공사의 경우에는 겸영이 불허되어 별도의 자산관리회사를 자회사로 설립해야 하는 문제가 있다. 또 기존 주택 매입 임대지원에 대해서 LH공사는 지방세를 감면받고 지방공사는 감면대상에서 제외되어 있다는 비판이 제기되고 있다(변창흠, 2016). 이와 같은 지방공공기관에 대한 법령 및 정책상의 차별적인 요소들을 발굴하여 개선할 필요가 있다. 행정안전부나 지방공기업평가원에 '차별해소 창구'나 '지방공기업 지원창구'를 상설화하여 지방공공기관의 불편을 해소하는 방안도 검토할 필요가 있다(한인섭, 2017: 79).

2) 국가 지방간 공기업 기능재조정

국가공공기관과 지방공공기관은 상·하수도 사업과 운송 및 교통·에너지 사업, 산업진흥기관, 농수산업·유통사업, 임대주택사업, 지역단위 관광지개발사업, 지역난방사업 등에서 업무영역의 중복 및 경합이 발생하고 있어 이의 조정이 시급하다(곽채기, 2008). 그럼에도 불구하고 국가공공기관과 지방공공기관 간의 기능재조정은 본격적으로 다루어진 적이 없다. 향후 국가공공기관의 기능과 업무를 지방공공기관에 이양하거나 업무위탁을 확대하는 방향으로 기능재조정이 필요하다(한인섭, 2017: 80).

요 약

- 지방공기업은 지방자치단체가 직접 설치·경영하거나, 법인을 설립하여 경영하는 기업을 의미하며, 지방직영기업, 지방공사, 지방공단으로 구성된다.

- 지방공기업은 민간인의 경영 참여가 어려운 사업으로서 주민복리의 증진에 이바지할 수 있고, 지역경제의 활성화나 지역개발의 촉진에 이바지할 수 있다고 인정되는 사업을 수행한다.

- 지방공기업의 특징으로 공공성, 지역성, 기업성을 들 수 있다.

- 지방직영기업은 지방자치단체가 공기업특별회계를 설치하여 직접 경영하는 지방공기업을 의미한다.

- 지방공사는 지방자치단체가 지역주민의 공공복리를 증진하고, 그 행정 운영에 협력하게 하기 위해 스스로 출자하여 지방자치단체구역 내에 설립하여, 재정적·행정적 원조를 제공하면서 그 경영에 관여하는 법인을 말한다.

- 지방공단은 지방자치단체의 고유업무를 전문성과 기술성을 살려 전담하는 공공업무 대행기관이다.

- 지방자치단체는 지방직영기업의 업무를 관리·집행하게 하기 위하여 관리자를 임명한다.

- 지방공사와 지방공단의 임원은 조직의 장의 명칭에 차이가 있을 뿐 많은 규정이 동일하다.

- 지방공사의 장은 사장이라고 부르며, 지방공단의 장은 이사장이라고 부른다.

- 지방공사는 결산 결과 이익이 생긴 경우에는 그 이익금을 처리하는 규정이 있으나 지방공단은 이러한 규정이 없다.

- 요금현실화율이란 요금 평균단가를 총괄 단위 원가로 나눈 것으로 100%에 미치지 못한다면 요금보다 공급비용이 더 많다는 것을 뜻한다.

- 지방공기업의 미래를 위해 국가공공기관 위주의 법령체계로 인해서 지방공기업들이 상대적으로 불이익을 받는 경우가 없도록 시정해야 한다.

- 지방공기업의 미래를 위해 국가공공기관의 기능과 업무를 지방공공기관에 이양하거나 업무위탁을 확대하는 방향으로 기능재조정이 필요하다.

연습문제

1. 지방공기업은 민간인의 경영 참여가 어려운 사업으로서 주민복리의 증진에 이바지할 수 있고, 지역경제의 활성화나 지역개발의 촉진에 이바지할 수 있다고 인정되는 사업을 수행한다. 지방공기업으로 운영하기 적절한 사업에는 어떤 것이 있는지 서술하시오.

2. 지방공기업은 다시 지방직영기업, 지방공사, 지방공단으로 구분할 수 있다. 이 중에서 지방공사, 지방공단과 뚜렷하게 구별되는 지방직영기업의 특징을 서술하시오.

3. 지방공사와 지방공단은 조직의 장의 명칭에 차이가 있을 뿐 많은 규정이 동일하다. 지방공단과 뚜렷하게 구별되는 지방공사의 특징에 대해 서술하시오.

4. 요금현실화율이란 요금 평균단가를 총괄 단위 원가로 나눈 것으로 100%에 미치지 못한다면 요금보다 공급비용이 더 많다는 것을 뜻한다. 요금현실화율이 높다면 공공요금이 높다는 것이고, 이는 공기업의 효율성과 지속가능성을 높이지만 주민부담도 높아지는 단점이 있다. 지방공기업의 요금현실화와 관련한 자신의 의견을 얘기해 보시오.

■ 국내문헌

강영걸(1999). "정부투자기관 기관장의 교체가 기관 경영실적에 미치는 영향에 관한 연구", 한국경상논총, 제17권 제1호, 153-174.

곽채기(2012). "신정부의 공기업 정책방향", 공공기관과 국가정책. 한국조세재정연구원, 323-357.

곽채기(2002). "정부투자기관 지배구조에 대한 평가와 개선방안", 공기업논총, 제14권 제1호, 29-63.

국회예산처(2015). 2014 회계연도 공공기관 결산 평가.

금현섭·곽채기(2017). "공공기관의 혁신과 협업", 공공기관과 국가정책. 한국조세재정연구원, 339-357.

고영선·윤희숙·이주호, 공공부문의 성과관리, 서울: 한국개발원.

김경환·김종석 (역)(2015). 맨큐의 경제학, 서울: 겐세이지러닝코리아.

김수영 외(1995). 발전행정론, 서울: 제일법규.

김용열(2000). "기업지배구조의 이론적, 제도적 고찰", 선진경제도약을 위한 지배구조 개혁, 산업연구원.

김용우(2006), 공기업원론, 서울: 형설출판사.

김용희·정규진·이병훈(2011). 지방공기업 내부지배구조와 성과의 관계에 대한 연구, 한국지방공기업학회보, 7(2), 71-102.

김원영·엄석진(2019). 공공기관장 재임기간에 대한 영향요인 분석: 정권교체시기와 경영평가결과를 중심으로, 공기업논총, 20(2), 1-20.

김준기(2009). "공공기관 선진화 정책을 위한 정책과제와 개선방향", 공공기관 선진화 방안 정책토론회 자료집. 한국조세연구원, 3-17.

김태일(2019) 공공기관 경영평가제도의 기본 재검토. KIPF 공공기관 이슈포커스 28권. 한국조세재정연구원.

김찬수(2012). 공기업의 재무건전성 및 재정위험 연구, 감사원 감사연구원 연구보고서 2012-001.

김헌(2007). "정부투자기관 관리제도 변화에 따른 사장 임용유형별 경영성과 차이 분석", 한국행정학회 2007년도 동계학술대회 발표논문집(下), 759-783.

노화준(2006). 정책평가론, 서울: 법문사.

라영재·남궁근(2023). "민주화 이후 역대정부의 공공기관 혁신 비교분석: 공공기관

국가소유권 제도변화를 중심으로", 공공기관과 정책연구, 1(1) 19-66.

문상혁·이효익(2006). "기업지배구조의 특성과 유동발생의 예측오차", 경영연구, 제 21권 3호, 217-257.

민병찬(2014). "공공기관 경영실적평가의 문제점과 개선과제", 사업평가현안분석 제52 호, 국회예산처.

민희철(2008). "정치적 연결이 공기업 보조금에 미친 효과에 대한 분석", 재정포럼, 24-31.

박원규·박상수(2006). Ross의 재무관리 7판, 한국맥그루힐: 287~315.

박영희·김종희·현근·허훈, 김용운(2018). 공기업론, 제7판, 다산출판사.

박재정·심창학(2000). "프랑스 공기업의 민영화와 국가역할", 국제정치논집 40(2): 241-271.

박평록(2018). 국내 지방상수도 정책과 운영성과 평가 및 관리방안 연구: k-water 위 탁운영 중인 지방상수도 사례 중심으로, 한국지방공기업학회보, 14(1), 31-55.

송대희(1992). 한국의 공기업관리정책, 서울: 한국개발연구원.

심재권(2004). 공기업론, 서울: 백산서당.

심재권·주영종·박기준·김영재(2023). 공기업강의. 서울: 윤성사.

안용식(1998). 현대공기업론, 서울: 박영사.

안종범·김완희(2010). 공공기관 사업현황 분석 및 평가, 한국조세연구원.

양동석(2014). "공기업 지배구조에 대한 평가와 개선 방안: 사장 임면과 평가를 중심 으로", 정책 & 지식, 서울대학교 행정대학원.

원구환(2024). 공기업론, 서울: 대영문화사.

여영현·차재권·김혜정(2020). 공기업 정책과 시장: 지방공기업 사적영역을 중심으 로, 한국지방공기업학회보, 16(1), 1-24.

유승원·김수희(2012). 공기업의 임원교체와 중도퇴임이 경영성과에 미치는 영향, 한 국개발연구, 34(3), 95-131.

유종해·이덕로(2015). 현대조직관리, 서울: 박영사.

_____(2023). 현대조직관리, 서울: 박영사.

유훈(2007). 「공기업」, 서울: 법문사.

유훈·배용수·이원희(2010). 공기업론, 신판, 법문사.

윤성식(2005). 공기업론: 공기업경영과 민영화, 서울: 박영사.

윤태범(2013). "우리나라 공공기관의 윤리경영체계 실효성 확보방안", 공공기관과 국 가정책. 한국조세재정연구원: 99-134.

이덕로·홍영식·조성민(2019). "상수도가격결정에서의 비난회피현상연구: 서울시 사 례를 중심으로", 지방정부연구, 제22권 제4호, 43-67.

이명석(2001). "정부투자기관 임원의 정치적 임용과 경영실적", 한국행정학보, 제35권 제4호, 139-156.

이상철(2021) 한국공기업의 이해, 서울: 대영문화사: 327-328.

이상철(2024). 한국공기업의 이해, 서울: 대영문화사.

이준구(2004). 시장과 정부, 서울: 법문사.

이준구·이창용(2011). 경제학원론, 서울: 법문사.

이혜승·강기춘·어민선·김동근(2006), 지방공기업 경영평가제도 개선방안 연구, 서울: 감사원 평가연구원.

조명성·임재호(2021). 중앙행정기관과 지방자치단체, 공기업 운영 특성에 관한 비교 연구, 주택도시연구, 11(3), 137-167.

조일형·김흥주(2017). 델파이 분석을 통한 지방공기업 혁신방안 검토, 한국지방공기업학회보, 13(1), 99-129.

조택(2007). 우리나라 공공기관의 지배구조에 관한 연구. 한국정책과학학회보, 11(4), 251-274.

최한수·이창민(2015), 공기업 부채와 도덕적 해이-정부의 암묵적 보증으로 발생한 보조금 규모 추정. 연구보고서. 한국조세연구원.

한인섭(2017). 문재인 정부의 지방공공기관 개혁과제, 한국지방공기업학회보, 13(2), 63-87.

황국재·박성환·정동진·이도희(2016). 공공기관 회계교육 활성화 방안: 감사교육원 회계교육 수요조사를 바탕으로, 경영교육연구, 31(4), 115-137.

황순주(2021). 공기업 부채와 공사채 문제의 개선방안 KDI FOCUS. 한국개발연구원.

▪ 법률 및 규정

감사원법, 법률 제17560호.

국가재정법, 법률 제18585호.

공공기관의 운영에 관한 법률, 법률 제17128호.

우정사업 운영에 관한 특례법, 법률 제18076호.

정부기업예산법, 법률 제10247호.

지방재정법, 법률 제17893호.

책임운영기관의 설치·운영에 관한 법률, 법률 제14839호.

지방공기업법, 법률 제18496호.

지방자치단체 출자출연기관의 운영에 관한 법률, 법률 제17389호.

기획재정부(2011). 공공기관 선진화 백서, 세종: 기획재정부.

기획재정부(2022). 2022년도 공공기관 경영평가편람, 세종: 기획재정부.

기획재정부(2024). 2024년도 공공기관 경영평가편람, 세종: 기획재정부.

기획재정부, 한국조세재정연구원(2024). 2024년도 공기업·준정부기관 회계교육, 기획
　　재정부.

조세재정연구원(2017a). OECD 공기업 지배구조 가이드라인: 2015 개정판, 공공기관
　　지배구조 시리즈 17-01.

조세재정연구원(2017b). 공기업 이사회의 운영원리와 정책쟁점, 공공기관 지배구조 시
　　리즈 17-03.

조세재정연구원(2017c). 주요국의 공기업 지배구조 비교, 공공기관 지배구조 시리즈
　　17-02.

행정안전부(2021). 2022년도 지방공기업 경영평가편람, 세종: 행정안전부.

행정안전부(2020). 2020년 지방공공기관 종합정책방향, 부처 정책자료.

행정안전부(2021a). 2021사업연도 지방공기업 결산기준, 행정안전부.

행정안전부(2021b). 지방공기업 설립기준, 행정안전부.

지방공기업평가원(2020). 지방공기업 경영평가 종합보고서, 지방공기업평가원.

지방공기업평가원(2024). 지방공기업 경영평가 종합보고서, 지방공기업평가원.

■ 해외문헌

Ahmad, Muzaffer(1982), "Political Economy of Public Enterprise," Public enterprise
　　in less-developed countries, (ed.), Leroy P. Jones, London: Cambridge
　　University Press.

Baldwin, John(1975), The Regulatory Agency and the Public Corporation,
　　Cambridge Mass.: Ballinger.

Bhaya, Hiten(1983), eds., Methods and Techniques of Training Public Enterprise
　　Managers, Ljubljana: International Center for Public Enterprise Monograph
　　Series(no.6).

Blommenstein, Hendrikus J. and Bernard Steunenberg(1994), eds., Government
　　and Markets: Establishing a Democratic Constitutional Order and a Market
　　Economy in Former Socialist Countries, London: Klumer Academic.

Boes, Dieter(1986), Public Enterprise Economics, Amsterdam: North-Holland.

Bonbright, James C.(1961), Principles of Public Utility Rates, New York: Columbia
　　University Press.

Bonbright, James C. and Gardner Means(1969), The Holding Company, New

York: August M. Kelly.

Bös, Dieter and Peters, Wolfgang(1991). "A Principal-Agent Approach on Manager Effort and Control in Privatized and Public Firms," in (eds.) Ott, Attiat F. and Hartley, Keith. Privatization and Economic Efficiency: A Comparative Analysis of Developed and Developing Countries, Worcester: Billing & Sons Ltd. pp. 26-52.

Buchanan, J. M. and Tullock, G.(1962). The Calculus of Consent: Logical Foundations of Constitutional Democracy, Ann Arbor: Univerisity of Michigan Press.

Coase, Ronald H.(1937). "The Nature of the Firm," Economica 4(Nov.): 386-405.

Cown, L. Gray(1990), Privatization in the Developing World, New York: Praeger.

Curwen, Peter J.(1986), Public Enterprise, Sussex: Harvester.

Dimock, Marshall E.(1961), Business and Government, New York: Holt.

Fernandes, Praxy(1981), "Public Enterprise – A Word and A Vision," Seeking the Personality of Public Enterprise, (eds), Praxy Fernandes and Pavle Sicherl, Yugoslavia: ICPE.

Floyd, Robert H., Clive S. Gray and R. P. Short(1984), Public Enterprise in Mixed Economics, Washington, D. C.: IMF.

Friedman, M.(2020). Capitalism and freedom. University of Chicago press.

Hanson, A. H.(1959), Public Enterprise and Economic Development, London: Routledge and Kegan Paul.

Jones, Leroy P.(1975), Public Enterprise and Economic Development: The Korean Case, Seoul: Korea Development Institute.

Mankiw, G. N.(2012), Principles of Economics, Ohio: South-Western Cengage Learning.

Munger, M. C. (2000). Analyzing Policy, NY: W.W.Norton & Company

Musolf, Lloyd D.(1972), Mixed Enterprise: A Developmental Perspective, Lexington, Mass: Lexington Books.

OECD(2024) 『Ownership and Governance of State-Owned Enterprises 2024』, OECD.

Ott, Attiat F. and Hartley, Keith.(1991). Privatization and Economic Efficiency: A Comparative Analysis of Developed and Developing Countries, Worcester: Billing & Sons Ltd.

Sherman, Roger.(2008). Market Regulation 1st Edition. Boston MA: Pearson

Education, Inc.

Schneider, M., Teske, P., and Mintrom, M.(1995). Public Entrepreneurs, NJ: Prinston Univ. Press.

UN SNA, 2008

Vickers, J. and Wright, V.(1988). "The Politics of Industrial Privatization in Western Europe: An Overview," West European Politics 11(4): 1-10.

Williamson, Oliver E.(1985). The Economic Institutions of Capitalism: Firms, Markets, Relational Contracting, London: Collier Macmillan Publishers.

Xie, B., Davidson III, W. N., and DaDalt, P. J. (2003). "Earning Management and Corporate Governance: The Role of the Board and the Audit Committee," Journal of Corporate Finance: Contracting, Governance, and Organization 9: 295-316.

Yarrow, George(1989). "Privatization and Economic Performance in Britain," Carnegie-Rochester Conference Series on Public Policy, 31: 303-344.

찾아보기

저자 소개

■ **이덕로**

서강대학교 정치외교학과 및 경제학과(정치학사/경제학사)
연세대학교 대학원 행정학과(행정학 석사)
Florida State University 행정대학원(행정학 박사)
한국국방연구원 기획관리연구실장
세종대학교 사회과학대학장, 공공정책대학원장
아시아사회과학협의회(AASSREC) 정책위원
세계 행정학대표자회의(GSPA) 의장
한국국정관리학회장(제16대)
한국행정학회장(제58대)
현, 세종대학교 사회과학대학 행정학과 교수
　　세종대학교 국정관리연구소장

■ **김대진**

서울대학교 경제학과(경제학사)
서울대학교 환경대학원 환경계획학과(도시계획학 석사)
Florida State University 행정대학원(행정학 박사)
공기업 경영평가 위원, 국방부 산하기관 업무평가
국민권익위원회 고충민원 처리실태 확인조사 심사위원
공무원시험(5급 공채, 5급 승진시험, 7,9급) 출제위원
현, 서울시립대학교 행정학과 교수

■ **윤태섭**

중앙대학교 법과대학 행정학과(행정학사)
중앙대학교 일반대학원 행정학과(행정학 석사)
Florida State University 행정대학원(행정학 박사)
한국지방행정연구원 지방재정연구실 부연구위원/재정분석센터소장
자치분권위원회 재정분권 전문위원회 전문위원
행정안전부 합동평가 위원
현, 충북대학교 사회과학대학 행정학과 부교수

■ **이희재**

서울대학교 동양사학과 및 경제학과(인문학사/경제학사)
서울대학교 행정대학원(행정학석사, 박사수료)
Florida State University 행정대학원(행정학 박사)
한국지방행정연구원 지방재정연구실 수석연구원/지방재정분석센터장
지방재정학회 연구위원/편집위원
현, 창원대학교 사회과학대학 행정학과 부교수

현대공기업 [제2판]

2022년 9월 20일 초판 발행
2025년 3월 1일 제2판 발행

저　자　이덕로·김대진·윤태섭·이희재

발행인　배　　　효　　　선

발행처　도서
　　　　출판　　法　文　社

주　소　10881 경기도 파주시 회동길 37-29
등　록　1957년 12월 12일 / 제2-76호 (윤)
전　화　(031)955-6500~6　FAX (031)955-6525
E-mail　(영업) bms@bobmunsa.co.kr
　　　　(편집) edit66@bobmunsa.co.kr
홈페이지　http://www.bobmunsa.co.kr
조 판　법 문 사 전 산 실

정가 29,000원　　　ISBN 978-89-18-91594-4